Pocket-Sprachführer
Ungarisch

PONS Langenscheidt GmbH
Stuttgart

PONS Pocket-Sprachführer
Ungarisch

Bearbeitet von: Rita Hegedüs

Entwickelt auf der Basis des
PONS Sprachführers Ungarisch ISBN 978-3-12-518545-6

1. Auflage 2018 (1,04 – 2023)

www.pons.de

Umschlagfotos: shutterstock/Felix Furo
Logoentwurf: Erwin Poell, Heidelberg
Logoüberarbeitung: Sabine Redlin, Ludwigsburg
Satz: Satzkasten, Stuttgart
Druck: L.E.G.O. S.P.A., Lavis
Printed in Italy

ISBN 978-3-12-518566-1

Vorwort

Liebe Leserin, lieber Leser,

Sie reisen nach Ungarn und suchen die passende Sprachbegleitung? Egal ob Sie sich fragen, wie das ungarische Wort für Vollpension lautet, oder ob Sie auf Ungarisch erklären wollen, dass Ihr Auto nicht anspringt: Der PONS Pocket-Sprachführer hilft Ihnen in jeder Situation weiter.

Sie finden die wichtigsten vorformulierten Sätze für die Reise in neun thematisch gegliederten Kapiteln. Und wenn es mal besonders schnell gehen muss, schlagen Sie einfach im Wörterbuchteil nach: Von A wie Abendessen bis Z wie Zwischenlandung haben wir den wichtigsten Reisewortschatz für Sie zusammengestellt. Lassen Sie den Sprachführer sprechen und genießen Sie Ihre Reise.

Eine schöne Zeit wünscht Ihnen

Ihre

PONS Redaktion

Inhalt

Aussprache

Buchstabe	Lautzeichen	Buchstabe	Lautzeichen	Buchstabe	Lautzeichen
A, a	[ɔ]	J, j	[j]	Sz, sz	[s]
Á, á	[aː]	K, k	[k]	T, t	[t]
B, b	[b]	L, l	[l]	Ty, ty	[ṭ]
C, c	[ts]	Ly, ly	[j]	U, u	[u]
Cs, cs	[tʃ]	M, m	[m]	Ú, ú	[uː]
D, d	[d]	N, n	[n]	Ü, ü	[y]
E, e	[ɛ]	Ny, ny	[ɲ]	Ű, ű	[yː]
É, é	[eː]	O, o	[o]	V, v	[v]
F, f	[f]	Ó, ó	[oː]	X, x	[ks]
G, g	[g]	Ö, ö	[ø]	Y, y	[i]
Gy, gy	[ḍ]	Ő, ő	[øː]	Z, z	[z]
H, h	[h]	P, p	[p]	Zs, zs	[ʒ]
I, i	[i]	R, r	[r]		
Í, í	[iː]	S, s	[ʃ]		

ˈ steht vor der betonten Silbe (immer die erste Silbe des Wortes).

: bedeutet, dass der vorangegangene Konsonant oder Vokal lang (gedehnt) ausgesprochen werden muss.

Vokale

- Vokale werden immer voll ausgesprochen, nicht geschluckt.
- Die Länge eines Vokals, die in der Rechtschreibung mit einem Strich oder Doppelstrich über dem Buchstaben gekennzeichnet wird (phonetisches Zeichen :), kann bedeutungsunterscheidend sein:

z. B.	tör [ˈtør]	brechen
	tőr [ˈtøːr]	Dolch

- Länge und Betonung hängen nicht voneinander ab. Im ungarischen ist immer die erste Silbe betont, egal, ob das Vokal lang oder kurz ist: kutya [ˈkucɒ]. Innerhalb des Wortes kann auch ein langes Vokal vorkommen, ohne Betonung: tányér [ˈtaːɲeːr]
- Nebeneinander stehende Vokale bilden selbstständige Silben, Diphthonge entstehen nicht.

Vokalharmonie

	helle (palatare)		e, é, i, í, ö, ő, ü, ű
Im Ungarischen gibt es	und	Vokale:	
	dunkle (velare)		a, á, o, ó, u, ú

- Enthält ein Wort helle Vokale (1), muss das Suffix des Wortes auch einen hellen Laut enthalten.
- Hat ein Wort dunkle Vokale (2), bekommt es ein dunkles Suffix.
- Enthält ein Wort gemischt dunkle und helle Vokale (3) (z.B. bei Zusammensetzungen), bestimmt der letzte Vokal der Stammsilbe den Charakter des Wortes.

- Fast jedes Suffix hat mindestens zwei Varianten (dunkel und hell), z.B.
  -ból, -ből [bo:l, bø:l] aus; *-ba, -be* [bɔ, bɛ] in + Akk.:
  (1) hell
  levél [lɛve:l] Brief, *a levélből* [ɔ ˈlɛve:lbø:l] aus dem Brief
  (2) dunkel
  szoba [ˈsobɔ] Zimmer, *a szobából* [ɔ ˈsoba:bo:l] aus dem Zimmer
  (3) gemischt
  iskola [ˈʃkolɔ] Schule, *az iskolába* [ɔz ˈiʃkola:bɔ] in die Schule, *parlament* [ˈpɔrlɔmɛnt] Parlament,
  a parlamentbe [ɔ ˈpɔrlɔmɛntbɛ] ins Parlament
  (4) Einförmige Suffixe: -kor [-kor] um; -ig [ig] bis; -ért [e:rt] für/um Zielbezeichnung, -ként [ke:nt] als; -é [e:] Besitzzeichen

Besonderheiten bei der Aussprache der Vokale
Kurze Vokale:

a	[ɔ]	kurzes a mit Lippenrundung, Zunge tiefer als beim o; wie im engl. „what" oder im ersten Teil des Diphtongs in „heute"	ad arany	[ɔd] [ˈɔrɔɲ]	gibt Gold
e	[ɛ]	Zunge tiefer als beim deutschen e; wie ä in „März"	vesz keret	[vɛs] [ˈkɛrɛt]	kauft Rahmen

Die übrigen kurzen Vokale werden wie im Deutschen gesprochen.

Lange Vokale:

á	[aː]	wie a in „Rahm“	vár	[vaːr]	Burg
é	[eː]	wie ee in „Tee“	néz	[neːz]	schauten
í	[iː]	wie ie in „Tier“	író	[ˈiːroː]	Schriftsteller
ó	[oː]	wie o in „Ohr“	csók	[tʃoːk]	Kuss
ő	[øː]	wie ö in „öde“	ő	[øːr]	er, sie
ú	[uː]	wie u in „Uhr“	úr	[uːr]	Herr
ű	[yː]	wie ü in „Rübe“	tű	[tyː]	Nagel

Konsonanten

- Die Länge des Konsonanten, die in der Rechtschreibung mit verdoppelten Buchstaben gezeichnet wird (Lautzeichen :), spielt eine bedeutungsunterscheidende Rolle, z.B. *hal* [ˈhɔl] Fisch, *hall* [ˈhall] hören. Die langen Konsonanten werden gedehnt ausgesprochen, der vorangehende Vokal wird jedoch nicht gekürzt gesprochen, z.B. *akkor* [ˈɔkːor] dann.
- Wenn der Konsonant mit Doppelbuchstaben *(cs, gy, ly, ny, sz, ty, zs)* gezeichnet wird, wird bei langen Konsonanten in der Rechtschreibung nur der erste Buchstabe verdoppelt, z. B. *mennyi* [ˈmɛɲːi] wie viel.
- Auch die Stimmhaftigkeit oder Stimmlosigkeit der Konsonanten ist bedeutungsunterscheidend (siehe Tabelle unter Assimilation), z. B. *te* [tɛ] du, *de* [dɛ] aber.

Assimilation

- Wenn zwei Konsonanten nebeneinander stehen, dann wirkt der hintere auf die Aussprache des vorderen.
  1) stimmhafter Konsonant + stimmloser Konsonant: Aussprache stimmlos, z.B. *megkap* [ˈmɛkːɔp] bekommen
  2) stimmloser Konsonant + stimmhafter Konsonant: Aussprache stimmhaft, z.B. *húsbolt* [ˈhuːʒbolt] Fleischerei
  Die Assimilation ist fast immer rückwirkend. Bei den Suffixen mit anlautendem -v assimiliert der Stammkonsonant das -v des Suffixes: Péter + vel > Péterrel [ˈpeːterːel] mit Peter

• Die stimmlosen Konsonantenpaare:	f,	k,	p,	s,	sz,	t,	ty
• Die stimmhaften Konsonantenpaare:	v,	g,	b,	zs,	z,	d,	gy

- Es gibt Konsonanten, deren Artikulation bezüglich der Stelle und Sorte der Hindernisse übereinstimmen. Sie unterscheiden sich nur durch Stimmhaftigkeit bzw. Stimmlosigkeit, z. B. „b“ und „p“ sind Verschlusslaute, bei denen das Hindernis durch die Lippen entsteht. Beim „b“ sind die Stimmbänder geschlossen und vibrieren, beim „p“ hingegen sind die Stimmbänder geöffnet, und im Kehlkopf entsteht kein Stimmlaut.
- Die Konsonanten *m, n, ny, j, l, r, v* bewirken keine Assimilation.

Besonderheiten bei der Aussprache der Konsonanten

b	[b]	wie b in „Bohnen“, aber deutlich stimmhaft	bab néz	['bɔb] [ne:z]	 schauen
c	[ts]	wie z in „Zitrone“	citrom	['tsitrom]	
cs	[tʃ]	wie tsch „Tscheche“	cseh	['tʃɛ]	
d	[d]	wie d in „Dora“, aber deutlich stimmhaft	Dóra úr	['do:rɔ] [u:r]	 Herr
g	[g]	wie g in „Garantie“, aber deutlich stimmhaft	garancia	['gɔrɔntsiɔ]	
gy	[ɟ]	wie dj in „Madjare“	magyar	['mɔɖɔr]	Ungar
k	[k]	wie k in „König“, aber unbehaucht	király	['kira:j]	
ny	[ɲ]	wie gn in „Kognak“	konyak	['koɲɔk]	
p	[p]	wie p in „Paar“, aber unbehaucht	pár	['pa:r]	
r	[r]	Zungenspitzen-r	répa	['re:pɔ]	Karotte
s	[ʃ]	wie sch in „Schlamm“	sár	['ʃa:r]	
sz	[s]	wie ß in „groß“	szabad	['sɔbɔd]	frei
t	[t]	wie t in „Taxi“, aber unbehaucht	taxi	['tɔksi]	
ty	[ʈ]	wie tj in „Katja“	tyúk	[ʈu:k]	Huhn
v	[v]	wie w in „Wasser“	víz	['vi:z]	
z	[z]	wie s in „Musik“	zene	['zɛnɛ]	
zs	[ʒ]	wie j in „Journalist“	zsák	['ʒa:k]	

Die übrigen Konsonanten werden wie im Deutschen gekennzeichnet und ausgesprochen. Die Konsonanten können, mit einigen Ausnahmen (h, x), auch lang sein (phonetisches Zeichen :, d. h. die Dauer des Aussprechens wird länger.

Zum Einstieg

Das Wichtigste in Kürze

Ja.
Igen. [ˈigɛn]

Nein.
Nem. [nɛm]

Bitte.
Kérem. [ˈkeːrɛm]

Danke.
Köszönöm. [ˈkøsønøm]

Wie bitte?
Hogyan kérem? [ˈhoɟɔn ˈkeːrɛm]

Selbstverständlich.
Magától értetődik. [ˈmɔgaːtoːl ˈeːrtɛtøːdik]

Einverstanden!
Egyetértek! [ˈɛɟɛteːrtɛk]

Okay!
Okay! [ˈokeː]

In Ordnung!
Rendben van! [ˈrɛndbɛnvɔn]

Verzeihung!
Elnézést! [ˈelneːzeːʃt]

Einen Augenblick, bitte.
Egy pillanat, kérem. [ˈɛc̨pilːɔnɔt ˈkeːrɛm]

Genug!
Elég! [ˈɛleːg]

Hilfe!
Segítség! [ˈʃɛgiːtʃeːg]

Wer?
Ki? [ki]

Was?
Mi? [mi]

Welcher/Welche/Welches?
Melyik? ['mɛjik]

Wem?
Kinek? ['kinɛk]

Wen?
Kit? [kit]

Wo?
Hol? [hol]

Wo ist/sind ...?
Hol van/vannak? ['hol 'vɔn/'vɔnːɔk]

Woher?
Honnan? ['honːɔn]

Wohin?
Hova? ['hovɔ]

Warum?/Weshalb?
Miért? ['mijeːrt]

Wozu?
Mihez/mire/minek? ['mihɛz/'mirɛ/'minɛk]

Wie?
Hogyan? ['hoɟɔn]

Wie viel?/Wie viele?
Hány/Mennyi? ['haːɲ/'mɛɲːi]

Wie lange?
Mennyi ideig? ['mɛɲːi 'idɛjig]

Wann?
Mikor? ['mikor]

Ich möchte...
Szeretnék ... ['sɛrɛtne:k]

Gibt es ...?
Van ...? [vɔn]

Zahlen – Maße – Gewichte

0	**nulla** ['nul:ɔ]
1	**egy** [ɛɖ:/ɛɖ]
2	**kettő/két** ['kɛt:ø:/ke:t]
3	**három** ['ha:rom]
4	**négy** [ne:ɖ]
5	**öt** [øt]
6	**hat** [hɔt]
7	**hét** [he:t]
8	**nyolc** [ɲolts]
9	**kilenc** ['kilɛnts]
10	**tíz** [ti:z]
11	**tizenegy** ['tizɛnɛɖ]
12	**tizenkettő/tizenkét** ['tizɛn'kɛt:ø:/tizɛnke:t]
13	**tizenhárom** ['tizɛn'ha:rom]
14	**tizennégy** ['tizɛn:e:ɖ]
15	**tizenöt** ['tizɛnøt]
16	**tizenhat** ['tizɛnhɔt]
17	**tizenhét** ['tizɛnhe:t]
18	**tizennyolc** ['tizɛɲ:olts]
19	**tizenkilenc** ['tizɛn'kilɛnts]
20	**húsz** [hu:s]

21	**huszonegy** ['husonɛɟ]
22	**huszonkettő/huszonkét** ['husonˈkɛt:ø:/ˈhusonke:t]
23	**huszonhárom** ['husonˈha:rom]
24	**huszonnégy** ['huson:e:ɟ]
25	**huszonöt** ['husonøt]
26	**huszonhat** ['husonhɔt]
27	**huszonhét** ['husonhe:t]
28	**huszonnyolc** ['husoɲ:olts]
29	**huszonkilenc** ['husonˈkilɛnts]
30	**harminc** ['hɔrmints]
31	**harmincegy** ['hɔrmintsɛɟ]
32	**harminckettő/harminckét** ['hɔrmintsˈkɛt:ø/ˈhɔrmintske:t]
40	**negyven** ['nɛɟvɛn]
50	**ötven** ['ødvɛn]
60	**hatvan** ['hɒtvɒn]
70	**hetven** ['hɛtvɛn]
80	**nyolcvan** ['ɲoldzvɔn]
90	**kilencven** ['kilɛndzvɛn]
100	**száz** [sa:z]
101	**százegy** ['sa:zɛɟ]
200	**kétszáz** ['ke:ts:a:z]
300	**háromszáz** ['ha:romsa:z]
1000	**ezer** ['ɛzɛr]
2000	**kétezer** ['ke:tɛzɛr]
3000	**háromezer** ['ha:romɛzɛr]
10.000	**tízezer** ['ti:zɛzɛr]
100.000	**százezer** ['sa:zɛzɛr]
1.000.000	**(egy)millió** ['(ɛɟ)mil:io:]

1.	**első** ['ɛlʃø:]
2.	**második** ['ma:ʃodik]

3.	**harmadik** ['hɔrmɔdik]
4.	**negyedik** ['nɛɟɛdik]
5.	**ötödik** ['øtødik]
6.	**hatodik** ['hɔtodik]
7.	**hetedik** ['hɛtɛdik]
8.	**nyolcadik** ['ɲoltsɔdik]
9.	**kilencedik** ['kilɛntsɛdik]
10.	**tizedik** ['tizɛdik]
1/2	**fél** [fe:l]
1/3	**(egy)harmad** ['ɛcharmad]
1/4	**(egy) negyed** [(ɛɟ)'nɛɟɛd]
3/4	**háromnegyed** ['ha:romnɛɟɛd]
3,5 %	**három és fél százalék** ['ha:rom e:ʃ 'fe:l 'sa:zɔle:k]
27 °C	**huszonhét fok** ['husonhe:t 'fok]
-5 °C	**mínusz öt fok** ['minus'øt 'fok]
1999	**ezerkilencszázkilencvenkilenc** ['ɛsɛrkilɛntssa:s'kilɛntsvɛn'kilɛnts]
2000	**kétezer** ['ke:tɛsɛr]
2018	**kérezertizennyolc** ['ke:tɛsɛr'tizɛɲ:olts]
Millimeter	**milliméter** ['mil:ime:tɛr]
Zentimeter	**centiméter** ['tsɛntime:tɛr]
Meter	**méter** ['me:tɛr]
Kilometer	**kilométer** ['kilome:tɛr]
Meile	**mérföld** ['me:rføld]
Liter	**liter** ['litɛr]
Gramm	**gramm** [grɔm:]
100 Gramm	**száz gramm** [sa:z grɔm:]
Kilogramm	**kilogramm** ['kilogrɔm:]

Zeitangaben

Uhrzeit

Wie viel Uhr ist es?
Hány óra (van)? ['ha:ɲo:ra (vɒn)]

Es ist (genau/ungefähr) ...
Pontosan/Körülbelül ... (van). ['pontoʃɔn/'kørylbɛlyl ... (vɒn)]

3 Uhr.
három óra ['ha:rom'o:rɔ]

5 nach 3.
öt perccel múlt három ['øt 'pɛrts:ɛlmu:lt 'ha:rom]

3 Uhr 10.
tíz perccel múlt három ['ti:z 'pɛrts:ɛlmu:lt 'ha:rom]

Viertel nach 3.
negyed négy ['nɛɖɛd 'ne:ɖ]

halb 4.
fél négy ['fe:l 'ne:ɖ]

Viertel vor 4.
háromnegyed négy ['ha:romnɛɖɛd 'ne:ɖ]

5 vor 4.
öt perc múlva négy ['øt pɛrts 'mu:lvɔ 'ne:ɖ]

Es ist 1 Uhr.
Egy óra (van). [eɖ:'o:rɔ(vɔn)]

Es ist 12 Uhr Mittag/Mitternacht.
Dél van./Éjfél van. ['de:l vɔn/'e:jfe:l vɔn]

Um wie viel Uhr?/Wann?
Hány órakor ['ha:ɲ 'o:rɔkor]/Mikor? ['mikor]

Um 1 Uhr.
Egy órakor. [ɛɖoːrɔkor]

Um 2 Uhr.
Két órakor./Kettőkor. [ˈkeːtˈoːrɔkor/ˈkɛtːøːkor]

Gegen 4 Uhr.
Négy óra körül. [ˈneːɖˈoːrɔˈkøryl]

In einer Stunde.
Egy óra múlva. [ɛɖːˈoːrɔˈmuːlvɔ]

In zwei Stunden.
Két óra múlva. [ˈkeːtˈoːrɔˈmuːlvɔ]

Nicht vor 9 Uhr morgens.
Reggel kilenc előtt nem. [ˈrɛgːɛlˈkilɛntsɛløːtː ˈnɛm]

Nach 8 Uhr abends.
Este nyolc után. [ˈɛʃtɛ ˈɲoltsutaːn]

Zwischen 3 und 4.
Három és négy között. [ˈhaːrom ˈeːʃ ˈneːɖ ˈkøzøtː]

Wie lange?
Mennyi ideig? [ˈmɛɲːi ˈidɛjig]

Zwei Stunden (lang).
Két órát./Két óra hosszat. [ˈkeːtoːraːt/ˈkeːt ˈorɔ ˈhosːɔt]

Von 10 bis 11.
Tíztől tizenegyig. [ˈtiːstøːl ˈtizɛnɛɖːig]

Bis 5 Uhr.
Öt óráig. [ˈøt ˈoːraːig]

Seit wann?
Mióta? [mijoːtɒ]

Seit 8 Uhr morgens.
Reggel nyolc óta. [ˈrɛgːɛl ˈɲolts ˈoːtɔ]

Seit einer halben Stunde.
Félórája. [ˈfeːloːraːjɔ]

Seit acht Tagen.
Nyolc napja. [ˈɲoltsˈnɔpjɔ]

abends	**este** [ˈɛʃtɛ]
am Sonntag	**vasárnap** [ˈvɔʃaːrnɔp]
am Wochenende	**hétvégén** [heːtveːgeːn]
bald	**hamarosan** [ˈhɔmɔroʃɔn]
diese Woche	**ezen a héten** [ˈɛzɛn ɔˈheːtɛn]
gegen Mittag	**dél körül** [ˈdeːl ˈkøryl]
gestern	**tegnap** [ˈtɛgnɔp]
heute	**ma** [mɔ]
heute Morgen/Abend	**ma reggel** [ˈmɔˈrɛgːɛl], **este** [ˈɛʃtɛ]
in 14 Tagen	**tizennégy nap múlva** [ˈtizɛnːeːɖ nɔpˈmuːlvɔ]
innerhalb einer Woche	**egy héten belül** [ɛɖˈheːtɛnˈbɛlyl]
jeden Tag	**mindennap** [ˈmindɛnːɔp]
jetzt	**most** [moʃt]
kürzlich	**nemrég** [ˈnemreːg]
letzten Montag	**múlt hétfőn** [ˈmuːlt ˈheːtføːn]
manchmal	**néha** [ˈneːhɔ]
mittags	**délben** [ˈdeːlbɛn]
morgen	**holnap** [ˈholnɔp]
morgen früh/Abend	**holnap reggel** [ˈholnɔpˈrɛgːɛl], **este** [ˈɛʃtɛ]
morgens	**reggel** [ˈrɛgːɛl]
nachmittags	**délután** [ˈdeːlutaːn]
nächstes Jahr	**jövőre** [ˈjøvøːrɛ]
nachts	**éjjel** [ˈeːjːɛl]
stündlich	**óránként** [ˈoːraːnkeːnt]
täglich	**naponta** [ˈnɔpontɔ]

tagsüber	**napközben** ['nɔpkøzbɛn]
übermorgen	**holnapután** ['holnɔputa:n]
um diese Zeit	**ez idő tájt** ['ɛzidø:ta:jt]
vor zehn Minuten	**tíz perccel ezelőtt** ['ti:z 'pɛrts:ɛl 'ɛzɛlø:t:]
vorgestern	**tegnapelőtt** ['tɛgnɔpɛlø:t:]
vormittags	**délelőtt** ['de:lɛlø:t:]

Wochentage

Montag	**hétfő** ['he:tfø:]
Dienstag	**kedd** [kɛd:]
Mittwoch	**szerda** ['sɛrdɔ]
Donnerstag	**csütörtök** ['tʃytørtøk]
Freitag	**péntek** ['pe:ntɛk]
Samstag	**szombat** ['sombɔt]
Sonntag	**vasárnap** ['vɔʃa:rnɔp]

Monate

Januar	**január** ['jɔnua:r]
Februar	**február** ['fɛbrua:r]
März	**március** ['ma:rtsiuʃ]
April	**április** ['a:priliʃ]
Mai	**május** ['ma:juʃ]
Juni	**június** ['ju:niuʃ]
Juli	**július** ['ju:liuʃ]
August	**augusztus** ['ɔugustuʃ]
September	**szeptember** ['sɛptɛmbɛr]
Oktober	**október** ['okto:bɛr]
November	**november** ['novɛmbɛr]
Dezember	**december** ['dɛtsɛmbɛr]

Jahreszeiten

Frühling	**tavasz** ['tɔvɔs]
Sommer	**nyár** [ɲa:r]
Herbst	**ősz** [ø:s]
Winter	**tél** [te:l]

Feiertage

Neujahr*	**Újév** ['u:je:v]
Dreikönigstag	**háromkirályok napja** ['ha:romkira:jok 'nɔpjɔ]
Karneval	**farsang** ['fɔrʃɔng]
Fastnachtsdienstag	**húshagyókedd** ['hu:ʃhɔɖo:kɛd:]
Aschermittwoch	**hamvazószerda** ['hɔmvɔzo:sɛrdɔ]
Tag des Befreiungskampfes 1848* (15. März)	**Az 1848-as szabadságharc ünnepe** [ɔz ɛzɛrɲoltsa:znɛɟvɛɲ:oltsaʃ 'sɔbɔtʃ:a:ghɔrts 'yn:ɛpɛ]
Gründonnerstag	**nagycsütörtök** ['nɔtʃ:ytørtøk]
Karfreitag	**nagypéntek** ['nɔpe:ntɛk]
Ostern	**húsvét** ['hu:ʃve:t]
Ostermontag*	**húsvéthétfő** [hu:ʃve:the:tfø]
Tag der Arbeit* (1. Mai)	**A munka ünnepe** [ɔ 'munkɔ 'yn:ɛpɛ]
Fronleichnam	**úrnapja** ['u:rnɔpjɔ]
Feier des Hl. Stephans, Staatsgründung* (20. August)	**Szent István ünnepe** ['sɛnt iʃtva:n 'yn:ɛpɛ]
Aufstand von 1956, Nationalfeiertag* (23. Október)	**Október 23-a ünnepe** ['okto:bɛr 'husonhɔrmɔdikɔ 'yn:ɛpɛ]
Allerheiligen (1. November)*	**mindenszentek/november elseje** ['mindɛnsɛntɛk/'novɛmbɛr 'ɛlʃɛjɛ]
Heiliger Abend	**szenteste** ['sɛntɛʃtɛ]

* arbeitsfreie offizielle Feiertage

Weihnachten	**karácsony** ['kɔraːtʃoɲ]
1. Weihnachtsfeiertag*	**karácsony első napja** ['kɔraːtʃoɲ 'ɛlʃøː 'nɔpjɔ]
2. Weihnachtsfeiertag*	**karácsony második napja** ['kɔraːtʃoɲ 'maːʃodik 'nɔpjɔ]
Silvester	**szilveszter** ['silvɛstɛr]

* arbeitsfreie offizielle Feiertage

Datum

Den Wievielten haben wir heute?
Hányadika van ma? ['haːɲɔdikɔ vɔn'mɔ]

Heute ist der 1. Mai.
Ma május elseje van. [mɔ 'maːjuʃ 'ɛlʃɛjɛ vɔn]

Wetter

Wie wird das Wetter heute?
Milyen lesz az idő ma? ['mijɛn lɛs ɔz 'idøː'mɔ]

Wir bekommen schönes/schlechtes Wetter.
Szép/Rossz idő lesz. ['seːp/'ros: 'idøː lɛs]

Es bleibt schön/schlecht.
Az idő szép/rossz marad. [ɔz'idø 'seːp/'ros: 'mɔrɔd]

Es wird wärmer/kälter.
Melegebb/Hidegebb lesz. ['mɛlɛgɛb:/'hidɛgɛb: lɛs]

Es wird regnen/schneien.
Esni/Havazni fog. ['ɛʃni/'hɔvɔzni fog]

Es ist kalt/heiß/schwül.
Az idő hideg/meleg/fülledt. [ɔzˈidøː ˈhidɛg/ˈmɛlɛg/ˈfylːɛtː]

Es ist neblig/windig.
Köd/Szél van. [ˈkød/ˈseːl vɔn]

Wie viel Grad haben wir heute?
Hány fok van ma? [ˈhaːɲ ˈfog vɔn ˈmɔ]

Es ist 20 Grad Celsius.
Húsz fok van. [ˈhuːs ˈfog vɔn]

bewölkt	felhős [ˈfɛlhøːʃ]
Blitz	villám [ˈvilːaːm]
Donner	mennydörgés [ˈmɛɲːdørgeːʃ]
Eis	jég [jeːg]
Frost	fagy [fɔɟ]
Glatteis	síkosság [ˈʃiːkoʃːaːg]
Hagel	jégeső [ˈjeːgɛʃøː]
heiß	forró [ˈforːoː]
heiter	derűs [ˈdɛryːʃ]
Hitze	hőség [ˈhøːʃeːg]
kalt	hideg [ˈhidɛg]
Klima	éghajlat [ˈeːkhɔjlɔt]
Luft	levegő [ˈlɛvɛgøː]
nass	nedves [ˈnɛdvɛʃ]
Nebel	köd [kød]
Regen	eső [ˈɛʃøː]
Regenschauer	zápor [ˈzaːpor]
regnerisch	esős [ˈɛʃøːʃ]
Schnee	hó [hoː]
Schneesturm	hóvihar [ˈhoːvihɔr]
schwül	fülledt [ˈfylːɛtː]
Sonne	nap [nɔp]

sonnig	**napos** ['nɔpoʃ]
Temperatur	**hőmérséklet** ['hø:me:rʃe:klɛt]
warm	**meleg** ['mɛlɛg]
wechselhaft	**változékony** ['va:ltoze:koɲ]
Wetterbericht	**időjárásjelentés** ['idø:ja:ra:ʃ/jɛlɛnte:ʃ]
Wettervorhersage	**időjárás-előrejelzés** ['idø:ja:ra:ʃ ɛlø:rɛjɛlze:ʃ]
Wind	**szél** [se:l]
Wolke	**felhő** ['fɛlhø:]

Reiseplanung

Hotelbuchung per E-Mail

Sehr geehrte Damen und Herren,
vom 24. bis 26. Juni hätte ich gern für zwei Nächte ein Einzel-/Doppel-/Zweibettzimmer.
Bitte teilen Sie mir mit, ob Sie ein Zimmer frei haben und was es pro Nacht, einschließlich Frühstück, kostet.
Mit freundlichen Grüßen

Tisztelt hölgyeim és uraim,
június 24 és 26 között szeretnék két éjszakára egy egyágyas/kétágyas/kétágyas szobát.
Legyen szíves tájékoztatni, hogy van e szabad szobájuk, és hogy a szoba éjszakánként, reggelivel együtt, mennyibe kerül.
Üdvözlettel.

Dear Sir or Madam,
I would like to book a single/double/twin-bedded room for 2 nights on the 24th and 25th June.
Please let me know if you have any vacancies and the cost per night plus breakfast.
Yours faithfully,

Mietwagen per E-Mail

**Sehr geehrte Damen und Herren,
für die Zeit vom 20. - 25. Juli möchte ich gern ab Flughafen XXX einen Kleinwagen/einen Mittelklassewagen/eine Luxuslimousine/einen Kleinbus mieten. Mein Rückflug geht ab YYY und deshalb möchte ich das Auto dort zurückgeben. Bitte teilen Sie mir Ihre Tarife mit und welche Unterlagen ich benötige.
Mit freundlichen Grüßen**

Tisztelt hölgyeim és uraim,
július 20 és 25 között szeretnék egy kis/közepes nagyságú személyautót/egy luxuslimuzint/egy kisbuszt a repülőtéren bérelni. Vissza YYY - ból/ből repülök, ezért ott szeretném az autót leadni. Kérem a bérleti díjakat közölni és hogy milyen iratokra van szükségem.
Üdvözlettel.

Dear Sir/Madam,
I would like to hire a small/mid-range/luxury saloon car/minibus from July 20 - 25 from XXX Airport. I depart from YYY Airport so wish to leave the car there. Please inform me of your rates and what documents I shall require.
Yours faithfully,

Allgemeine Fragen

Ich habe vor, meinen Urlaub in ... zu verbringen. Können Sie mir bitte Informationen über Unterkünfte in der Gegend geben?
A szabadságomat ...-ban/-ben szeretném eltölteni. Lenne szíves tájékoztatni a környékbeli szálláslehetőségekről?
[ɔ ˈsɔbɔtʃ:agomɔt ˈ...-bɔn/-bɛn ˈsɛrɛtne:m ˈɛltøltɛni. ˈlɛn:ɛ ˈsi:vɛʃ ˈta:je:kostɔtni ɔ ˈkørɲe:kbɛli ˈsa:l:a:ʃlɛhɛtøʃe:gɛkrø:l]

An welche Art von Unterkunft haben Sie gedacht?
Milyen jellegű szállásra gondolt? [ˈmijɛn ˈjɛl:ɛgy: ˈsa:l:a:ʃrɔ ˈgondolt]

ein Hotel
hotelra [ˈhotɛlrɔ]

eine Pension
panzióra [ˈpɔnzio:rɔ]

ein Fremdenzimmer
vendégszobára [ˈvɛnde:gsoba:rɔ]

eine Ferienwohnung
nyaralóra [ˈɲɔrɔlo:rɔ]

Fragen zur Unterkunft

Hotel – Pension – Privatzimmer

Ich suche ein Hotel, jedoch nicht zu teuer – etwas in der mittleren Preislage.
Keresek egy nem túl drága hotelt – közepes árszinten.
[ˈkɛrɛʃɛk ˈɛɟ: nɛmtu:l ˈdra:gɔ ˈhotɛlt – ˈkøzɛpɛʃ ˈa:rsintɛn]

Ich suche ein Hotel mit Hallenbad/Golfplatz/Tennisplätzen.
Kersek egy hotelt, amihez uszoda/golfpálya/teniszpálya is tartozik.
[ˈkɛrɛʃɛk ˈɛɖː ˈhotɛlt ˈɔmihɛz ˈusodɔ/ˈgolfpaːjɔ/ˈtɛnispaːjɔ iʃ ˈtɔrtozik]

Können Sie mir ein schönes Fremdenzimmer mit Frühstück empfehlen?
Tudna nekem egy szép vendégszobát reggelivel együtt ajánlani?
[ˈtudnɔ ˈnɛkɛm ˈɛɖː seːp ˈvɛndeːgsobɔt ˈrɛgːɛlivɛl ˈɛɖːytː ˈɔjaːlːɔni]

Für wie viele Leute soll es sein?
Hány személyre kellene? [ˈhaːɲ ˈsɛmeːjrɛ ˈkɛlːɛnɛ]

Sind dort Hunde erlaubt?
Kutya is megengedett? [ˈkuʈɔ iʃ ˈmɛgɛngɛdɛtː]

Wie viel kostet das pro Woche?
Mennyibe kerül az egy hétre? [ˈmɛɲːibɛ ˈkɛryl ɔz ɛɖː ˈheːtrɛ]

Ferienhäuser/Ferienwohnungen

Ich suche eine Ferienwohnung oder einen Bungalow.
Keresek egy nyaralót vagy egy bungalót.
[ˈkɛrɛʃɛk ɛɖː ˈɲɔrɔloːt vɔɖ ɛɖː ˈbungɔloːt]

Können Sie mir einen kinderfreundlichen Ferienbauernhof empfehlen?
Tudna nekem egy gyermekkedvelő tanyát ajánlani?
[ˈtudnɔ ˈnɛkɛm ɛɖːˈɖɛrmɛkːɛdvɛlø ˈtɔɲaːt ˈɔjaːlːɔni]

Gibt es ...?
Van ...? [vɔn ˈ...]

ein Kinderbett
egy gyerekágy [ɛɖː ˈɖɛrɛkaːɖ]

einen Fernseher
egy televízió [ɛʈ ˈtɛlɛviːzioː]

ein Telefon
egy telefon [ɛɟ ˈtɛlɛfon]

eine Waschmaschine
egy mosógép [ɛɖ ˈmoʃo:ge:p]

Sind die Stromkosten im Preis eingeschlossen?
Benne van a bérleti díjban az áramfogyasztás is?
[ˈbɛn:ɛ vɔn ɔ ˈbe:rlɛti ˈdi:jbɔn ɔz ˈa:rɔmfoɖɔsta:ʃ iʃ]

Werden Bettwäsche und Handtücher gestellt?
Rendelkezésre állnak ágyneműk és törülközők is?
[ˈrɛndɛlkɛze:ʃrɛ ˈa:l:nɔk ˈa:ɖnɛmy:k e:ʃ ˈtørylkøzø:k iʃ]

Wie viel muss ich anzahlen und wann ist die Anzahlung fällig?
Mennyi előleget és mikor kell fizetnem?
[ˈmɛɲ:i ˈɛlø:lɛgɛt e:ʃ ˈmikor kɛl: ˈfizɛtnɛm]

Wo und wann kann ich die Schlüssel abholen?
Hol és mikor hozhatom el a kulcsokat?
[ˈhol e:ʃ ˈmikor ˈhoshɔtom ɛl ɔ ˈkultʃokɔt]

Camping

Gibt es hier auch ... einen Campingplatz?
Van itt egy kemping? [ˈvɔn it: ɛɖ ˈkɛmping]

Im Gespräch

Begrüßung und Verabschiedung

Guten Morgen!
Jó reggelt! ['jo: rɛg:ɛlt]

Guten Tag!
Jó napot! ['jo: nɔpot]

Guten Abend!
Jó estét! ['jo: ɛʃte:t]

Hallo!/Grüß dich!/Grüß euch!
Szia!/Sziasztok! *sg/pl* ['siɔ/'siɔstok]
Szervusz!/Szervusztok! *sg/pl* ['sɛrvus/'sɛrvustok]

Wie ist Ihr Name, bitte?
Hogy hívják önt, kérem? ['hoɟ 'hi:vja:k 'ønt 'ke:rɛm]

Wie heißt du?
Hogy hívnak? ['hoɟ 'hi:vnɔk]

Mein Name ist .../Ich heiße ...
... a nevem./... nak/nek hívnak. ['... ɔ'nɛvɛm/'... nɔk/nɛk 'hi:vnɔk]

Auf Wiedersehen!
Viszontlátásra! ['visontla:ta:ʃrɔ]

Bis bald!/Bis später!
Viszlát! ['visla:t]

Bis morgen!
A holnapi viszontlátásra! [ɔ 'holnɔpi 'visontla:ta:ʃrɔ]

Gute Nacht!
Jó éjszakát! ['jo: 'e:jsɔka:t]

Tschüss!
Szia/Sziasztok! *sg/pl* ['siɔ/siɔstok]

Alles Gute!
Minden jót! [ˈmindɛn ˈjoːt]

Viel Vergnügen!
Jó szórakozást! [ˈjoː ˈsoːrɔkozaːʃt]

Gute Reise!
Jó utat! [ˈjoː utɔt]

Ich lasse von mir hören.
Majd jelentkezem. [ˈmɔjd ˈjɛlɛntkɛzɛm]

Höflichkeit

Bitte und Dank

Bitte.
Kérem. [ˈkeːrɛm]

Ja, bitte.
Igen, kérek. [ˈigɛn ˈkeːrɛk]

Nein, danke.
Nem, köszönöm. [ˈnɛm ˈkøsønøm]

Gestatten Sie?
Megengedi? [ˈmɛgɛngɛdi]

Können Sie mir bitte helfen?
Tudna nekem segíteni kérem? [ˈtudnɔ ˈnɛkɛm ˈʃɛgiːtɛni ˈkeːrɛm]

Danke.
Köszönöm. [ˈkøsønøm]

Vielen Dank.
Nagyon köszönöm. [ˈnɔɟon ˈkøsønøm]

Danke, sehr gern.
Köszönöm, nagyon szívesen. [ˈkøsønøm ˈnɔɟon ˈsiːvɛʃɛn]

Danke, gleichfalls!
Köszönöm, viszont. [ˈkøsønøm ˈvisont]

Das ist nett, danke.
Nagyon kedves, köszönöm. [ˈnɔɟon ˈkɛdvɛʃ ˈkøsønøm]

Bitte sehr./Gern geschehen.
Kérem szépen./Szívesen. [ˈkeːrɛm ˈseːpɛn/ˈsiːvɛʃɛn]

Entschuldigung

Entschuldigung!
Bocsánat! [ˈbotʃaːnɔt]

Ich muss mich entschuldigen.
Bocsánatot kérek. [ˈbotʃaːnɔtot ˈkeːrɛk]

Das tut mir leid.
Sajnálom. [ˈʃɔjnaːlom]

Es war nicht so gemeint.
Ezt nem így gondoltam. [ˈɛzt ˈnɛm ˈiːɟ ˈgondoltɔm]

Schade!
Kár. [ˈkaːr]

Es ist leider nicht möglich.
Ez sajnos nem lehetséges. [ˈɛs ˈʃɔjnoʃ ˈnɛm ˈlɛhɛtʃːeːgɛʃ]

Herkunft und Aufenthalt

Woher kommen Sie/kommst du?
Honnan jön/jössz? [ˈhonːɔn ˈjøn/ˈjøsː]

Ich bin aus ...
... ból/ből jövök. [ˈ... boːl/bøːl ˈjøvøk]

Sind Sie/Bist du schon lange hier?
Régóta van/vagy már itt? [ˈreːgoːtɔ ˈvɔn/ˈvɔɖ ˈmaːr ˈitː]

Ich bin seit ... hier.
... óta vagyok itt. [ˈ... ˈoːtɔ ˈvɔɖok ˈitː]

Wie lange bleiben Sie/bleibst du?
Meddig marad/maradsz? [ˈmɛdːig ˈmɔrɔd/ˈmɔrɔds]

Sind Sie/Bist du zum ersten Mal hier?
Először van/vagy itt? [ˈɛløːsør ˈvɔn/ˈvɔɖ ˈitː]

Verständigungsschwierigkeiten

Wie bitte?
Hogyan kérem? [ˈhoɖɔn ˈkeːrɛm]/Tessék? [ˈtɛʃːeːk]

Ich verstehe Sie nicht. Bitte, wiederholen Sie es.
Nem értem. Kérem ismételje meg.
[ˈnɛm ˈeːrtɛm. ˈkeːrɛm ˈiʃmeːtɛjːɛ ˈmɛg]

Bitte sprechen Sie etwas langsamer/lauter.
Kérem beszéljen kicsit lassabban/hangosabban.
[ˈkeːrɛm ˈbɛseːjːɛn ˈkitʃit ˈlɔʃːɔbːɔn/ˈhɔngoʃɔbːɔn]

Ich verstehe/habe verstanden.
Értem/megértettem. [ˈeːrtɛm/ˈmɛgeːrtɛtːɛm]

Sprechen Sie/Sprichst du ...
Beszél/Beszélsz ... ['bɛse:l/'bɛse:ls]

Ungarisch?
magyarul? ['mɔɖɔrul]

Deutsch?
németül? ['ne:mɛtyl]

Englisch?
angolul? ['ɔngolul]

Ich spreche nur wenig ...
Csak egy kicsit beszélek ... ['tʃɔk ɛɖ 'kitʃit 'bɛse:lɛk '...]

Was heißt ... auf Ungarisch?
Mit jelent ... ul/ül? ['mit 'jɛlɛnt '... ul/yl]

Was bedeutet das?
Mit jelent ez? ['mit 'jɛlɛnt ɛz]

Wie spricht man dieses Wort aus?
Hogy ejtik ki ezt a szót? ['hoɖ ɛjtik ki'ɛst ɔ'so:t]

Schreiben Sie/Schreibe es mir bitte auf!
Kérem írja fel!/Kérlek írd fel! ['ke:rɛm 'i:rjɔ fɛl/'ke:rlɛk 'i:rd fɛl]

Unterwegs

Fragen nach dem Weg

Ortsangaben

links	balra ['bɔrːɔ]
rechts	jobbra ['jobːrɔ]
geradeaus	egyenes(en) ['ɛɟɛnɛʃ(ɛn)]
vor	... előtt ['ɛløːtː]
hinter	... mögött ['møgøtː]
nach	... után ['utaːn]
neben	... mellett ['mɛlːɛtː]
gegenüber	szemben ['sɛmbɛn]
hier	itt [itː]
dort	ott [otː]
nah	közel ['køzɛl]
weit	messze ['mɛsːɛ]
Ampel	közlekedési lámpa ['køzlɛkɛdeːʃi 'laːmpɔ]
Baustelle	építkezés ['eːpiːtkɛzeːʃ]
Kreuzung	kereszteződés ['kɛrɛstɛzøːdeːʃ]
Kurve	kanyar ['kɔɲɔr]
Straße	utca ['utsːɔ]
Landstraße	országút ['orsaːguːt]
Schnellstraße	gyorsforgalmi út ['ɟorʃforgɔlmi 'uːt]

Wegbeschreibung

Entschuldigung, wie komme ich bitte nach ...?
Bocsánat, hogy jutok el ... ba/be?
['botʃaːnɔt 'hoɟ 'jutok ɛl '... bɔ/bɛ]

Wie weit ist das?
Milyen messze van? ['mijɛn 'mɛsːɛ vɔn]

Bitte, ist das die Straße nach ...?
Ez az út vezet ... felé, kérem? [ˈɛz ɔz ˈuːt ˈvɛzɛt ˈ... ˈfɛleː ˈkeːrɛm]

Wie komme ich zur Autobahn nach ...?
Hogy jutok el az autópályára ... felé?
[ˈhɔd̠ ˈjutok ɛl ɔz ˈɔutoːpaːjaːrɔ ˈ... ˈfɛleː]

Immer geradeaus bis ..., dann ...
Menjen egyenesen ...ig, azután ... [ˈmɛɲːɛn ˈɛd̠ɛnɛʃɛn ˈ...ig ˈɔzutaːn]

bei der Ampel
a jelzőlámpánál [ɔ ˈjɛlzøːlaːmpaːnaːl]

an der nächsten Ecke
a következő saroknál [ɔ ˈkøvɛtkɛzøː ˈʃɔroknaːl]

links/rechts abbiegen.
forduljon balra/jobbra. [ˈforduјːon ˈbɔrːɔ/ˈjobːrɔ]

Folgen Sie den Schildern ...
Kövesse a ... jelzőtáblát. [ˈkøvɛʃːɛ ɔ ... ˈjɛlzøːtaːblaːt]

Sie sind hier falsch. Sie müssen zurückfahren bis ...
Ez az út nem jó, vissza kell mennie ...ig.
[ˈɛz ɔz ˈuːt ˈnɛmˈjoː ˈvisːɔˈkɛlː ˈmɛnːiɛ ˈ...ig]

Bitte, wo ist ...?
Hol van kérem a(z) ...? [ˈhol vɔn ˈkeːrɛm ɔ(z) ˈ...]

Tut mir leid, das weiß ich nicht.
Sajnos nem tudom. [ˈʃɔjnoʃ nɛm ˈtudom]

Welches ist der kürzeste Weg nach/zu ...?
Melyik a legrövidebb út ...ba/be? [ˈmɛjik ɔ ˈlɛgrøvidɛbː ˈuːt ˈ...bɔ/bɛ]

Wie weit ist es zum/zur ...?
Milyen messze van a(z) ...? [ˈmijɛn ˈmɛsːɛ ˈvɔn ɔ(z) ˈ...]

Es ist ganz in der Nähe.
Egész közel van. [ˈɛgeːs ˈkøzɛl vɔn]

Gehen Sie geradeaus/nach links/nach rechts.
Menjen egyenesen/balra/jobbra.
[ˈmɛɲːɛn ˈɛɖɛnɛʃɛn/ˈbɔrːɔ/ˈjobːrɔ]

Erste/Zweite Straße links/rechts.
Az első/A második utca balra/jobbra.
[ɔz ˈɛlʃøː/ɔ ˈmaːʃodik ˈutsːɔ ˈbɔrːɔ/ˈjobːrɔ]

Überqueren Sie ...
Menjen át ... [ˈmɛɲːɛn ˈaːt]

die Brücke.
a hídon. [ɔ ˈhiːdon]

den Platz.
a téren. [ɔ ˈteːrɛn]

die Straße.
az utcán. [ɔz ˈutsːaːn]

Dann fragen Sie noch einmal.
Azután kérdezze meg még egyszer.
[ˈɔzutaːn ˈkeːrdɛzːɛ mɛg ˈmeːg ˈɛtsːɛr]

Sie können es nicht verfehlen.
Nem lehet eltéveszteni. [ˈnɛm ˈlɛhɛt ˈɛlteːvɛstɛni]

An der Grenze

Passkontrolle

Ihren Pass, bitte!
Kérem az útlevelét! [ˈkeːrɛm ɔz ˈuːtlɛvɛleːt]

Ihr Pass ist abgelaufen.
Az ön útlevele lejárt. [ɔz ˈøn ˈuːtlɛvɛlɛ ˈlɛjaːrt]

Ich gehöre zu der Reisegesellschaft aus ...
A ... i turistacsoporthoz tartozom.
[ɔ '... i 'turiʃtɔtʃoporthos 'tɔrtozom]

Zollkontrolle

Haben Sie etwas zu verzollen?
Van valami elvámolnivalója? ['vɔn 'vɔlɔmi 'ɛlva:molnivɔlo:jɔ]

Nein, ich habe nur ein paar Geschenke.
Nem, csak néhány ajándékom van.
['nɛm 'tʃɔk 'ne:ha:ɲ 'ɔja:nde:kom'vɔn]

Fahren Sie bitte rechts/links heran.
Hajtson kérem jobbra/balra. ['hɔjtʃ:on 'ke:rɛm 'job:rɔ/'bɔr:ɔ]

Öffnen Sie bitte den Kofferraum/diesen Koffer.
Nyissa ki kérem a csomagtartót/ezt a bőröndöt.
['ɲiʃ:ɔ 'ki 'ke:rɛm ɔ 'tʃomɔktɔrto:t/'ɛst ɔ 'bø:røndøt]

Muss ich das verzollen?
El kell vámoltatnom? ['ɛl 'kɛl: 'va:moltɔtnom]

Personalien

Familienname	**vezetéknév** ['vɛzɛte:kne:v]
Familienstand	**családi állapot** ['tʃɔla:di 'a:l:ɔpot]
ledig	*Mann:* **nőtlen** ['nø:tlɛn]; *Frau:* **hajadon** ['hɔjɔdon]
verheiratet	*Mann:* **nős** [nø:ʃ]; *Frau:* **férjezett** ['fe:rjɛzɛt:]; *beide:* **házas** ['ha:zɔʃ]
verwitwet	**özvegy** ['øzvɛɟ]
Geburtsdatum	**születési idő** ['sylɛte:ʃi 'idø:]
Geburtsname	**leánykori név** ['lɛa:ɲkori 'ne:v]

Geburtsort	**születési hely** ['sylɛte:ʃi 'hɛj]
Staatsangehörigkeit	**állampolgárság** ['a:l:ɔmpolga:rʃa:g]
Vorname	**keresztnév** ['kɛrɛstne:v]
Wohnort	**lakóhely** ['lɔko:hɛj]

Grenze

Ausfuhr	**kivitel, export** ['kivitɛl' 'ɛksport]
Ausreise	**kiutazás** ['kiutɔza:ʃ]
Bestimmungen	**rendelkezések** ['rɛndɛlkɛze:ʃɛk]
Einfuhr	**behozatal, import** ['bɛhozɔtɔl, 'import]
Einreise	**beutazás** ['bɛutɔza:ʃ]
Führerschein	**jogosítvány** ['jogoʃi:dva:ɲ]
Grenzübergang	**határátkelőhely** ['hɔta:ra:tkɛlø:hɛj]
grüne Versicherungskarte	**zöld biztosítási kártya** ['zøld 'bistoʃi:ta:ʃi 'ka:rʈ ɔ]
gültig	**érvényes** ['e:rve:ɲɛʃ]
internationaler Impfpass	**nemzetközi oltási lap** ['nɛmzɛtkøzi 'olta:ʃi 'lɔp]
Kinderausweis	**gyermekigazolvány** ['ɖɛrmɛkigɔzolva:ɲ]
Nationalitätskennzeichen	**az ország betűjele** [ɔz 'orsa:g 'bɛty:jɛlɛ]
Passkontrolle	**útlevélellenőrzés** ['u:tlɛve:lɛl:ɛnø:rze:ʃ]
Personalausweis	**személyi igazolvány** ['sɛme:ji 'igɔzolva:ɲ]
Reisepass	**útlevél** ['u:tlɛve:l]
Tollwut	**veszettség** ['vɛsɛtʃ:e:g]
Zoll	**vám** [va:m]
Zollamt	**vámhivatal** ['va:mhivɔtɔl]

Zollbeamter	vámhivatalnok ['vaːmhivɔtɔlnok]
zollfrei	vámmentes ['vaːmːɛntɛʃ]
Zollgebühren	vámdíj ['vaːmdiːj]
Zollkontrolle	vámvizsgálat ['vaːmviʒgaːlɔt]
zollpflichtig	vámköteles ['vaːmkøtɛlɛʃ]

Auto und Motorrad

Hinweise und Informationen

megállni tilos	**Halteverbot**
építkezés	**Baustelle**
úthibák	**Schlechte Fahrbahn**
veszély	**Gefahr**
csúszásveszély	**Schleudergefahr**
lejtoő %	**(Starkes) Gefälle** *(wird meistens in % angegeben)*
terelőút	**Umleitung**
gyerekek	**(Auf) Schulkinder (achten)**
behajtani tilos	**Einfahrt verboten**
parkolási tilalom vége	**Ende des Parkverbots**
magasfeszültség	**Hochspannung**
korház	**Krankenhaus**
teherautó	**Lastwagen**
jobbkézszabály	**Rechtsvorfahrt**
veszély	**Vorsicht**
lassan	**Langsamer (fahren)**
autómentő/sárga angyal	**Pannenhilfe, Straßenwacht**
jobbra (balra)	**Rechts (Links) fahren**
kijárat	**Autobahnausfahrt**
kijáratot szabadon hagyni	**Ausfahrt frei halten**

parkolási tilalom	**Parkverbot**
veszélyes kanyar	**Gefährliche Kurve**
kerülőút	**Umgehungsstraße**

An der Tankstelle

Wo ist bitte die nächste Tankstelle?
Hol (van) a legközelebbi benzinkút?
[ˈhol (ˈvɔn) ɔ ˈlɛk:øzɛlɛb:i ˈbɛnzinku:t]

Ich möchte ... Liter ...
... liter ... [ˈlitɛr]

Normalbenzin.
normálbenzint [ˈnɔrma:lbɛnzint]

Super.
szupert [ˈsupɛrt]

Diesel.
dízelt [ˈdi:zɛlt]

Gemisch.
keveréket [ˈkɛvɛre:kɛt]

... bleifrei/mit ... Oktan.
ólommenteset/... oktánszámút kérek.
[ˈo:lom:ɛntɛʃet/ˈ...ˈokta:n sa:mu:t ˈke:rɛk]

Voll tanken, bitte.
Tele kérem. [ˈtɛlɛ ˈke:rɛm]

Prüfen Sie bitte ...
Ellenőrizze kérem ... [ˈɛl:ɛnø:riz:ɛ ˈke:rɛm]

den Ölstand.
az olajszintet. [ɔz ˈolɔjsintɛt]

den Reifendruck.
a levegőnyomást. [ɔ ˈlɛvɛgøːɲomaːʃt]

Sehen Sie bitte auch das Kühlwasser nach.
Nézze meg kérem a hűtővizet is.
[ˈneːzːɛ mɛk ˈkeːrɛm ɔ ˈhyːtøːvizɛt ˈiʃ]

Ich möchte eine Straßenkarte dieser Gegend, bitte.
Szeretnék egy autótérképet a környékről.
[ˈsɛrɛtneːk ɛɟ ˈɔutoːteːrkeːpɛt ɔˈkørɲeːkrøːl]

Wo sind bitte die Toiletten?
Hol (van) a W.C. ? [ˈhol (vɔn) ɔˈveːtseː]

Parken

Gibt es hier in der Nähe eine Parkmöglichkeit?
Lehet itt a közelben parkolni? [ˈlɛhɛt ˈitː ɔ ˈkøzɛlbɛn ˈpɔrkolni]

Kann ich den Wagen hier abstellen?
Leállíthatom itt a kocsit? [ˈlɛaːlːiːthɔtom ˈitː ɔˈkotʃit]

Könnten Sie mir ... Forint für die Parkuhr wechseln?
Tudna nekem ... forintot váltani a parkolóórához?
[ˈtudnɔ ˈnɛkɛm ˈ... ˈforintot ˈvaːltɔni ɔˈpɔrkoloːoːraːhoz]

Ist der Parkplatz bewacht?
Őrzik a parkolót? [ˈøːrzik ɔ ˈpɔrkoloːt]

Wie lange kann ich hier parken?
Meddig parkolhatok itt? [ˈmɛdːik ˈpɔrkolhɔtok ˈitː]

Wie hoch ist die Parkgebühr pro ...
Mennyi a parkolási díj ... [ˈmɛɲːi ɔˈpɔrkolaːʃi ˈdiːj]

Stunde?
egy órára? [ɛɟ ˈoːraːrɔ]

Tag?
egy napra? [ɛɖ ˈnɔprɔ]

Nacht?
egy éjszakára? [ɛɖ ˈeːjsɔkaːrɔ]

Ist das Parkhaus die ganze Nacht geöffnet?
Egész éjjel nyitva van a parkolóház?
[ˈɛgeːs ˈeːjːɛl ˈɲidvɔ ˈvɔn ɔ ˈpɔrkoloːhaːz]

Eine Panne

Ich habe eine Panne/einen Platten.
Defektem/Gumidefektem van. [ˈdɛfɛktɛm/ˈgumidɛfɛktɛm vɔn]

Würden Sie bitte den Pannendienst anrufen?
Tudná hívni az autómentőt/a sárga angyalt?
[ˈtudnaː ˈhiːvni ɔz ˈɔutoːmɛntøːt/ɔ ˈʃaːrgɔ ˈɔnɖɔlt]

Würden Sie mir bitte einen Mechaniker/einen Abschleppwagen schicken?
Tudna nekem egy szerelőt/vontatókocsit küldeni?
[ˈtudnɔ ˈnɛkɛm ɛʈ ˈsɛrɛløːt/ˈvontɔtoːkotʃit ˈkyldɛni]

Könnten Sie mir mit Benzin aushelfen?
Ki tudna segíteni benzinnel? [ˈki tudnɔ ˈʃɛgiːtɛni ˈbɛnzinːɛl]

Könnten Sie mir beim Reifenwechsel helfen?
Tudna nekem segíteni a gumit kicserélni?
[ˈtudnɔ nɛkɛm ˈʃɛgiːtɛni ɔ ˈgumit ˈkitʃɛreːlni]

Würden Sie mich bis zur nächsten Werkstatt/Tankstelle mitnehmen?
El tudna engem a legközelebbi javítóműhelyig/benzinkútig vinni?
[ˈɛl tudnɔ ˈɛngɛm ɔ ˈlɛkːøzɛlɛbːi ˈjɔviːtoːmyːhɛjig/ˈbɛnzinkuːtig ˈvinːi]

In der Werkstatt

Wo ist hier in der Nähe eine Werkstatt?
Hol van itt a közelben egy műhely?
[ˈhol vɔnˈit: ɔ ˈkøzɛlbɛn ɛɟ ˈmy:hɛj]

Können Sie mit mir kommen/mich abschleppen?
Velem tud jönni?/El tud vontatni? [ˈvɛlɛm tudˈjøn:i/ˈɛl tud ˈvontɔtni]

Mein Wagen springt nicht an.
A kocsim nem indul be. [ɔ ˈkotʃim ˈnɛm ˈindul ˈbɛ]

Mit dem Motor stimmt was nicht.
A motorral valami nincs rendben.
[ɔ ˈmotor:ɔl ˈvɔlɔmi ˈnintʃ ˈrɛndbɛn]

Die Bremsen funktionieren nicht.
A fék nem működik. [ɔ ˈfe:k ˈnɛm ˈmy:kødik]

Der Wagen verliert Öl.
A kocsiból csöpög az olaj. [ɔ ˈkotʃibo:l ˈtʃøpøg ɔz ˈolɔj]

Können Sie mal nachsehen?
Meg tudná nézni? [ˈmɛk ˈtudna: ˈne:zni]

Wann ist der Wagen/das Motorrad fertig?
Mikor lesz kész a kocsi/motorkerékpár?
[ˈmikor lɛs ˈke:s ɔ ˈkotʃi/ˈmotorkɛre:kpa:r]

Was wird es kosten?
Mennyibe fog kerülni? [ˈmɛɲ:ibɛ ˈfok ˈkɛrylni]

Verkehrsunfall

Es ist ein Unfall passiert.
Egy baleset történt. [ɛɖ ˈbɔlɛʃɛt ˈtørte:nt]

Rufen Sie bitte schnell
Hívjon gyorsan [ˈhi:vjon ˈɖorʃɔn]

einen Krankenwagen.
mentőt. [ˈmɛntøːt]

die Polizei.
a rendőrséget. [ɔ ˈrɛndøːrʃeːgɛt]

die Feuerwehr.
a tűzoltókat. [ɔ ˈtyːzoltoːkɔt]

Haben Sie Verbandszeug?
Van kötszere? [ˈvɔn ˈkøtsːɛrɛ]

Es war Ihre Schuld.
Ön a hibás. [ˈøn ɔ ˈhibaːʃ]

Sie haben ...
Ön ... [øn]

die Vorfahrt nicht beachtet.
nem adta meg az elsőbbséget. [ˈnɛm ˈɔtːɔ ˈmɛg ɔz ˈɛlsøːpːʃeːgɛt]

die Fahrspur gewechselt, ohne zu blinken.
sávot váltott indexelés nélkül.
[ˈʃaːvot ˈvaːltotː ˈindɛksɛleːʃ ˈneːlkyl]

Sie sind ...
Ön ... [øn]

zu schnell gefahren.
túl gyorsan hajtott. [ˈtuːl ˈɟorʃɔn ˈhɔjtotː]

zu dicht aufgefahren.
nem tartotta be a követési távolságot.
[ˈnɛm ˈtɔrtotːɔ bɛ ɔ ˈkøvɛteːʃi ˈtaːvolʃaːgot]

bei Rot über die Kreuzung.
pirosnál hajtott a kereszteződésbe.
[ˈpiroʃnaːl ˈhɔjtotː ɔ ˈkɛrɛstɛzøːdeːʃbɛ]

Sollen wir die Polizei holen oder können wir uns so einigen?
Hívjuk a rendőrséget, vagy meg tudunk egyezni?
['hi:vjuk ɔ 'rɛndø:rʃe:gɛt 'vɔɟ 'mɛk 'tudunk 'ɛɟɛzni]

Ich möchte den Schaden durch meine Versicherung regeln lassen.
Szeretném a kárt a biztosítómmal megtéríttetni.
['sɛrɛtne:m ɔ 'ka:rt ɔ 'bistoʃi:to:m:ɔl 'mɛkte:ri:t:ɛtni]

Geben Sie mir bitte Ihren Namen und Ihre Anschrift/Namen und Anschrift Ihrer Versicherung.
Adja meg kérem a nevét és címét/a biztosítója nevét és címét.
['ɔɟ:ɔ 'mɛk'ke:rɛm ɔ 'nɛve:t e:ʃ 'tsi:me:t/ɔ 'bistoʃi:to:jɔ 'nɛve:t' e:ʃ 'tsi:me:t]

Vielen Dank für Ihre Hilfe.
Köszönöm a segítséget. ['køsønøm ɔ 'ʃɛgi:tʃ:e:ge:t]

Auto-, Motorrad- und Fahrradvermietung

Ich möchte für ... Tage/eine Woche ... mieten.
Szeretnék ... napra/egy hétre ... bérelni.
['sɛrɛtne:k ... 'nɔprɔ/ɛɟ 'he:trɛ ... 'be:rɛlni]]

einen (Gelände-)Wagen
egy (terepjáró) kocsit [ɛɟ '(tɛrɛpja:ro:) kotʃit]

ein Motorrad
egy motor(kerékpár)t [ɛɟ 'motor(kɛre:kpa:r)t]

einen Motorroller
egy robogót [ɛɟ 'robogo:t]

ein Moped
egy mopedet [ɛɟ 'mopɛdɛt]

ein Mofa
egy kismotort [ɛɟ 'kiʃmotort]

ein Fahrrad
egy kerékpárt [ɛɟ ˈkɛreːkpaːrt]

Wie hoch ist die Tages-/Wochenpauschale?
Mennyibe kerül egy napra/hétre?
[ˈmɛɲːibɛ ˈkɛryl ɛɖ ˈnɔprɔ/ˈheːtrɛ]

Wie viel verlangen Sie pro gefahrenem Kilometer?
Mennyit számol fel a megtett kilométerekért?
[ˈmɛɲːit ˈsaːmol ˈfɛl ɔ ˈmɛktɛtː ˈkilomeːtɛrɛkeːrt]

Wie viel muss ich als Kaution hinterlegen?
Mennyi letétet kell adnom? [ˈmɛɲːi ˈlɛteːtɛt ˈkɛlː ˈɔdnom]

Ich nehme den .../das ...
A/Az ...t kérem. [ɔ/ɔz ˈ...t ˈkeːrɛm]

Ist das Fahrzeug vollkaskoversichert?
Van a gépjárműnek teljes kaszkója?
[ˈvɔn ɔ ˈgeːpjaːrmyːnɛk ˈtɛjːɛʃ ˈkɔskoːjɔ]

Möchten Sie eine Zusatzversicherung?
Szeretne egy kiegészítő biztositást?
[ˈsɛrɛtnɛ ɛɟ ˈkiɛgeːsiːtøː ˈbistoʃiːtaːʃt]

Darf ich Ihren Führerschein sehen?
Szabad a jogosítványát megnéznem?
[ˈsɔbɔd ɔ ˈjogoʃiːdvaːɲaːt ˈmɛgneːznɛm]

Kann ich den Wagen gleich mitnehmen?
Elvihetem a kocsit most rögtön? [ˈɛlvihɛtɛm ɔ ˈkotʃit ˈmoʃt ˈrøktøn]

Ist es möglich, das Auto in ... abzugeben?
Leadhatom az autót ...ban/ben? [ˈlɛɔdhɔtom ɔz ˈɔutoːt ˈ...bɔn/bɛn]

abbiegen	kanyarodik [ˈkɔɲɔrodik], fordul [ˈfordul]
Abblendlicht	tompított fény [ˈtompiːtotː ˈfeːɲ]

Abschleppdienst	**autómentő** ['ɔuto:mɛntø:]
abschleppen	**elvontat**['ɛlvontɔt]
Abschleppseil	**vontatókötél** ['vontɔto:køte:l]
Abschleppwagen	**vontatókocsi**['vontɔto:kotʃi]
Achse	**tengely** ['tɛngɛj]
Hinterachse	**hátsó tengely** ['ha:tʃ:o: 'tɛngɛj]
Vorderachse	**első tengely** ['ɛlʃø: 'tɛngɛj]
Alarmanlage	**riasztóberendezés** ['riɔsto:bɛrɛndɛze:ʃ]
Allradantrieb	**négykerék-meghajtás** ['ne:ṭ kɛre:k 'mɛkhɔjta:ʃ]
Anhänger	**pótkocsi** ['po:tkotʃi]
Anlasser	**önindító** ['ønindi:to:]
Auspuff	**kipufogó** ['kipufogo:]
Autobahn	**autópálya** ['ɔuto:pa:jɔ]
Automatik(getriebe)	**automata(sebességváltó)** ['ɔutomɔtɔ('sɛbɛʃ:e:gva:lto:)]
Benzin	**benzin** ['bɛnzin]
Benzinkanister	**benzinkanna** ['bɛnzinkɔn:ɔ]
Benzinpumpe	**benzinpumpa** ['bɛnzinpumpɔ]
Blinker	**irányjelző** ['ira:ɲjɛlzø:]
Bremsbelag	**fékbetét** ['fe:gbɛte:t], **fékpofa** ['fe:kpofɔ]
Bremse	**fék** [fe:k]
bremsen	**fékez** ['fe:kɛz]
Bremsflüssigkeit	**fékfolyadék** ['fe:kfojɔde:k]
Bremshebel	**fékkar** ['fe:k:ɔr]
Bremslichter	**féklámpák** ['fe:kla:mpa:k]
Bußgeld	**bírság** ['bi:rʃa:g]
Defekt	**hiba** ['hibɔ]
Dichtung	**tömítés** ['tømi:te:ʃ]
Düse	**fúvóka** ['fu:vo:kɔ]

Einspritzpumpe	**befecskendező szivattyú** [ˈbɛfɛtʃkɛndɛzøː ˈsivɔtːuː]
Ersatzrad	**pótkerék** [ˈpoːtkɛreːk]
Ersatzteile	**alkatrész** [ˈɔlkɔtreːs]
Fahrrad	**kerékpár** [ˈkɛreːkpaːr], **bicikli** [bitsikli]
Fahrradweg	**kerékpárút** [ˈkɛreːkpaːruːt]
Fahrspur	**sáv** [ʃaːv]
Fehlzündung	**hibás gyújtás** [ˈhibaːʃ ɟuːjtaːʃ]
Felge	**kerékkoszorú** [ˈkɛreːkːosoruː]
Fernlicht	**távfény** [ˈtaːfeːɲ]
Flickzeug	**foltozókészlet** [ˈfoltozoːkeːslɛt]
Frostschutzmittel	**fagyállószer** [ˈfɔɟaːlːoːsɛr]
Führerschein	**(gépjárművezetői) jogosítvány** [(ˈgeːpjaːrmyːvɛzɛtøːi) jogoʃiːdvaːɲ]
Fußbremse	**lábfék** [ˈlaːpfeːk]
Gang	**menet** [ˈmɛnɛt], **sebesség** [ˈʃɛbɛʃːeːg]
erster Gang	**első sebesség** [ˈɛlʃøː ˈʃɛbɛʃːeːg]
Leerlauf	**üresjárat** [ˈyrɛʃjaːrɔt]
Rückwärtsgang	**hátramenet** [ˈhaːtrɔmɛnɛt]
Gangschaltung	**sebességváltás** [ˈʃɛbeʃːeːgvaːltaːʃ]
Gas geben	**gázt ad** [ˈgaːst ˈɔd]
Gaspedal	**gázpedál** [ˈgaːspɛdaːl]
Gebläse	**fúvó** [ˈfuːvoː]
Getriebe	**sebességváltó** [ˈʃɛbɛʃːeːgvaːltoː]
GPS	**GPS** [ʒipiːɛs]
Handbremse	**kézifék** [ˈkeːzifeːk]
Hebel	**emelő** [ˈɛmɛløː]
Heizung	**fűtés** [ˈfyːteːʃ]
hinterlegen	**letétbe helyez** [ˈlɛteːtbɛ ˈhɛjɛz]
Hinterrad	**hátsó kerék** [ˈhaːtʃoː ˈkɛreːk]
Hupe	**kürt** [kyrt], **duda** [ˈdudɔ]

Kabel	**kábel** ['ka:bɛl]
Karosserie	**karosszéria** ['kɔros:e:riɔ]
Kaution	**kaució/fedezet** ['kɔutsio:/'fɛdɛzɛt]
Keilriemen	**ékszíj** ['e:ksi:j]
Kette	**lánc** [la:nts]
Kindersitz	**gyermekülés** ['ɟɛrmɛkyle:ʃ]
Kofferraum	**csomagtartó** ['tʃomɔktɔrto:]
Kolben	**dugattyú** ['dugɔc:u:]
Kotflügel	**sárhányó** ['ʃa:rha:ɲo:]
Kugellager	**golyóscsapágy** ['gojo:ʃtʃɔpa:ɟ]
Kühler	**hűtő** ['hy:tø:]
Kühlwasser	**hűtővíz** ['hy:tø:vi:z]
Kupplung	**kuplung** ['kuplung]
Kupplungshebel	**kuplungpedál** ['kuplunkpɛda:l]
Kurzschluss	**rövidzárlat** ['røvidza:rlɔt]
Lastwagen	**teherautó** ['tɛhɛrɔuto:]
Lenker *(Fahrrad)*	**kormányrúd** ['korma:ɲru:d]
Lenkrad	**kormány(kerék)** ['korma:ɲ(kɛre:k)]
Lichthupe	**fénykürt** ['fe:ɲkyrt]
Lichtmaschine	**dinamó** ['dinɔmo:]
Luftfilter	**légszűrő** ['le:ksy:rø:]
Mietwagen	**bérelt kocsi** ['be:rɛlt 'kotʃi]
Mofa	**kismotor**['kiʃmotor]
Moped	**moped** ['mopɛd]
Motor	**motor** ['motor]
Motorhaube	**motorfedél** ['motorfɛde:l]
Motorrad	**motorkerékpár** ['motorkɛre:kpa:r]
Motorroller	**robogó**['robogo:]
Mountainbike	**terepjáró kerékpár** ['tɛrɛpja:ro: 'kɛre:kpa:r]
Nierengurt	**vesemelegítő öv** ['vɛʃɛmɛlɛgi:tø: 'øv]

Notrufsäule	**segélykérő telefon** ['ʃɛge:jke:rø: 'tɛlɛfon]
Nummernschild	**rendszámtábla** ['rɛntsa:mta:blɔ]
Oktanzahl	**oktánszám** ['okta:nsa:m]
Öl	**olaj** ['olɔj]
Ölmessstab	**olajszintmérő pálca** ['olɔjsintme:rø: 'pa:ltsɔ]
Ölwechsel	**olajcsere** ['olɔjtʃɛrɛ]
Panne	**defekt** ['dɛfɛkt]
Pannenndienst	**autómentő, „sárga angyal"** ['ɔuto:mɛntø:' 'ʃa:rgɔ 'ɔnɟɔl]
Papiere	**papírok** ['pɔpi:rok]
Parkhaus	**parkolóház** ['pɔrkolo:ha:z]
Parkplatz	**parkoló(hely)** ['pɔrkolo: (hɛj)]
Parkuhr	**parkolóóra** ['pɔrkolo:o:rɔ]
Pedal	**pedál** ['pɛda:l]
PS	**lóerő** ['lo:ɛrø:]
Promille	**ezrelék** ['ɛzrɛle:k]
Rad	**kerék** ['kɛre:k]
Radarkontrolle	**radarellenőrzés** ['rɔdɔrɛl:ɛnø:rze:ʃ]
Radkreuz	**kereklevevő kulcs** ['kɛre:klɛvɛvø: 'kultʃ]
Raststätte	**pihenőhely** ['pihɛnø:hɛj]
Reifen	**gumi** ['gumi], **abroncs** ['ɔbrontʃ]
Rücklicht	**hátsó lámpa** ['ha:tʃ:o: 'la:mpɔ]
Rückspiegel	**visszapillantó tükör** ['vis:ɔpil:ɔnto: 'tykør]
Schalthebel	**sebességváltókar** ['ʃɛbɛʃ:e:gva:lto:kɔr]
Scheibenwischer	**ablaktörlő** ['ɔblɔktørlø:]
Scheinwerfer	**fényszóró** ['fe:ɲso:ro:]
Schiebedach	**tolótető** ['tolo:tɛtø:]

Schlauch	*(Leitung)* **tömlő** ['tømlø:]; *(Reifen)* **belső gumi** ['bɛlʃø: gumi]
Schmirgelpapier	**csiszolópapír** ['tʃisolo:pɔpi:r] **smirgli** [ʃmirgli]
Schraube	**csavar** ['tʃɔvɔr]
Schraubenmutter	**anyacsavar** ['ɔɲɔtʃɔvɔr]
Schraubenschlüssel	**csavarkulcs** ['tʃɔvɔrkultʃ]
Schraubenzieher	**csavarhúzó** ['tʃɔvɔrhu:zo:]
Sicherheitsgurt	**biztonsági öv** ['bistonʃa:gi 'øv]
Sicherung	**biztosító** ['bistoʃi:to:]
Standlicht	**helyzetjelző lámpa** ['hɛjzɛtjɛlzø: 'la:mpɔ]
Starthilfekabel	**indítókábel** ['indi:to:ka:bɛl]
Stau	**forgalmi dugó** ['forgɔlmi 'dugo:]
Steckschlüssel	**dugókulcs** ['dugo:kultʃ]
Stoßdämpfer	**lökésgátló** ['løke:ʒga:tlo:]
Stoßstange	**lökhárító** ['løkha:ri:to:]
Straßenbenutzungsgebühr	**úthasználati díj** ['u:thɔsna:lɔti 'di:j]
Straßenkarte	**autótérkép** ['ɔuto:te:rke:p]
Sturzhelm	**bukósisak** ['buko:ʃiʃɔk]
Tachometer	**sebességmérő** ['ʃɛbɛʃ:e:gme:rø:]
Tank	**benzintartály** ['bɛnsintɔrta:j], **tank** ['tɔnk]
Tankstelle	**benzinkút** ['bɛnzinku:t]
Teilkasko	**részkaszkó** ['re:skɔsko:]
trampen	**stoppol/autóstoppal utazik** ['ʃtop:ol/'ɔuto:ʃtop:ɔl 'utɔzik]
Tramper	**(autó)stoppos** ['(ɔuto:)ʃtop:oʃ]
Umleitung	**terelőút** ['tɛrɛlø:u:t]
Ventil	**szelep** ['sɛlɛp]
Vergaser	**porlasztó** ['porlɔsto:]

Versicherungskarte, grüne	**biztosítási kártya, zöld kártya** ['bistoʃi:ta:ʃi 'ka:rtɔ' 'zøld 'ka:rt ɔ]
Verteiler	**elosztó** ['ɛlosto:]
vierspurig	**négysávos** ['ne:t ʃa:voʃ]
Vollkasko	**teljes kaszkó** ['tɛj:ɛʃ 'kɔsko:]
Vorderrad	**első kerék** ['ɛlʃø:'kɛre:k]
Wagenheber	**emelő** ['ɛmɛlø:]
Warnblinker	**vészvillogó** ['ve:svil:ogo:]
Warndreieck	**elakadásjelző háromszög** ['ɛlɔkɔda:ʃjɛlzø: 'ha:romsøg]
Wegweiser	**útjelző** ['u:tjɛlzø:]
Werkstatt	**(javító-)műhely, szerviz** [(jɔvito:)my:hɛj' 'sɛrvi:z]
Werkzeug	**szerszám** ['sɛrsa:m]
Windschutzscheibe	**szélvédő (üveg)** ['se:lve:dø ('yvɛg)]
Winterreifen	**téli gumi** ['te:li 'gumi]
Wochenendpauschale	**hétvégi teljes ár** ['he:tve:gi 'tɛj:ɛʃ 'a:r]
Zündkerze	**(gyújtó)gyertya** [('ɟu:jto:)ɟɛrtɔ]
Zündschloss	**gyujtáskapcsoló** ['ɟu:jta:ʃkɔptʃolo:]
Zündschlüssel	**sluszkulcs** ['ʃluskultʃ]
Zündung	**gyújtás** ['ɟu:jta:ʃ]
Zylinder	**henger** ['hɛngɛr]
Zylinderkopf	**hengerfej** ['hɛngɛrfɛj]

Flugzeug

Einen Flug buchen

Wann fliegt die nächste Maschine nach ...?
Mikor megy a következő gép ... ba/be?
['mikor 'mɛɟ ɔ 'køvɛtkɛzø 'ge:p '... bɔ/bɛ]

Ich möchte einen einfachen Flug/Hin- und Rückflug nach ... buchen.
Szeretnék egy oda/odavissza utat ... ba/be foglalni.
['sɛrɛtneːk ɛɖ 'odɔ/'odɔvisːɔ 'utɔt '... bɔ/bɛ 'foglɔlni]

Sind noch Plätze frei?
Van még szabad hely? ['vɔn meːg 'sɔbɔd 'hɛj]

Gibt es auch Charterflüge?
Van charterjárat is? ['vɔn 'tʃaːrterjaːrɔt 'iʃ]

Was kostet der Flug Touristenklasse/1. Klasse?
Mennyibe kerül a repülőút a turista osztályon/az első osztályon?
['mɛɲːibɛ 'kɛryl ɔ 'rɛpyløːuːt ɔ 'turiʃtɔ 'ostaːjon/'ɛlʃøː 'ostaːjon]

Wie viel Gepäck ist frei?
Mennyi poggyász díjmentes? ['mɛɲːi 'poɖːaːs 'diːjmɛntɛʃ]

Ich möchte diesen Flug stornieren/umbuchen.
Szeretném ezt a repülőutat lemondani/átbukkolni.
['sɛrɛtnem 'ɛst ɔ 'rɛpyløːutɔt 'lɛmondɔni/'aːt bukːolni]

Wann muss ich am Flughafen sein?
Mikor kell a repülőtéren lennem?
['mikor 'kɛlː ɔ 'rɛpyløːteːrɛn 'lɛnːɛm]

Ankunft

Ich finde mein Gepäck/meinen Koffer nicht.
Nem találom a csomagomat/bőröndömet.
['nɛm 'tɔlaːlom ɔ 'tʃomɔgomɔt/'bøːrøndømɛt]

Mein Koffer ist beschädigt worden.
A kofferem megrongálódott. ['ɔ kofːɛrɛm 'mɛgrongaːloːdotː]

An wen kann ich mich wenden?
Kihez fordulhatok? ['kihɛs 'fordulhɔtok]

Von wo fährt der Bus Richtung ... ab?
Honnan megy a busz ...ba/be/ra/re?
['hon:ɔn 'mɛɖ ɔ 'bus '...bɔ/bɛ/rɔ/rɛ]

Abflug	**indulás** ['indula:ʃ]
planmäßiger Abflug	**menetrend szerinti indulás** ['mɛnɛtrɛnd 'sɛrinti 'indula:ʃ]
Ankunft	**érkezés** ['e:rkɛze:ʃ]
Ankunftszeit	**érkezési idő** ['erkɛze:ʃi 'idø:]
Anschluss	**csatlakozás** ['tʃɔtlɔkoza:ʃ]
auschecken	**kijelentkezik** ['kijɛlɛntkɛzik]
Auslandsflug	**külföldi repülőút** ['kylføldi 'rɛpylø:u:t]
Besatzung	**legénység** ['lɛge:ɲʃe:g]
Bordkarte	**fedélzeti kártya** ['fɛde:lzɛti 'ka:rɟɔ]
buchen	**foglal** ['foglɔl]
Businessclass	**első/business osztály** ['ɛlʃø:/'biznis 'osta:j]
Chartermaschine	**chartergép** ['tʃa:rtɛrge:p]
check-in	**check-in** ['bɛjɛlɛntkɛzik/bɛt͡ʃɛk:ol]
Direktflug	**közvetlen légiút** ['køzvɛtlɛn 'le:giu:t]
Economyclass	**turista osztály** ['turiʃtɔ 'osta:j]
einchecken	**bejelentkezik** ['bɛjɛlɛntkɛzik]
Fenstersitz	**ablak melletti ülőhely** ['ɔblɔk 'mɛl:ɛt:i 'ylø:hɛj]
Flug	**repülés** ['rɛpyle:ʃ], **légiút** ['le:giu:t]
Fluggast	**légi utas** ['le:gi 'utaʃ]
Fluggesellschaft	**légitársaság** ['legita:rʃɔʃa:g]
Flughafen	**repülőtér** ['rɛpylø:te:r]
Flughafenbus	**repülőtéri busz** ['rɛpylø:te:ri 'bus]
Flughafengebühr	**repülőtéri illeték** ['rɛpylø:te:ri'il:ɛte:k]
Flugplan	**menetrend** ['mɛnɛtrɛnd]
Flugschein	**repülőjegy** ['rɛpylø:jɛɖ]

Flugsteig	**utaslépcső** ['utɔʃle:ptʃø:]
Flugzeug	**repülőgép** ['rɛpylø:ge:p]
Gang	**folyosó** ['fojoʃo:]
Gepäck	**csomag** ['tʃomɔg], **poggyász** [poɖ:a:s]
Gepäckabfertigung	**poggyászfeladás** ['poɖ:a:sfɛlɔda:ʃ]
Gepäckausgabe	**poggyászkiadás** ['poɖ:a:skiɔda:ʃ]
Gepäckwagen	**poggyászkuli** ['poɖ:a:skuli]
Handgepäck	**kézipoggyász** ['ke:zipoɖ:a:s]
Heck	**hátsórész** ['ha:tʃo:re:s], **far** ['fɔr]
Inlandsflug	**belföldi repülőút** ['bɛlføldi 'rɛpylø:u:t]
landen	**leszáll** ['lɛsa:l:]
Landung	**leszállás** ['lɛsa:l:a:ʃ]
Linienmaschine	**menetrend szerinti járat** ['mɛnɛtrɛnd 'sɛrinti 'ja:rɔt]
Luftsicherheitsgebühr	**repülésbiztonsági díj** ['rɛpyle:ʃbistonʃa:gi di:j]
Nichtraucher	**nemdohányzó** ['nɛmdoha:ɲzo:]
Notausgang	**vészkijárat** ['ve:skija:rɔt]
Notlandung	**kényszerleszállás** ['ke:ɲsɛrlɛsa:l:a:ʃ]
Notrutsche	**vészcsúzda** ['ve:stʃu:zdɔ]
Passagier	**utas** ['utɔʃ]
Raucher	**dohányzó** ['doha:ɲzo:]
Reiseziel	**úticél** ['u:titse:l]
Schalter	**pult** ['pult], **pénztár** ['pe:nsta:r]
Schwimmweste	**úszómellény** ['u:so:mɛl:e:ɲ]
Sicherheitsgurt	**biztonsági öv** ['bistonʃa:gi 'øv]
Sicherheitskontrolle	**biztonsági ellenőrzés** ['bistonʃa:gi 'ɛl:ɛnø:rze:ʃ]
Steward/ess	**steward(ess)** ['sʈuard(ɛs:)] **légikísérő** ['le:gikiʃe:rø:]
stornieren	**lemond** ['lɛmond]
umbuchen	**átbukkol** ['a:tbuk:ol]

Verspätung	késés [ˈkeːʃeːʃ]
zollfreier Laden	vámmentes árúk boltja [ˈvaːmːɛntɛʃ ˈaːruk ˈboltjɔ]
Zwischenlandung	közbee ső leszállás [ˈkøzbɛːʃøː ˈlɛsaːlːaːʃ]

Eisenbahn

Fahrkarten kaufen

Eine einfache Fahrt 2. Klasse/1. Klasse nach ..., bitte.
Egy odautat kérek másod/első osztályon ...ba/be.
[ɛɖ ˈodɔutɔt ˈkeːrɛk ˈmaːʃod/ˈɛlʃøː ostaːjon ˈ... bɔ/bɛ]

Zweimal ... hin und zurück, bitte.
Kétszer ...oda-vissza, kérem. [ˈkeːtsːɛr ... ˈodɔ ˈ visːɔ ˈkeːrɛm]

Gibt es eine Ermäßigung für Kinder/kinderreiche Familien/ Studenten?
Van kedvezmény gyermekeknek/gyermekes családoknak/ diákoknak?
[ˈvɔn ˈkɛdvɛzmeːɲ ˈɖɛrmɛkɛknɛk/ˈɖɛrmɛkɛʃ ˈtʃɔlaːdoknɔk/ˈdiaːkoknɔk]

Bitte eine Platzkarte für den Zug um ... Uhr nach ...
Kérek egy helyjegyet a ... vonatra ...ba/be.
[ˈkeːrɛk ɛɖ ˈhɛjːɛɖɛt ɔ(z) ˈ... ˈvonɔtrɔ ˈ...bɔ/bɛ]

Einen Fensterplatz?
Ablak melletti helyre? [ˈɔblɔk ˈmɛlːɛtːi ˈhɛjrɛ]

Ich möchte einen Liegewagenplatz/Schlafwagenplatz für den Zug um 20 Uhr nach ...
Szeretnék egy helyet a fekvőkocsiban/hálókocsiban a húsz órás ...i vonatra.
['sɛrɛtne:k ɛɖ 'hɛjɛt ɔ 'fɛgvø:kotʃibɔn/ɔ 'ha:lo:kotʃibɔn ɔ 'hu:s 'o:ra:ʃ '...i 'vonɔtrɔ]

Im Bahnhof

Ich möchte diesen Koffer als Reisegepäck aufgeben.
Szeretném ezt a bőröndöt poggyászként feladni.
['sɛrɛtne:m 'ɛst ɔ 'bø:røndøt 'poɖ:a:ske:nt 'fɛlɔdni]

Wo kann ich mein Fahrrad aufgeben?
Hol adhatom fel a kerékpáromat?
['hol 'ɔdhɔtom 'fɛl ɔ 'kɛre:kpa:romɔt]

Wann kommt es in ... an?
Mikor érkezik meg ...ba/be? ['mikor 'e:rkɛzik 'mɛg '...bɔ/bɛ]

Hat der Zug aus ... Verspätung?
Késik a ...i vonat? ['ke:ʃik ɔ '...i 'vonɔt]

Habe ich in ... Anschluss nach ...?
Van ... ban/ben/on/en/ön csatlakozásom ... ba/be/ra/re?
['vɔn '... bɔn/bɛn/on/ɛn/øn 'tʃɔtlɔkosa:ʃom '... bɔ/bɛ/rɔ/rɛ]

(Wo) Muss ich umsteigen?
Hol kell átszállnom?/Át kell szállnom?
['hol 'kɛl: 'a:ts:a:l:nom/'a:t 'kɛl: 'sa:l:nom]

Von welchem Gleis fährt der Zug nach ... ab?
Melyik vágányról indul a vonat ... ba/be?
['mɛjik 'va:ga:ɲro:l 'indul ɔ 'vonɔt '... bɔ/bɛ]

Hinweise und Informationen

menetrend	**Fahrplanauskunft**
indulás/érkezés	**Abfahrt/Ankunft**
információ/szervíz	**Auskunft/Service-Point**
jegypénztár	**Fahrkartenschalter**
csomaghordó szolgálat	**Gepäckträgerservice**
női mosdó/W.C.	**Damentoilette**
férfi mosdó/W.C.	**Herrentoilette**
foglalt/szabad	**besetzt/frei**
pelenkázóhelyiség	**Wickelraum**
pályaudvari főnökség	**Bahnhofsmission**
utazási központ/utazási iroda	**Reisezentrum/Reisebüro**
nemdohányzó pályaudvar	**Rauchfreier Bahnhof**
taxiállomás	**Taxistand**
földalatti/metró	**U-Bahn/S-Bahn®**
csomagmegörző	**Schließfächer**
poggyászkocsi/troli	**Gepäckwagen/Trolley**
váró(terem)	**Wartesaal**
szociális váró	**Wartesaal für Obdachlose**
pályaudvari rendőrség	**Bahnpolizei**

Im Zug

Verzeihung, ist dieser Platz frei?
Bocsánat, szabad ez a hely? [ˈbotʃaːnɔt ˈsɔbɔd ˈɛz ɔ ˈhɛj]

Können Sie mir bitte helfen?
Tudna nekem segíteni, kérem? [ˈtudnɔ ˈnɛkɛm ˈʃɛgiːtɛni ˈkeːrɛm]

Darf ich das Fenster öffnen/schließen?
Kinyithatom/Becsukhatom az ablakot?
[ˈkiɲithɔtom/ˈbɛtʃukhɔtom ɔz ˈɔblɔkot]

Entschuldigen Sie, bitte. Dies ist ein Nichtraucherabteil.
Bocsásson meg kérem, ez egy nemdohányzó fülke.
['botʃa:ʃ:on 'mɛk'ke:rɛm 'ɛz ɛɖ 'nɛmdoha:ɲzo: 'fylkɛ]

Entschuldigen Sie, das ist mein Platz. Ich habe eine Platzkarte.
Bocsánat, ez az én helyem. Nekem ide helyjegyem van.
['botʃa:nɔt 'ɛz ɔz'e:n 'hɛjɛm. 'nɛkɛm 'idɛ 'hɛj:ɛɖɛm'vɔn.]

Die Fahrkarten, bitte.
A menetjegyeket kérem. [ɔ 'mɛnɛtjɛɖɛkɛt 'ke:rɛm]

Ist noch jemand zugestiegen?
Felszállt még valaki? ['fɛlsa:l:t 'me:g 'vɔlɔki]

Hält dieser Zug in ...?
Megáll a vonat ...ban/ben? ['mɛga:l ɔ 'vonɔt '...bɔn/bɛn]

Kommen wir pünktlich an?
Pontosan érkezünk? ['pontoʃɔn 'e:rkɛzynk]

Abfahrt	indulás ['indula:ʃ]
Abfahrtszeit	indulási idő ['indula:ʃi 'idø]
Abteil	fülke ['fylkɛ], szakasz ['sɔkɔs]
ankommen	érkezik ['e:rkɛzik]
Aufenthalt	tartózkodás ['tɔrto:skoda:ʃ]
aussteigen	kiszáll ['kisa:l:]
Bahnhof	pályaudvar ['pa:jɔudvɔr]
Bahnhofsrestaurant	vasúti étterem ['vɔʃu:ti 'e:t:ɛrɛm]
Bahnsteigkarte	peronjegy ['pɛronjɛɖ]
besetzt	foglalt ['foglɔlt]
D-Zug	gyorsvonat ['ɖorʒvonɔt]
Eilzug	sebesvonat ['ʃɛbɛʃvonɔt]
einsteigen	beszáll ['bɛsa:l:]
Eisenbahn	vasút ['vɔʃu:t]
Ermäßigung	kedvezmény ['kɛdvɛzme:ɲ]

Fahrkarte	**menetjegy** ['mɛnɛtjɛɖ]
Fahrkartenkontrolle	**menetjegyellenőrzés** ['mɛnɛtjɛɖɛl:ɛnø:rze:ʃ]
Fahrkartenschalter	**jegypénztár** ['jɛʈpe:nsta:r]
Fahrplan	**menetrend** ['mɛnɛtrɛnd]
Fahrpreis	**menetdíj** ['mɛnɛd:i:j]
Fensterplatz	**ablak melletti hely** ['ɔblɔk 'mɛl:ɛt:i 'hɛj]
frei	**szabad** ['sɔbɔd]
Gang	**folyosó** ['fojoʃo:]
Gepäck	**csomag** ['tʃomɔg], **poggyász** ['poɖ:a:s]
Gepäckaufbewahrung	**csomagmegőrző** ['tʃomɔgmɛgø:rzø:]
Gepäckschalter	**csomagfelvevő/csomagkiadó pult** ['tʃomɔgfɛlvɛvø:/'tʃomɔgkiɔdo: 'pult]
Gepäckschein	**csomagjegy** [tʃomɔg'jɛɖ]
Gepäckträger	**hordár** ['horda:r]
Gepäckwagen	**poggyászkocsi** ['poɖ:a:skotʃi]
Gleis	**vágány** ['va:ga:ɲ]
Großraumwagen	**termes kocsi** ['tɛrmɛʃ 'kotʃi]
Hauptbahnhof	**főpályaudvar** ['fø:pa:jɔudvɔr]
Interrail	**interrail** ['intɛr:e:il]
Kinderfahrkarte	**gyermekjegy** ['ɖɛrmɛkjɛɖ]
Kurswagen	**átmenő kocsi** ['a:tmɛnø: 'kotʃi]
Liegewagenkarte	**fekvőkocsi-jegy** ['fɛkvø:kotʃi 'jɛɖ]
nachlösen	**utólag vált** ['uto:lɔg 'va:lt]
Nichtraucherabteil	**nemdohányzó szakasz** ['nɛmdoha:ɲzo: 'sɔkɔs]
Notbremse	**vészfék** ['ve:sfe:k]
Platzkarte	**helyjegy** ['hɛj:ɛɖ]
Raucherabteil	**dohányzó szakasz** ['doha:ɲzo: 'sɔkɔs]
Reservierung	**foglalás** ['foglɔla:ʃ]
Rückfahrkarte	**retúrjegy** ['rɛtu:rjɛɖ]

Rundreisefahrschein	**körutazási menetjegy** ['kørutɔza:ʃi 'mɛnɛtjɛɖ]
Schlafwagenkarte	**hálókocsijegy** ['ha:lo:kotʃijɛɖ]
Schließfach	**csomagmegőrző automata** ['tʃomɔgmɛgø:rzø: 'ɔutomɔtɔ]
Schnellzug	**gyorsvonat** [ɖorʒvonɔt]
Speisewagen	**étkezőkocsi** ['e:tkɛzø:kotʃi]
Toilette	**W.C.** ['ve:tse:]
Wagennummer	**kocsiszám** ['kotʃisa:m]
Wartesaal	**váróterem** ['va:ro:tɛrɛm]
Waschraum	**mosdó** ['moʒdo:]
Zug	**vonat** ['vonɔt]
Zuschlag	**pótdíj** ['po:d:i:j], **felár** ['fɛla:r]
zuschlagpflichtig	**pótdíjas** ['po:d:i:jɔʃ], **feláras** ['fɛla:rɔʃ]

Schiff

Auskunft

Welche ist die beste Schiffsverbindung nach ...?
Melyik a legjobb hajóösszeköttetés ... ba/be?
['mɛjik ɔ 'lɛgjob: 'hɔjo:øs:ɛkøt:ɛte:ʃ '... bɔ/bɛ]

Wann fährt das nächste Schiff/die nächste Fähre nach ... ab?
Mikor megy a következő hajó/következő komp ... ba/be?
['mikor 'mɛɖ ɔ køvɛtkɛzø: 'hɔjo:/'køvɛtkɛzø: 'komp ... bɔ/bɛ]

Wie lange dauert die Überfahrt?
Mennyi ideig tart az átkelés? ['mɛɲ:i 'idɛik 'tɔrt ɔz 'a:tkɛle:ʃ]

Welche Häfen werden angelaufen?
Melyik kikötőkbe futunk be? ['mɛjik 'kikøtø:kbɛ 'futunk 'bɛ]

Wann legen wir in ... an?
Mikor kötünk ki ... ban/ben? ['mikor 'køtynk 'ki '... bɔn/bɛn]

Wie lange haben wir Aufenthalt in ...?
Mennyi ideig tartózkodunk ... ban/ben?
['mɛɲːi 'idɛik 'tɔrtoːskodunk '... bɔn/bɛn]

Ich möchte eine Schiffskarte nach ...
Szeretnék egy hajójegyet ... ba/be.
['sɛrɛtneːk ɛɟ 'hɔjoːjɛɟɛt '... bɔ/bɛ]

eine Einzelkabine
egyágyas kabin ['ɛɟaːɟɔʃ 'kɔbin]

eine Zweibettkabine
kétágyas kabin ['keːtaːɟɔʃ 'kɔbin]

1. Klasse
első osztály ['ɛlʃøː 'ostaːj]

Touristenklasse
turistaosztály ['turiʃtɔostaːj]

Ich möchte eine Karte für die Rundfahrt um ... Uhr.
Szeretnék egy jegyet a körutazásra ...órakor.
['sɛrɛtneːk ɛɟ 'jɛɟɛt ɔ 'kørutɔzaːʃrɔ '... 'oːrɔkor]

anlaufen	**befut** ['bɛfut]
auslaufen	**kifut** ['kifut]
Buchung	**foglalás** ['foglɔlaːʃ]
Dampfer	**gőzhajó** ['gøːzhɔjoː]
Deck	**fedélzet** ['fɛdeːlzɛt]
Fähre	**komp** [komp]
Autofähre	**autós komp** ['ɔutoːʃ 'komp]
Eisenbahnfähre	**vasúti komp** ['vɔʃuːti 'komp]
Fahrkarte	**(menet)jegy** ['(mɛnɛt)jɛɟ]
Hafen	**kikötő** ['kikøtøː]

Jacht	jacht [jɔh:t]
Kabine	kabin [ˈkɔbin]
Kai	rakpart [ˈrɔkpɔrt]
Kajüte	kajüt [ˈkɔjyt]
Knoten	csomó [ˈtʃomo:]
Landesteg	móló [ˈmo:lo:]
Leuchtturm	világítótorony [ˈvila:gi:to:toroɲ]
Luftkissenboot	felfújható gumicsónak [ˈfɛlfu:jhɔto: ˈgumitʃo:nɔk]
Motorboot	motorcsónak [ˈmotortʃo:nɔk]
Passagier	utas [ˈutɔʃ]
Rettungsboot	mentőcsónak [ˈmɛntø:tʃo:nɔk]
Rettungsring	mentőöv [ˈmɛntø:øv]
Ruderboot	evezős csónak [ˈɛvɛzø:ʃ ˈtʃo:nɔk]
Rundfahrt	körutazás [ˈkørutɔza:ʃ]
Ufer	part [pɔrt]

Nahverkehrsmittel

Bitte, wo ist die nächste ...
Hol van a legközelebbi ... [ˈhol ˈvɔn ɔ ˈlɛk:øzɛlɛb:i]

Bushaltestelle?
buszmegálló? [ˈbusmɛga:l:o:]

Straßenbahnhaltestelle?
villamosmegálló? [ˈvil:ɔmoʃmɛga:l:o:]

U-Bahnstation?
metróállomás/földalatti megálló?
[ˈmɛtro:ˈa:l:oma:ʃ/ˈføldɔlɔt:i ˈmɛga:l:o:]

Welcher Bus/Welche Straßenbahn/Welche U-Bahnlinie fährt nach ...?
Melyik busz/villamos/metróvonal megy ... felé?
[ˈmɛjik ˈbus/ˈvilːɔmoʃ/ˈmɛtroːvonɔl ˈmɛɟ ˈ... ˈfɛleː]

Wann/Wo fährt der Bus ab?
Mikor/honnan indul a busz? [ˈmikor/ˈhonːɔn ˈindul a ˈbus]

In welche Richtung muss ich fahren?
Melyik irányba kell mennem? [ˈmɛjik ˈiraːɲbɔ ˈkɛlː ˈmɛnːɛm]

Wie viele Haltestellen sind es?
Hány megálló? [ˈhaːɲ ˈmɛgaːlːoː]

Wo muss ich aussteigen/umsteigen?
Hol kell kiszállnom/átszállnom?
[ˈhol ˈkɛlː ˈkisaːlːnom/ˈaːtsːaːlːnom]

Ist dies der richtige Bus nach ...?
Jó ez a busz ... ba/be? [ˈjoː ˈɛz ɔ ˈbus ˈ... bɔ/bɛ]

Geben Sie mir bitte Bescheid, wenn ich aussteigen muss.
Figyelmeztessen kérem, ha ki kell szállnom.
[ˈfiɟɛlmɛstɛʃːɛn ˈkerɛm ˈhɔ ki ˈkɛlː ˈsaːlːnom]

Wo kann ich den Fahrschein kaufen?
Hol vehetek menetjegyet? [ˈhol ˈvɛhɛtɛk ˈmɛnɛtjɛɟɛt]

Bitte, einen Fahrschein nach ...
Kérek egy jegyet ... ba/be. [ˈkeːrɛk ɛɟ ˈjɛɟɛt ˈ... bɔ/bɛ]

Wann fährt die erste/letzte U-Bahn nach ...?
Mikor megy az első/utolsó metró ... felé?
[ˈmikor ˈmɛɟ ɔz ˈɛlʃø/ˈutolsoː ˈmɛtroː ˈ... ˈfɛleː]

abfahren	indul [ˈindul]
Abfahrt	indulás [ˈindulaːʃ]
aussteigen	kiszáll [ˈkisaːlː]

Bus	**busz** [bus]
Busbahnhof	**buszpályaudvar** [ˈbuspa:jɔudvɔr]
einsteigen	**beszáll** [ˈbɛsa:l:]
Endstation	**végállomás** [ˈve:ga:l:oma:ʃ]
entwerten	**érvényesít** [ˈe:rve:ɲɛʃi:t], **kezel** [kɛzɛl]
Fahrer	**vezető** [ˈvɛzɛtø:]
Fahrkartenautomat	**jegyautomata** [ˈjɛɖɔutomɔtɔ]
Fahrplan	**menetrend** [ˈmɛnɛtrɛnd]
Fahrpreis	**viteldíj** [ˈvitɛldi:j]
Fahrschein	**(menet)jegy** [ˈ(mɛnɛt)jɛɖ]
Fahrscheinentwerter	**jegykezelő automata** [ˈjɛtkɛzɛlø: ˈɔutomɔtɔ]
halten	**megáll** [ˈmɛga:l:]
Haltestelle	**megálló** [ˈmɛga:l:o:]
Kontrolleur	**ellenőr** [ˈɛl:ɛnør]
lösen *(Fahrschein)*	**jegyet vált** [ˈjɛɖɛt ˈva:lt]
Nahverkehrszug	**helyi érdekű vonat** [ˈhɛji ˈe:rdɛky: ˈvonɔt]
Netzkarte	**kombinált bérlet** [ˈkombina:lt ˈbe:rlɛt]
Obus	**trolibusz** [ˈtrolibus]
Richtung	**irány** [ˈira:ɲ]
S-Bahn®	**gyorsvasút** [ˈɖorʒvɔʃu:t]
Schaffner	**kalauz** [ˈkɔlɔuz]
Stadtbus	**helyi járat/busz** [ˈhɛji ˈja:rɔt/ˈbus]
Straßenbahn	**villamos** [ˈvil:ɔmoʃ]
Tageskarte	**napi jegy** [ˈnɔpi ˈjɛɖ]
U-Bahn	**földalatti** [ˈføldɔlɔt:i], **metró** [ˈmɛtro:]
Überlandbus	**távolsági autóbusz** [ˈta:volʃa:gi ˈɔuto:bus]
Wochenkarte	**heti bérlet** [ˈhɛti ˈbe:rlɛt]
Zahnradbahn	**fogaskerekű** [ˈfogɔʃkɛrɛky:]
Zeitkarte	**bérlet** [ˈbe:rlɛt]

Taxi

Wo ist der nächste Taxistand?
Hol van a legközelebbi taxiállomas?
['hol 'vɔn ɔ 'lɛk:øzɛlɛb:i 'tɔksia:l:oma:ʃ]

Zum Bahnhof.
A pályaudvarhoz. [ɔ 'pa:jɔudvɔrhoz]

Zum Hotel ...
A ... hotelhez [ɔ '... 'hotɛlhɛz]

In die ...-Straße.
A(z) ... utcába. [ɔ(z) '... 'uts:a:bɔ]

Nach ..., bitte.
... ba/be, kérem. ['... bɔ/bɛ'ke:rɛm]

Wie viel kostet es nach ...?
Mennyit fizetek a(z) ...ig? ['mɛɲ:it 'fizɛtɛk ɔ(z) '...ig]

Halten Sie bitte hier.
Álljon meg it, kérem. ['a:j:on 'mɛg it: 'ke:rɛm]

Das ist für Sie.
Ez az öné. ['ɛz ɔz 'øne:]

halten	megáll ['mɛga:l:]
Hausnummer	házszám ['ha:s:a:m]
Kilometerpreis	kilométerár ['kilome:tɛra:r]
Pauschalpreis	átalányár ['a:tɔla:ɲa:r]
Quittung	nyugta ['ɲuktɔ]
Stadtrundfahrt	városnézés ['va:roʃne:ze:ʃ]
Taxifahrer	taxisofőr ['tɔksiʃofø:r]
Taxistand	taxiállomás ['tɔksia:l:oma:ʃ]
Trinkgeld	borravaló ['bor:ɔvɔlo:]

Übernachten

Hotel – Pension – Privatzimmer

An der Rezeption

Ich habe ein Zimmer reserviert. Mein Name ist ...
Foglaltam önöknél egy szobát. A nevem ...
[ˈfoglɔltɔm ˈønøkneːl ɛɖ ˈsobaːt. ˈɔ ˈnɛvɛm]

Haben Sie noch ... ein Zimmer frei?
Van még szabad szobájuk? [ˈvɔn ˈmeːg ˈsɔbɔd ˈsobaːjuk]

... für eine Nacht
... egy éjszakára [ɛɖ ˈeːjsɔkaːrɔ]

... für zwei Tage
... két napra [ˈkeːt ˈnɔprɔ]

... für eine Woche
... egy hétre [ɛɖ ˈheːtrɛ]

Nein, leider nicht.
Nem, sajnos nincs. [ˈnɛm ˈʃɔjnoʃ ˈnintʃ]

Ja, was für ein Zimmer wünschen Sie?
Igen, milyen szobát óhajt? [ˈigɛn ˈmijɛn ˈsobaːt ˈoːhɔjt]

Ich hätte gern ...
Szeretnék egy ... [ˈsɛrɛtneːk ɛɖ]

ein Einzelzimmer
egy egyágyas szobát [ɛɖ ˈɛɖaːɖɔʃ ˈsobaːt]

ein Doppelzimmer
egy kétágyas szobát [ɛɖ ˈkeːtaːɖɔʃ ˈsobaːt]

ein ruhiges Zimmer
egy nyugodt szobát [ɛɖ ˈɲugoːt ˈsobaːt]

mit Dusche
zuhanyozóval [ˈzuhɔɲ:ozo:vɔl]

mit Bad
fürdőszobával [ˈfyrdø:soba:vɔl]

mit Balkon/Terrasse
erkéllyel/terasszal [ˈɛrke:j:ɛl/ˈtɛrɔs:ɔl]

Kann ich das Zimmer ansehen?
Megnézhetem a szobát? [ˈmɛgne:zhɛtɛm ɔ ˈsoba:t]

Kann ich bitte noch ein anderes sehen?
Mutasson egy másikat, kérem. [ˈmutɔʃ:on ɛɖ ˈma:ʃikɔt ˈke:rɛm]

Dieses Zimmer ist sehr hübsch. Ich nehme es.
Ez a szoba nagyon szép. Kiveszem.
[ɛz ɔ ˈsobɔ ˈɲɔɖon ˈse:p. ˈkivɛsɛm]

Könnten Sie bitte noch ein drittes Bett/ein Kinderbett dazustellen?
Be tud állítani egy harmadik ágyat/gyermekágyat?
[ˈbɛ tud ˈa:l:i:tɔni ɛɖ ˈhɔrmɔdik ˈa:ɖɔt/ˈɖɛrmɛka:ɖɔt]

Was kostet das Zimmer mit ..., bitte?
Mennyibe kerül a szoba ... [ˈmɛɲ:ibɛ ˈkɛryl ɔ ˈsobɔ]

Frühstück
reggelivel? [ˈrɛg:ɛlivɛl]

Halbpension
félpanzióval? [ˈfe:lpɔnzio:vɔl]

Vollpension
teljes panzióval? [ˈtɛj:ɛʃ ˈpɔnzio:vɔl]

Wo kann ich den Wagen abstellen?
Hol állíthatom le a kocsimat? [ˈhol ˈa:l:i:thɔtom ˈlɛ ɔ ˈkotʃimɔt]

In unserer Garage..
A garázsunkban. [ɔ 'gɔra:ʒunkbɔn]

Auf unserem Parkplatz.
A parkolóhelyünkön. [ɔ 'pɔrkolo:hɛjynkøn]

Fragen und Bitten

Ab wann gibt es Frühstück?
Mikortól van reggeli? ['mikorto:l 'vɔn 'rɛg:ɛli]

Wann sind die Essenszeiten?
Mikor vannak az étkezések? ['mikor 'vɔn:ɔk ɔz 'e:tkɛze:ʃɛk]

Wo ist der Speisesaal?
Hol van az étterem? ['hol 'vɔn ɔz 'e:t:ɛrɛm]

Wo ist der Frühstücksraum?
Hol van a reggeliző? ['hol 'vɔn ɔ 'rɛg:ɛlizø:]

Könnten Sie mich bitte morgen früh um 7 Uhr wecken?
Lenne szíves holnap reggel hét órakor ébreszteni?
['lɛn:ɛ 'si:vɛʃ 'holnɔp 'rɛg:ɛl 'he:t 'orɔk:or 'e:brɛs:tɛni]

Würden Sie mir bitte ... bringen?
Hozna nekem kérem ... ['hoznɔ 'nɛkɛm 'ke:rɛm]

ein Badetuch
egy fürdőlepedőt? ['ɛɖ 'fyrdø:lɛpɛdø:t]

noch eine Decke
még egy plédet? ['me:g ɛɖ 'pledɛt]

Wie funktioniert ...?
Hogy működik ...? ['hoɖ 'my:kødik ...]

Zimmernummer 24, bitte!
A huszonnégyes szobát kérem! ['ɔ 'huson:e:ɖɛʃ 'soba:t 'ke:rɛm]

Wo kann ich ...
Hol [ˈhol]

hier etwas trinken?
kaphatok inni? [ˈkɔphɔtok ˈinːi]

ein Auto mieten?
bérelhetek egy autót ? [ˈbeːrɛlhɛtɛk ˈɛɖ ˈɔutoːt]

hier telefonieren?
telefonálhatok? [ˈtɛlɛfonaːlhɔtok]

Kann ich meine Wertsachen bei Ihnen in den Safe geben?
Elhelyezhetném az értéktárgyaimat önöknél a széfben?
[ˈɛlhɛjɛzhɛtneːm ˈɔz ˈeːrteːktaːrɖɔimɔt ˈønøkneːl ɔ ˈseːvbɛn]

Kann ich mein Gepäck hier lassen?
Itt hagyhatom a csomagomat? [ˈitː ˈhɔɖhɔtom ɔ ˈtʃomɔgomɔt]

Beanstandungen

Das Zimmer ist heute nicht geputzt worden.
A szobát nem takarították ma ki.
[ɔ ˈsobaːt ˈnɛm ˈtɔkɔriːtotːaːk mɔ ˈki]

Die Klimaanlage funktioniert nicht.
A légkondicionáló nem működik.
[ˈɔ ˈleːkːonditsionaːloː ˈnɛm ˈmyːkødik]

Der Wasserhahn tropft.
A vízcsap csöpög. [ɔ ˈviːstʃɔp ˈtʃøpøg]

Es kommt kein (warmes) Wasser.
Nem folyik a (meleg) víz. [ˈnɛm ˈfojik ɔ (ˈmɛlɛg) ˈviːz]

Die Toilette/Das Waschbecken ist verstopft.
A W.C./A mosdókagyló eldugult.
[ɔ ˈveːtseː/ɔ ˈmoʒdoːkɔɖloː ˈɛldugult]

Ich hätte gern ein anderes Zimmer.
Szeretnék egy másik szobát. [ˈsɛrɛtneːk ˈɛɗː ˈmaːʃik ˈsobaːt]

Abreise

Ich reise heute Abend/morgen um ... Uhr ab.
Ma este/holnap ... órakor elutazom.
[ˈmɔ ˈɛʃtɛ/ˈholnɔp ˈ...ˈoːrɔkːor ˈɛlutɔzom]

Bis wann müssen wir das Zimmer räumen?
Meddig kell elhagynunk a szobát?
[ˈmɛdːig ˈkɛlː ˈɛlhɔɗnunk ɔˈ sobaːt]

Könnten Sie bitte die Rechnung fertig machen?
Elkészítené a számlát kérem? [ˈɛlkeːsiːtɛneː ɔ ˈsaːmlaːt ˈkeːrɛm]

Nehmen Sie Kreditkarten?
Elfogadja a hitelkártyát? [ˈɛlfogɔɗːjɔ ɔ ˈhitelkaːrţaːt]

Könnten Sie mir bitte ein Taxi rufen?
Hívna kérem egy taxit? [ˈhiːvnɔ ˈkeːrɛm ɛɗ ˈtɔksit]

Vielen Dank für alles! Auf Wiedersehen!
Nagyon köszönök mindent! Viszontlátásra!
[ˈnɔɗon ˈkøsønøk ˈmindɛnt. ˈvisontlaːtaːʃrɔ]

Anzahlung	**előleg** [ˈɛløːlɛg]
erlauben	**engedélyezett/megengedett** [ˈɛŋɛdeːjɛzɛtː/mɛgɛŋɛdetː]
Haustiere sind erlaubt	**háziállat megengedett/háziállatot szívesen látunk** [haːziaːlːat mɛgɛŋɛdetː/ˈhaːziaːlːatot ˈsivɛʃɛn laːtuŋ]
Ferienwohnung	**nyaraló** [ˈɲɒrɒloː]
Fremdenzimmer	**kiadó szoba** [ˈkiɒdoː sobɒ]
Hotel	**hotel/szálloda** [hotɛl/saːlːodɒ]
inklusive	**inkluzív** [inkluziːv]

Kosten	költségek/kiadások ['køltʃe:gɛk/kiɒdaʃok]
Nebenkosten	járulékos költségek ['ja:rule:koʃ køltʃe:gɛk]
Unkosten	váratlan költségek [va:rɒtlɒn køl tʃe:gɛk]

Camping

Haben Sie noch Platz für einen Wohnwagen/ein Zelt?
Van még hely egy lakókocsinak/egy sátornak?
['vɔn me:g 'hɛj ɛɖ: 'lɔko:kotʃinɔk/ɛɖ: 'ʃatornɔk]

Wie hoch ist die Gebühr pro Tag und Person?
Mennyit kell fizetni naponta és személyenként?
['mɛɲ:it 'kɛl: 'fizɛtni 'nɔpontɔ e:ʃ 'sɛme:jɛnke:nt]

Wie hoch ist die Gebühr für ...
Mennyit kell fizetni ... ['mɛɲ:it 'kɛl: 'fizɛtni]

das Auto?
az autóért? ['ɔz 'ɔuto:e:rt]

den Wohnwagen?/das Wohnmobil?
a lakókocsiért? [ɔ 'lɔko:kotʃie:rt]

das Zelt?
a sátorért? [ɔ 'ʃa:tore:rt]

Wir bleiben ... Tage/Wochen.
(Mi) ... napot/hetet maradunk. [('mi) '... 'nɔpot/'hɛtɛt 'mɔrɔdunk]

Wo sind die ...
Hol van a ... ['hol vɔn ɔ]

Toiletten?
W.C./vécé? ['ve:tse:]

Duschen?
tusoló? ['tuʃolo:]

Gibt es hier Stromanschluss?
Van itt áram? ['vɔn it: 'a:rɔm]

Wo kann ich Gasflaschen umtauschen?
Hol lehet gázpalackot cserélni?
['hol 'lɛhɛt 'ga:spɔlɔtskot 'tʃɛre:lni]

Camping	**kemping** ['kɛmping]
Campingausweis	**kempingigazolvány** ['kɛmpingigɔzolva:ɲ]
Campingplatz	**kemping** ['kɛmping]
Gasflasche	**gázpalack** ['ga:spɔlɔtsk]
Gaskartusche	**(kis) gázpalack** [('kiʃ) 'ga:spɔlɔtsk]
Gaskocher	**gázfőző** ['ga:sfø:zø:]
Geschirrspülbecken	**mosogató** ['moʃogɔto:]
Hammer	**kalapács**['kɔlɔpa:tʃ]
Hering	**sátorcövek** ['ʃa:tortsøvɛk]
Kocher	**főző** ['fø:zø:]
Petroleumlampe	**petroleumlámpa** ['pɛtro:lɛumla:mpɔ]
Propangas	**propángáz** ['propa:nga:z]
Steckdose	**konnektor** ['kon:ɛktor]
Stecker	**konnektordugó** ['konɛktordugo:]
Strom	**áram** ['a:rɔm]
Trinkwasser	**ivóvíz** ['ivo:vi:z]
Voranmeldung	**előre bejelentkezés** ['ɛlø:rɛ 'bɛjɛlɛntkɛze:ʃ]
Waschraum	**mosdó** ['moʒdo:]
Wasser	**víz** [vi:z]

Wasserkanister	**vizeskanna** ['vizɛʃkɔn:ɔ]
Wohnmobil	**lakókocsi** ['lɔko:kotʃi]
Wohnwagen	**lakókocsi** ['lɔko:kotʃi]
Zelt	**sátor** ['ʃa:tor]
zelten	**sátorozik** ['ʃa:torozik]
Zeltschnur	**sátorzsinór** ['ʃa:torʒino:r]
Zeltstange	**sátorrúd** ['ʃa:tor:u:d]

Essen und Trinken

Essen gehen

Wo gibt es hier ...
Hol van itt ... [ˈhol vɔn ˈitː]

ein gutes Restaurant?
egy jó étterem? [ɛɖ ˈjoː ˈeːtːɛrɛm]

ein typisch ungarisches Restaurant?
egy magyaros étterem? [ɛɖ ˈmɔɖɔroʃ ˈeːtːɛrɛm]

ein nicht zu teures Restaurant?
egy nem túl drága étterem? [ɛɖ ˈnɛm ˈtuːl ˈdraːgɔ ˈeːtːɛrɛm]

einen Schnellimbiss?
egy gyorsbüfé [ɛɖ ˈɖorʃbyfeː]

Im Restaurant

Reservieren Sie uns bitte für heute Abend einen Tisch für vier Personen.
Foglaljon kérem nekünk ma estére egy asztalt négy személyre.
[ˈfoglɔjːon ˈkeːrɛm ˈnɛkynk ˈmɔ ˈɛʃteːrɛ ɛɖ ˈɔstɔlt ˈneːɖ ˈsɛmeːjrɛ]

Bis wann kann man bei Ihnen warm essen?
Meddig lehet önöknél meleget enni?
[ˈmɛdːig ˈlɛhɛt ˈønøkneːl ˈmɛlɛgɛt ˈɛnːi]

Ist dieser Tisch/Platz noch frei?
Szabad ez az asztal/a hely? [ˈsɔbɔd ˈɛz ɔz ˈɔstɔl/ɔˈhɛj]

Einen Tisch für zwei/drei Personen, bitte.
Szeretnénk egy asztalt két/három személyre.
[ˈsɛrɛtneːnk ɛɖ ˈɔstɔlt ˈkeːt/ˈhaːrom ˈsɛmeːjrɛ]

Wo sind bitte die Toiletten?
Hol van kérem a WC? [ˈhol vɔn ˈkeːrɛm ɔ ˈveːtseː]

Bestellung

Herr Ober/Bedienung, ..., bitte.
Főúr/kisasszony, kérem ['fø:u:r/'kiʃɔs:oɲ 'ke:rɛm]

die Speisekarte,
az étlapot. [ɔz 'e:tlɔpot]

die Weinkarte.
az itallapot. [ɔz 'itɔl:ɔpot]

die Getränkekarte,
a borlapot. [ɔ 'borlɔpot]

Was können Sie mir empfehlen?
Mit tud ajánlani? ['mit 'tud 'ɔja:nlɔni]

Haben Sie vegetarische Gerichte?
Vannak önöknél vegetáriánus? ['vɔn:ɔk 'ønøkne:l 'vɛgɛta:ria:nuʃ]

Gibt es auch Kinderportionen?
Szolgálnak fel fél adagot is gyerekeknek?
['solga:lnɔk fɛl 'fe:l 'ɔdɔgot iʃ 'ɖɛrɛkɛknɛk]

Haben Sie schon gewählt?
Választott már? ['va:lɔstot: 'ma:r]

Ich nehme ...
Kérek ... ['ke:rɛk ...]

Als Vorspeise/Nachtisch/Hauptgericht nehme ich ...
Előételnek/desszertnek/főfogásnak ...t kérek.
['ɛlø:e:tɛlnɛk/'dɛs:ɛrtnɛk/'fø:foga:ʃnɔk' ... t 'ke:rɛk]

Ich möchte keine Vorspeise, danke.
Nem kérek előételt, köszönöm.
['nɛm ke:rɛk 'ɛlø:e:tɛlt 'køsønøm]

Wir haben leider kein/e ... mehr.
Sajnos elfogyott. ['ʃɔjnoʃ 'ɛlfoɖot:]

Dieses Gericht servieren wir nur auf Vorbestellung.
Ezt a fogást csak megrendelésre szolgáljuk fel.
[ˈɛst ɔˈfogaːʃt ˈtʃɔk ˈmɛgrɛndɛleːʃrɛ ˈsolgaːjːuk ˈfɛl]

Könnte ich statt ... ... haben?
Kérhetnék ... helyett ...t? [ˈkeːrhɛtneːk ˈ... ˈhɛjɛtː ˈ...t]

Ich bin Diabetiker/in
Cukorbeteg vagyok [ˈtsukorbɛteg vɒɟok]

Ich bin Vegetarier/in
Vegetáriánus vagyok [ˈvɛgɛtarianuʃ vɒɟok]

Ich bin Veganer/in
Vegán vagyok [ˈvɛgaːn vɒɟok]

Ich bin allergisch
Allergiás vagyok [ˈɒlɛrgiaʃ vɒɟok]

gegen Eier.
a tojásra. [ɒ ˈtojaːʃrɒ]

gegen Gluten.
a gluténra. [ɒ ˈgluteːnrɒ]

gegen Milchprodukte.
a tejtermékekre. [ɒ ˈtɛjtɛrmeːkɛkrɛ]

gegen Nüsse.
a mogyoróra. [ɒ ˈmoɟoroːrɒ]

Wie möchten Sie Ihr Steak haben?
Hogy szeretné a sztéket/bélszínt?
[ˈhoɖ ˈsɛrɛtneː ɔ ˈsteːkɛt/ˈbeːlsiːnt]

gut durch
jól átsütve [ˈjoːl ˈaːtʃydvɛ]

medium
félig átsütve [ˈfeːlig ˈaːtʃydvɛ]

englisch
angolosan ['ɔngoloʃɔn]

Was wollen Sie trinken?
Mit akar inni? ['mit ɔkɔr 'in:i]

Bitte ein Glas ...
Kérek egy pohár ...t. [ke:rɛk ɛɟ 'poha:r '...t]

Bitte eine (halbe) Flasche ...
Kérek egy (fél) üveg ...t. ['ke:rɛk ɛɖ ('fe:l) 'yvɛg' ...t]

Mit Eis, bitte.
Jéggel kérem. ['je:g:ɛl 'ke:rɛm]

Guten Appetit!
Jó étvágyat! ['jo: 'e:tva:ɖɔt]

Auf Ihr Wohl!
Egészségére! ['ɛge:ʃ:e:ge:rɛ]

Haben Sie noch einen Wunsch?
Óhajt még valamit? ['o:hɔjt 'me:g 'vɔlɔmit]

Bitte bringen Sie uns ...
Kérem hozzon nekünk ... ['ke:rɛm 'hoz:on' nɛkynk' ...t]

Könnten wir noch etwas Brot/Wasser/Wein bekommen?
Kaphatunk még egy kevés kenyeret/vizet/bort?
['kɔphɔtunk 'me:g ɛɟ 'kɛve:ʃ 'kɛɲɛrɛt/'vizɛt/'bort]

Beanstandungen

Hier fehlt ein/e ...
Itt hiányzik egy ... ['it: 'hia:ɲzik ɛɖ '...]

Haben Sie mein/e ... vergessen?
Elfelejtette az én ...t? ['ɛlfɛlɛjtɛt:ɛ ɔz 'e:n '...t]

Das habe ich nicht bestellt.
Nem ezt rendeltem. ['nɛm 'ɛst 'rɛndɛltɛm]

Die Rechnung

Bezahlen, bitte.
Fizetek, kérem. ['fizɛtɛk 'ke:rɛm]

Die Rechnung, bitte. Wir haben es eilig.
Kérem a számlát. Sietünk. ['ke:rɛm ɔ 'sa:mla:t. 'ʃiɛtynk]

Bitte alles zusammen.
Kérem az egészet egybe számolni.
['ke:rɛm ɔz 'ɛge:sɛt 'ɛɖbɛ 'sa:molni]

Getrennte Rechnungen, bitte.
Külön számlát kérünk. ['kyløn 'sa:mla:t 'ke:rynk]

Die Rechnung scheint mir nicht zu stimmen.
Úgy látszik, a számla nem stimmel.
['u:ɖ 'la:ts:ik ɔ 'sa:mlɔ 'nɛm 'ʃtim:ɛl]

Das habe ich nicht gehabt.
Ezt nem fogyasztottam. ['ɛst 'nɛm 'foɖɔstot:ɔm]

Hat es geschmeckt?
Ízlett? [i:zlɛt:]

Das Essen war ausgezeichnet.
Az étel kitűnő volt. [ɔz 'e:tɛl 'kity:nø: 'volt]

Das ist für Sie.
Ez az öné. ['ɛz ɔz' øne:]

Es stimmt so.
Rendben van. ['rɛndbɛn 'vɔn]

Csárda

Was urspünglich ein an Landstraßen gelegenes, einfaches Gasthaus war, findet man heute auch immer mehr in den Städten und touristischen Zentren.
In einem echten traditionellen „csárda“ mit rustikaler Einrichtung (geschnitzte Holzstühle und Holztische mit bunt bestickten Tischdecken) findet man eine Auswahl an typischen ländlichen Gerichten, zubereitet nach alter ungarischer Rezeptur.
Für Stimmung sorgt oft Zigeunermusik oder eine Folkloretanzgruppe. Der Besuch eines „csárda“ ist mehr als eine Einkehr in eine gutbürgerliche Gaststätte und ein absolutes „Muss“ bei jedem Ungarnbesuch.

Abendessen	**vacsora** ['vɔtʃorɔ]
Allergie	**allergia** ['ɒlɛrgiɒ]
alkoholfrei	**alkoholmentes** ['ɔlkoholmɛntɛʃ]
Aschenbecher	**hamutartó** [hɔmutɔrto:]
Bar	**bár** [ba:r]
Beilage	**körítés** ['køri:te:ʃ]
Besteck	**evőeszköz** ['ɛvø:ɛskøz]
bestellen	**rendel** ['rɛndɛl]
Bestellung	**rendelés** [rɛndɛle:ʃ]
Bier	**sör** [ʃør]
Brot	**kenyér** ['kɛɲe:r]
Butter	**vaj** [vɔj]
Diabetiker	**cukorbeteg** ['tsukorbɛtɛg]
Dressing	**salátaöntet** ['ʃɔla:tɔøntɛt]
entkorken	**(palackot) felnyit** [('pɔlɔtskot) 'fɛlɲit]
Essig	**ecet** ['ɛtsɛt]
vom Fass	**hordó(ból)** ['hordo:(bo:l)]
Fett	**zsír** [ʒi:r]

Frühstück	**reggeli** ['rɛgːɛli]
Gabel	**villa** ['vilːɔ]
Gang	**fogás** ['fogaːʃ]
Gedeck	**teríték** ['tɛriːteːk]
Gericht	**étel** ['eːtɛl], **fogás** ['fogaːʃ]
Getränk	**ital** ['itɔl]
Gewürz	**fűszer** ['fyːsɛr]
Glas	**pohár** ['pohaːr]
Gräte	**szálka** ['saːlkɔ]
Hauptspeise	**főfogás** ['føːfogaːʃ]
hausgemacht	**házi** ['haːzi]
hungrig sein	**éhes** ['eːhɛʃ]
Karaffe	**vizeskancsó** ['vizɛʃkɔntʃoː]
Kellner/in	**pincér/nő** ['pintseːr/nøː]
Ketchup	**ketchup** ['kɛtʃɔp]
Kinderteller	**gyerektányér** ['ɟɛrɛktaːɲeːr]
Knochen	**csont** [tʃont]
Koch	**szakács** ['sɔkaːtʃ]
kochen	**főz** [føːz]
Korkenzieher	**dugóhúzó** ['dugoːhuːzoː]
Löffel	**kanál** ['kɔnaːl]
Mayonnaise	**majonéz** ['mɔjoneːz]
Menü	**menü** ['mɛny]
Messer	**kés** [keːʃ]
Mittagessen	**ebéd** ['ɛbeːd]
Nachtisch	**desszert** ['dɛsːɛrt]
Ober *(Anrede)*	**főúr** ['føːuːr]
Öl	**olaj** ['olɔj]
Pfannengericht	**egytálétel** ['ɛɟtaːleːtɛl]
Pfeffer	**bors** [borʃ]
Portion	**adag** ['ɔdɔg]
probieren	**megkóstol** ['mɛkːoːʃtol]

Salat	**saláta** ['ʃɔla:tɔ]
Salatbüfett	**salátabár** ['ʃɔla:tɔba:r]
Salz	**só** [ʃo:]
Scheibe	**szelet** ['sɛlɛt]
Schonkost	**kimélő étel** ['ki:me:lø: 'e:tɛl]
Schüssel	**tál** [ta:l]
Senf	**mustár** ['muʃta:r]
Serviette	**szalvéta** ['sɔlve:tɔ]
Soße	**mártás** ['ma:rta:ʃ]
Speise	**étel** ['e:tɛl]
Speisekarte	**étlap** ['e:tlɔp]
Spezialität	**specialitás** ['ʃpɛtsiɔlita:ʃ]
Strohhalm	**szalmaszál** ['sɔlmɔsa:l]
Suppenteller	**levesestányér** ['lɛvɛʃɛʃta:ɲe:r]
Süßstoff	**édesítő** ['e:dɛʃi:tø:], **szaharin** ['sɔhɔrin]
Tagesgericht	**napi ajánlat** ['nɔpi 'ɔja:nlɔt]
Tagesmenü	**menü** ['mɛny]
Tasse	**csésze** ['tʃe:sɛ]
Teekanne	**teáskanna** ['tɛa:ʃkɔn:ɔ]
Teelöffel	**kávéskanál** ['ka:ve:ʃkɔna:l]
Teller	**tányér** ['ta:ɲe:r]
Trinkgeld	**borravaló** ['bor:ɔvɔlo:]
vegan	**vegan** ['vɛga:n]
vegetarisch	**vegetáriánus** ['vɛgɛta:ria:nuʃ]
Vorspeise	**előétel** ['ɛlø:e:tɛl]
Wasser	**víz** [vi:z]
Wasserglas	**vizespohár** ['vizɛʃpoha:r]
Wein	**bor** [bor]
Weinglas	**borospohár** ['boroʃpoha:r]
würzen	**fűszerez** ['fy:sɛrɛz]
zäh	**rágós** ['ra:go:ʃ]

Zahnstocher	**fogpiszkáló** ['fokpiska:lo:]
Zitrone	**citrom** ['tsitrom]
Zucker	**cukor** ['tsukor]

Zubereitung

durchgebraten	**átsütve** ['a:tʃydvɛ]
gebacken	**sült** [ʃylt]
gebraten	**sült** [ʃylt]
am Spieß	**nyárson** ['ɲa:rʃon]
vom Grill	**roston** ['roʃton]
in der Pfanne	**serpenyőben** ['ʃɛrpɛɲø:bɛn]
gedämpft, gedünstet	**párolt** ['pa:rolt]
gefüllt	**töltött** ['tøltøt:]
gekocht	**főtt** [fø:t:]
geräuchert	**füstölt** ['fyʃtølt]
geröstet	**pirított** ['piri:tot:]
geschmort	**dínsztelt** ['di:nstɛlt]
gesotten	**főtt** [fø:t:]
mariniert	**pácolt** ['pa:tsolt]
paniert	**panírozott** ['pɔni:rozot:]
überbacken	**átsütött** ['a:tʃytøt:]
frisch	**friss** ['friʃ:]
gar	**puha** ['puhɔ]
hart	**kemény** ['kɛme:ɲ]
heiß	**forró** ['for:o:]
kalt	**hideg** ['hidɛg]
mager	**sovány** ['ʃova:ɲ]
roh	**nyers** [ɲɛrʃ]
saftig	**zaftos** ['zɔftoʃ]
sauer	**savanyú** ['ʃɔvɔɲu:]
scharf	**csípős** ['tʃi:pø:ʃ], **erős** ['ɛrø:ʃ]

süß	édes [ˈeːdɛʃ]
weich	puha [ˈpuhɔ]
zart	omlós [ˈomloːʃ], puha [ˈpuhɔ]

Carte — Speisekarte

Előételek	Vorspeisen
disznósajt [ˈdisnoːʃɔjt]	**Presswurst**
franciasaláta [ˈfrɔntsiɔʃɔlaːtɔ]	**Französischer Salat**
főtt sonka tormával [ˈføːtː ˈʃonkɔ ˈtormaːvɔl]	**gekochter Schinken mit Meerrettich**
hortobágyi palacsinta [ˈhortobaːɟi ˈpɔlɔtʃintɔ]	**Palatschinken mit Fleischfüllung**
libamájpástétom [ˈlibɔmaːjpaːʃteːtom]	**Gänseleberpastete**
olajos szardínia [ˈolɔjoʃ ˈsɔrdiːniɔ]	**Ölsardinen**
rántott gombafejek [ˈraːntotː ˈgombɔfɛjɛk]	**gebratene Pilzköpfe**
svéd gombasaláta [ˈʃveːd ˈgombɔʃɔlaːtɔ]	**schwedischer Pilzsalat**
töltött paradicsom [ˈtøltøtː ˈpɔrɔditʃom]	**gefüllte Tomaten**
velőrózsa rántva [ˈvɛløːroːʒɔ ˈraːndvɔ]	**gebratenes Hirn**
velőscsont pirítóssal [ˈvɛløːʃtʃont ˈpiriːtoːʃːɔl]	**Markknochen mit Toast**

Levesek	Suppen
bableves ['bɔblɛvɛʃ]	**Bohnensuppe**
burgonyaleves ['burgoɲɔlɛvɛʃ]	**Kartoffelsuppe**
csontleves ['tʃontlɛvɛʃ]	**Knochenbrühe**
erőleves ['ɛrø:lɛvɛʃ]	**Bouillon**
gombaleves ['gombɔlɛvɛʃ]	**Pilzsuppe**
hideg gyümölcsleves ['hidɛg 'ɟymøltʃlɛvɛʃ]	**Obstkaltschale**
karalábéleves ['kɔrɔla:be:lɛvɛʃ]	**Kohlrabisuppe**
májgombócleves ['ma:jgombo:tslɛvɛʃ]	**Leberknödelsuppe**
paradicsomleves ['pɔrɔditʃomlɛvɛʃ]	**Tomatensuppe**
raguleves ['rɔgulɛvɛʃ]	**Gemüsesuppe mit Fleischragout**
tyúkhúsleves ['ṭu:khu:ʃlɛvɛʃ]	**Fleischbrühe**
zöldségleves ['zøltʃe:glɛvɛʃ]	**Gemüsesuppe**

Halak	Fisch
angolna ['ɔngolnɔ]	**Aal**
csuka ['tʃukɔ]	**Hecht**
fogas/süllő ['fogɔʃ/ʃyl:ø:]	**Zander**
harcsa ['hɔrtʃɔ]	**Wels**
kecsege ['kɛtʃɛgɛ]	**Stör**
lazac ['lɔzɔts]	**Lachs**
pisztráng ['pistra:ng]	**Forelle**
ponty [ponṭ]	**Karpfen**
tonhal ['tonhɔl]	**Thunfisch**

Húsételek	Fleischgerichte
báránypaprikás ['ba:ra:ɲpɔprika:ʃ]	**Lammpaprika mit Sauerrahm**
bécsi szelet ['be:tʃi 'sɛlɛt]	**Wiener Schnitzel**
bélszínjava ['be:lsi:njɔvɔ]	**Beefsteak**
birkapörkölt ['birkɔpørkølt]	**Schafsgulasch**
borjúpaprikás ['borju:pɔprika:ʃ]	**Kalbsgulasch mit Rahmsoße**
főtt marhahús ['fø:t: 'mɔrhɔhu:ʃ]	**gekochtes Rindfleisch**
hagymás rostélyos ['hɔɟma:ʃ 'roʃte:joʃ]	**Zwiebelrostbraten**
malacpecsenye ['mɔlɔtspɛtʃɛɲɛ]	**Spanferkelbraten**
naturszelet ['nɔtursɛlɛt]	**Naturschnitzel**
pirított máj ['piri:tot: 'ma:j]	**geschnetzelte Leber**
rablóhús nyárson ['rɔblo:hu:ʃ 'ɲa:rʃon]	**Räuberbraten am Spieß**
sertéskaraj ['ʃɛrte:ʃkɔrɔj]	**Schweinekotelett**
sült kolbász ['ʃylt 'kolba:s]	**Bratwurst**
vagdalt ['vɔgdɔlt]	**Hackfleisch, Frikassee**

Nemzeti ételek	Nationalgerichte
bográcsgulyás ['bogra:tʃguja:ʃ]	**Kesselgulasch**
csirkepaprikás ['tʃirkɛpɔprika:ʃ]	**Paprikahähnchen mit Sauerrahmsoße**
gulyásleves ['guja:ʃlɛvɛʃ]	**Gulaschsuppe**
Gundel palacsinta ['gundɛl 'pɔlɔtʃintɔ]	**Palatschinken mit Nussfüllung und Schokoladensoße**
halászlé ['hɔla:sle:]	**scharfe Fischsuppe**

hideg meggyleves ['hidɛg 'mɛɟ:lɛvɛʃ]	**kalte Sauerkirschsuppe**
káposztás kocka ['ka:posta:ʃ 'kotskɔ]	**Krautfleckchen**
kapros-túrós rétes ['kɔproʃ 'tu:ro:ʃ 're:tɛʃ]	**Quarkstrudel mit Dill**
lecsó ['lɛtʃo:]	**gekochte Paprikaschoten, Tomaten und Zwiebeln**
máglyarakás ['ma:gjɔrɔka:ʃ]	**Semmelschmarren mit Äpfeln**
somlói galuska ['ʃomlo:i 'gɔluʃkɔ]	**Schomlauer Nockerl**
töltött káposzta ['tøltøt: 'ka:postɔ]	**mit Fleisch gefülltes Kraut**
töltött paprika ['tøltøt: 'pɔprikɔ]	**mit Fleisch gefüllte Paprikaschoten**
túrós csusza pirított szalannával ['tu:ro:ʃ 'tʃusɔ 'piri:tot: 'sɔlon:a:vɔl]	**Topfennudeln mit saurer Sahne und Griebe**

Vad és szárnyas — Wild und Geflügel

csirke ['tʃirkɛ]	**Hähnchen**
fácán ['fa:tsa:n]	**Fasan**
fogoly ['fogoj]	**Rebhuhn**
házinyúl ['ha:ziɲu:l]	**Kaninchen**
jérce ['je:rtsɛ]	**Henne**
kakas ['kɔkɔʃ]	**Hahn**
nyúl [ɲu:l]	**Hase**
őz [ø:z]	**Reh**
pulyka ['pujkɔ]	**Truthahn**
szarvas ['sɔrvɔʃ]	**Hirsch**
tyúk [ʈu:k]	**Huhn**

vaddisznó ['vɔdːisnoː]	**Wildschwein**
(vad)kacsa ['(vɔd)kɔtʃɔ]	**(Wild-)Ente**
(vad)liba ['(vɔd)libɔ]	**(Wild-)Gans**

Zöldség — Gemüse

bab [bɔb]	**Bohnen**
borsó ['borʃoː]	**Erbsen**
burgonya/krumpli ['burgoɲɔ/'krumpli]	**Kartoffeln**
fokhagyma ['fokhɔɖmɔ]	**Knoblauch**
gomba ['gombɔ]	**Pilze**
hagyma ['hɔɖmɔ]	**Zwiebel**
káposzta ['kaːpostɔ]	**Kohl**
karfiol ['kɔrfiol]	**Blumenkohl**
kelbimbó ['kɛlbimboː]	**Rosenkohl**
kelkáposzta ['kɛlkaːpostɔ]	**Wirsing**
lencse ['lɛntʃɛ]	**Linsen**
paprika ['pɔprikɔ]	**Paprika**
paradicsom ['pɔrɔditʃom]	**Tomaten**
póréhagyma ['poːreːhɔɖmɔ]	**Porree**
retek ['rɛtɛk]	**Radieschen**
sárgarépa ['ʃaːrgɔreːpɔ]	**Karotten**
sparga ['ʃpaːrgɔ]	**Spargel**
spenot ['ʃpɛnoːt]	**Spinat**

Köretek — Beilagen

Köretek	Beilagen
főtt burgonya [ˈføːt: ˈburgoɲɔ]	**Salzkartoffeln**
galuska [ˈgɔluʃkɔ]	**Nockerln**
hasábburgonya [ˈhɔʃaːbːurgoɲɔ]	**Pommes frites**
makaróni [ˈmɔkɔroːni]	**Makkaroni**
rizs [riʒ]	**Reis**
spagetti [ˈʃpɔgɛtːi]	**Spaghetti**
sült burgonya [ˈʃylt ˈburgoɲɔ]	**Bratkartoffeln**
tarhonya [ˈtɔrhoɲɔ]	**Eiergraupen**
(zsemle)gombóc [ˈ(ʒɛmlɛ)gomboːts]	**(Semmel-)Knödel**

Salaták — Salate

Salaták	Salate
céklasaláta [ˈtseːklɔʃɔlaːtɔ]	**Rote-Rüben-Salat**
csalamádé [ˈtʃɔlɔmaːdeː]	**Paprikaschoten und grüne Tomaten, süß-sauer eingemacht**
ecetes paprika [ˈɛtsɛtɛʃ ˈpɔprikɔ]	**Apfelpaprika in Essig**
fejes saláta [ˈfɛjɛʃ ˈʃɔlaːtɔ]	**Kopfsalat**
kovászos uborka [ˈkovaːsoʃ ˈuborkɔ]	**Salzgurken**
paradicsomsaláta [ˈpɔrɔditʃomʃɔlaːtɔ]	**Tomatensalat**
tejfölös uborkasaláta [ˈtɛjføløʃ ˈuborkɔʃɔlaːtɔ]	**Gurkensalat im Rahm**
vegyes saláta [ˈvɛɟɛʃ ˈʃɔlaːtɔ]	**gemischter Salat**

Tojásételek	Eierspeisen
gombás rántotta ['gomba:ʃ 'ra:ntot:ɔ]	**Rühreier mit Pilzen**
keménytojás ['kɛme:ɲtoja:ʃ]	**hart gekochte Eier**
lágytojás ['la:ɟtoja:ʃ]	**weich gekochte Eier**
omlett sajttal ['omlɛt: 'ʃɔjt:ɔl]	**Omelette mit Käse**
rántotta ['ra:ntot:ɔ]	**Rühreier**
tükörtojás ['tykørtoja:ʃ]	**Spiegelei**

Sajt	Käse
Bakony camembert ['bɔkoɲ 'kɔmɛmbɛrt]	**Bakonyer Camembert**
göcseji ['gøtʃɛji]	**Göcsejer Butterkäse**
juh gomolya ['juh 'gomojɔ]	**Schafskäse**
márványsajt ['ma:rva:ɲʃɔjt]	**Marmorkäse** *(Schimmelkäse, eine Art Roquefort)*
parenyica ['pɔrɛɲitsɔ]	**geräucherter Käse**
trappista ['trɔp:iʃtɔ]	**Trappistenkäse**

Édességek	Süßes
befőtt ['bɛfø:t:]	**Eingemachtes**
csokoládétorta ['tʃokola:de:tortɔ]	**Schokoladentorte**
dobostorta ['doboʃtortɔ]	**Dobostorte** *(aus 6 Schichten Biskuitteig, mit Schokoladencreme und Karamellglasur)*
gesztenyepüré ['gɛstɛɲɛpyre:]	**Kastanienpüree**
gyümölcssaláta ['ɟymøltʃʃɔla:tɔ]	**Obstsalat**
kompót ['kompo:t]	**Kompott**

krémes ['kre:mɛʃ]	**Cremeschnitte**
parfé ['pɔrfe:]	**Halbgefrorenes**
piskótaszelet ['piʃko:tɔsɛlɛt]	**Sandtorte**
sütemény ['ʃytɛme:ɲ]	**Kuchen**
túrós lepény ['tu:ro:ʃ 'lɛpe:ɲ]	**Käsekuchen**
vajaskrémtorta ['vɔjɔʃkre:mtortɔ]	**Buttercremetorte**

Gyümölcs	Obst
alma ['ɔlmɔ]	**Apfel**
citrom ['tsitrom]	**Zitrone**
cseresznye ['tʃɛrɛsɲɛ]	**Kirsche**
dinnye ['diɲ:ɛ]	**Melone**
dió ['dio:]	**Nuss**
eper ['ɛpɛr]	**Erdbeere**
körte ['kørtɛ]	**Birne**
mandula ['mɔndulɔ]	**Mandeln**
málna ['ma:lnɔ]	**Himbeere**
meggy [mɛɖ:]	**Sauerkirsche**
narancs ['nɔrɔnts]	**Apfelsine**
őszibarack ['ø:sibɔrɔtsk]	**Pfirsich**
sárgabarack ['ʃa:rgɔbɔrɔtsk]	**Aprikose**
sárgadinnye ['ʃa:rgɔdiɲ:ɛ]	**Zuckermelone**
szilva ['silvɔ]	**Pflaume**
szőlő ['sø:lø:]	**Traube**

Eszpresszó, Fagylaltozó / Café, Eisdiele

adag [ˈɔdɔg]	**Portion**
csokoládéfagylalt [ˈtʃokola:de:fɔɖlɔlt]	**Schokoladeneis**
feketekáve [ˈfɛkɛtɛka:ve:]	**schwarzer Kaffee**
(gyümölcs)fagylalt [(ɖymøltʃ)fɔɖlɔlt]	**(Frucht-)Eis**
fagylaltkehely [ˈfɔɖlɔltkɛhɛj]	**Eisbecher**
jegeskávé [ˈjɛgɛʃka:ve:]	**Eiskaffee**
kuglóf [ˈkuglo:f]	**Napfkuchen**
sütemény [ˈʃytɛme:ɲ]	**Kuchen**
teasütemény [ˈtɛɔʃytɛme:ɲ]	**Teegebäck**
tej [tɛj]	**Milch**
tejeskávé [ˈtɛjɛʃka:ve:]	**Milchkaffee**
tejszínhab [ˈtɛjsi:nhɔb]	**Sahne**

Itallap / Getränkekarte

Borok / Wein

édes [ˈe:dɛʃ]	**süß**
fehér [ˈfɛhe:r]	**weiß**
könnyű [ˈkøɲ:y:]	**leicht**
öreg [ˈørɛg]	**alt**
rozé [ˈroze:]	**rosé**
száraz/fanyar [ˈsa:rɔz/ˈfɔɲɔr]	**trocken/herb**
vörös [ˈvørøʃ]	**rot**
asztali bor [ˈɔstɔli ˈbor]	**Tafelwein**

pezsgő ['pɛʒgø:]	**Champagner, Sekt**
forralt bor ['for:ɔlt 'bor]	**Glühwein**
fröccs [frøtʃ:]	**Gespritzter, Schorle**
kisfröccs ['kiʃfrøtʃ:]	**Schorle mit 1/2 Wein**
nagyfröccs ['nɔɟfrøtʃ:]	**Schorle mit 2/3 Wein**
minőségi bor ['minø:ʃe:gi 'bor]	**Qualitätswein**
palackos bor ['pɔlɔtskoʃ 'bor]	**Flaschenwein**
pezsgőbor ['pɛʒgø:bor]	**Schaumwein**

Fehér borok — Weißweine

egri leányka ['ɛgri 'lɛa:ɲkɔ]	**Erlauer Mädchentraube**
ezerjó ['ɛzɛrjo:]	**Tausendgut**
kéknyelű ['ke:kɲɛly:]	**Blaustengler**
muskotály ['muʃkota:j]	**Muskateller**
olaszrizling ['olɔsrizling]	**Welschriesling**
szürkebarát ['syrkɛbɔra:t]	**Graumönch**
tokaji ['tokɔji]	**Tokajer**
zöldszilváni ['zøltsilva:ni]	**Grünsilvaner**

Vörös borok — Rotweine

egri bikavér ['ɛgri 'bikɔve:r]	**Erlauer Stierblut**
kékfrankos ['ke:kfrɔnkoʃ]	**Blaufränkler**

## Szeszes italok	## Alkoholische Getränke
gyomorkeserű [ˈɖomorkɛʃɛryː]	**Magenbitter**
kisüsti [ˈkiʃyʃti]	**Hausgebrannter**
koktél [ˈkokteːl]	**Cocktail**
konyak [ˈkoɲɔk]	**Cognac**
likőr [ˈlikøːr]	**Likör**
pálinka [ˈpaːlinkɔ]	**Schnaps**
barackpálinka [ˈbɔrɔtsk-ˈpaːlinkɔ]	**Aprikosen-Brandy**
cseresznyepálinka [tʃɛrɛsɲɛˈpaːlinkɔ]	**Kirschwasser**
szilvapálinka [ˈsilvɔpaːlinkɔ]	**Pflaumengeist**
vermut [ˈvɛrmut]	**Wermut**

## Alkoholmentes italok	## Alkoholfreie Getränke
almalé [ˈɔlmɔleː]	**Apfelsaft**
(ásvány)víz [ˈ(aːʒvaːɲ)viːz]	**(Mineral-)Wasser**
gyümölcslé [ˈɖymøltʃleː]	**Fruchtsaft**
limonádé [ˈlimonaːdeː]	**Limonade**
must [muʃt]	**Most**
narancslé [ˈnɔrɔntʃleː]	**Orangensaft**
paradicsomlé [ˈpɔrɔditʃomleː]	**Tomatensaft**
szódavíz [ˈsoːdɔviːz]	**Sodawasser**
szörp [sørp]	**Saftkonzentrat mit Sodawasser**

Besichtigungen und Ausflüge

Touristeninformation

Ich hätte gern einen Stadtplan von ...
Szeretnék egy ... i várostérképet.
['sɛrɛtneːk ɛɖ '... i 'vaːroʃteːrkeːpɛt]

Haben Sie einen Veranstaltungskalender für diese Woche?
Van rendezvénynaptárjuk erre a hétre?
['vɔn 'rɛndɛzveːɲnɔptaːrjuk 'ɛrːɛ ɔ 'heːtrɛ]

Gibt es Stadtrundfahrten?
Van városnéző kirándulás? ['vɔn 'vaːroʃneːzøː 'kiraːndulaːʃ]

Was kostet denn die Rundfahrt, bitte?
Mennyibe kerül a körutazás? ['mɛɲːibɛ 'kɛryl ɔ 'kørutɔzaːʃ]

Sehenswürdigkeiten – Museen

Öffnungszeiten, Führungen, Eintrittskarten

Können Sie mir bitte sagen, welche Sehenswürdigkeiten es hier gibt?
Megmondaná kérem milyen látnivalók vannak itt?
['mɛgmondɔnaː 'keːrɛm 'mijɛn 'laːtnivɔloːk 'vɔnːɔk itː]

Sie müssen unbedingt ... besichtigen/besuchen.
Feltétlenül meg kell hogy tekintse a/az... -t.
['fɛlteːtlɛnyl 'mɛkːɛl 'hoɖ 'tɛkintʃɛ ɔ/ɔz '...t]

Wann ist das Museum geöffnet?
Mikor van nyitva a múzeum?
['mikor 'vɔn 'ɲitvɔ ɔ 'muːzɛum]

Wann beginnt die nächste Führung?
Mikor kezdődik a következő vezetés?
['mikor 'kɛzdø:dik ɔ 'køvɛtkɛzø 'vɛzɛte:ʃ]

Gibt es auch eine Führung in Deutsch?
Van német nyelvű vezetés is?
['vɔn 'ne:mɛt ɲɛlvy: 'vɛzɛte:ʃ iʃ]

Darf man hier fotografieren?
Szabad itt fényképezni?
['sɔbɔd it: 'fe:ɲke:pɛzni]

Zwei Eintrittskarten, bitte!
Két belépőjegyet kérek. ['ke:t 'bɛle:pø:jɛɖɛt 'ke:rɛk]

Zwei Erwachsene und ein Kind.
Két felnőtt és egy gyermek. ['ke:t 'fɛlnø:t: 'e:ʃ 'ɛɖ:'ɛrmɛk]

Gibt es Ermäßigungen für ...
Van kedvezmény ... (nak/nek)
['vɔn 'kɛdvɛzme:ɲ '... (nɔk/nɛk)]

... Kinder?
...gyermekeknek? ['ɖɛrmɛkɛknɛk]

... Studenten?
...diákoknak? ['dia:koknɔk]

... Senioren?
...nyugdíjasoknak? ['ɲugdi:jɔʃoknɔk]

... Gruppen?
...csoportoknak? ['tʃoportoknɔk]

Gibt es einen Katalog zur Ausstellung?
Van katalógusuk a kiállításról?
['vɔn 'kɔtɔlo:guʃuk ɔ 'kia:l:i:ta:ʃro:l]

Besichtigung

Ist das ...?
Ez a(z) ...?
[ɛz ɔ(z) '...]

Wann wurde dieses Gebäude erbaut/restauriert?
Mikor építették/restaurálták ezt az épületet?
['mikor 'e:pi:tɛt:e:k/'rɛʃtɔura:lta:k 'ɛst ɔz 'e:pylɛtɛt]

Von wem ist dieses Bild?
Ki festette ezt a képet?
['ki 'fɛʃtɛt:ɛ 'ɛst ɔ 'ke:pɛt]

Haben Sie das Bild als Poster/Postkarte/Dia?
Kapható ez a kép mint poszter/képeslap/dia?
['kɔphɔto: 'ɛz ɔ 'ke:p 'mint 'postɛr/'ke:pɛʃlɔp/'diɔ]

Ausflüge

Wo fahren wir los?
Honnan indulunk? ['hon:ɔn 'indulunk]

Wann treffen wir uns?
Mikor találkozunk? ['mikor 'tɔla:lkozunk]

Kommen wir am/an ... vorbei?
Elmegyünk a(z) ... mellett? ['ɛlmɛɟynk ɔ(z) '... 'mɛl:ɛt:]

Besichtigen wir auch ...?
Megtekintjük ...t is? ['mɛktɛkincyk '...t 'iʃ]

Wann fahren wir zurück?
Mikor megyünk vissza? ['mikor 'mɛɟynk 'vis:ɔ]

Ausflug	**kirándulás** ['kira:ndula:ʃ]
Aussichtspunkt	**kilátóhely** ['kila:to:hɛj]
Berg	**hegy** [hɛɟ]
Botanischer Garten	**botanikus kert** ['botɔnikuʃ 'kɛrt]
Felswand	**sziklafal** ['siklɔfɔl]
Fischerdorf	**halászfalu** ['hɔla:sfɔlu]
Fluss	**folyó** ['fojo:]
Freilichtmuseum	**szabadtéri múzeum/skanzen** ['sɔbɔt:e:ri 'mu:zɛum/'ʃkɔnzɛn]
Freizeitpark	**vidámpark** ['vida:mpɔrk]
Gebirge	**hegység** ['hɛtʃ:e:g]
Gipfel	**csúcs** ['tʃu:tʃ]
Grotte	**(szikla)barlang** ['(siklɔ)bɔrlɔng]
Heide	**puszta** ['pustɔ]
Hinterland	**hátország** ['hatorsa:g]
Höhle	**barlang** ['bɔrlɔng]
Jagd	**vadászat** ['vɔda:sɔt]
Jagdrevier	**vadászati terület** ['vɔda:sɔti 'tɛrylɛt]
Kutschfahrt	**lovas kocsikázás** ['lovɔʃ 'kotʃika:za:ʃ]
Landschaft	**táj** [ta:j], **vidék** ['vide:k]
Markt	**vásár** ['va:ʃa:r], **piac** ['piɔts]
Museumsdorf	**falumúzeum** ['fɔlumu:zɛum]
Nationalpark	**nemzeti park** ['nɛmzɛti 'pɔrk]
Naturschutzgebiet	**természetvédelmi terület** ['tɛrme:sɛdve:dɛlmi 'tɛrylɛt]
Pass	**szoros** ['soroʃ]
Quelle	**forrás** ['for:a:ʃ]
Rundfahrt	**körutazás** ['kørutɔza:ʃ]
Reiterhof	**lovastanya** ['lovɔʃtɔɲɔ]
Reitervorführung	**lovasbemutató** ['lovɔʃbɛmutɔto:]
Schifffahrt	**sétahajókázás** ['ʃe:tɔhɔjo:ka:za:ʃ]
Schlucht	**szakadék** ['sɔkɔde:k]

See	**tó** [to:]
Sumpf	**mocsár** ['motʃa:r]
Tagesausflug	**egésznapos kirándulás** ['ɛge:snɔpoʃ 'kira:ndula:ʃ]
Tal	**völgy** ['vøldʒ]
Tiefebene	**Alföld** ['alføld]
Tropfsteinhöhle	**cseppkőbarlang** ['tʃɛp:kø:bɔrlɔng]
Uferpromenade	**(parti) sétány** [('pɔrti) ʃe:ta:ɲ]
Umgebung	**környék** ['kørɲe:k]
Wald	**erdő** ['ɛrdø:]
Wasserfall	**vízesés** ['vi:zɛʃe:ʃ]
Zoo	**állatkert** ['a:l:ɔtkɛrt]

Baden

Entschuldigen Sie bitte,
Elnézést, ['ɛlne:ze:ʃt]

gibt es hier ein Schwimmbad?
van itt egy uszoda/strand/fürdő? ['vɒn it: ɛɟ 'usodɒ/ʃtrɒnd/fyrdø:]

gibt es hier ein Freibad?
van itt egy szabadstrand? ['vɒn it: ɛɟ 'sɒbɒdʃtrɒnd]

gibt es hier ein Hallenbad?
van itt egy fedett uszoda/fürdő? ['vɒn it: ɛɟ 'fɛdɛt usodɒ/fyrdø:]

Ich möchte einen Liegestuhl/Sonnenschirm mieten.
szeretnék bérelni egy napozóágyat/napernyőt.
['sɛrɛtne:k berɛlni ɛɟ 'nɒpozo:a:ɟɒt/nɒpɛrɲø:t]

Was kostet das pro Stunde/pro Tag?
Mennyibe kerül egy órára/egy napra?
[mɛɲ:ibɛ kɛryl ɛɟ o:ra:rɒ/ɛɟ nɒprɒ]

Shoppen und Einkaufen

Fragen

Ich suche ...

Wo finde ich ...?
Hol találok ...? ['hol 'tɔlalok]

Können Sie mir ein ...-Geschäft empfehlen?
Tudna nekem egy ... üzletet ajánlani?
['tudnɔ 'nɛkɛm 'ɛɖ '... 'yzlɛtɛt 'ɔjanlɔni]

Was kann ich für Sie tun?
Mivel szolgálhatok? ['mivɛl 'solga:lhɔtok]

Danke, ich sehe mich nur um.
Köszönöm, csak körülnézek.
['køsønøm 'tʃɔk 'kørylne:zɛk]

Ich möchte ...
Szeretnék ... ['sɛrɛtne:k ...]

Haben Sie ...?
Van ...? ['vɔn ...]

Zeigen Sie mir bitte ...
Mutasson kérem ... t ['mutɔʃ:on 'ke:rɛm '... t]

Bitte ein Paar .../ein Stück ...
Kérek egy pár ...t/egy ...t. ['ke:rɛk eɖ pa:r '...t/eɖ '...t]

Können Sie mir bitte etwas anderes zeigen?
Tudna nekem kérem egy másikat mutatni?
['tudnɔ 'nɛkɛm 'ke:rɛm 'ɛɖ 'ma:ʃikɔt 'mutɔtni]

Das gefällt mir. Ich nehme es.
Ez tetszik. Megveszem. ['ɛs 'tɛts:ik 'mɛgvɛsɛm]

Handeln und kaufen

Wie viel kostet es?
Mibe/Mennyibe kerül? [ˈmibɛ/ˈmɛɲ:ibɛ ˈkɛryl]

Nehmen Sie ...
Elfogad ... [ˈɛlfogɔd]

Kreditkarten?
hitelkártyát? [ˈhitɛlka:rʈa:t]

Reiseschecks?
utazási csekket? [ˈutɔzaʃi ˈtʃɛk:ɛt]

Können Sie es mir einpacken?
Be tudná csomagolni? [ˈbɛ ˈtudna: tʃomɔgolni]

Ich möchte dies umtauschen.
Szeretném kicserélni. [ˈsɛrɛtne:m ˈkitʃɛrɛ:lni]

Geschäfte

Nyitvatartási idő
Öffnungszeiten

nyitva **offen**	zárva **geschlossen**	szabadság **Betriebsferien**

Antiquariat antikvárium [ˈɔntigva:rium]
Antiquitätengeschäft régiségkereskedés [ˈre:giʃe:k:ɛrɛʃkɛdɛ:ʃ]
Apotheke gyógyszertár [ˈɟo:ts:ɛrta:r]

Bäckerei	**pékség** ['pe:kʃe:g]
Blumengeschäft	**virágbolt** ['vira:gbolt]
Boutique	**butik/boutique** ['butik]
Buchhandlung	**könyvesbolt** ['køɲvɛʒbolt]
Drogerie	**drogéria** ['droge:riɔ]
Eisenwarengeschäft	**vasáruk boltja** ['vɔʃa:ruk 'bolcɔ]
Elektrohandlung	**villamos cikkek boltja** ['vil:ɔmoʃ 'tsik:ɛk 'bolcɔ]
Feinkostgeschäft	**csemegebolt** ['tʃɛmɛgɛbolt]
Fischgeschäft	**halbolt** ['hɔlbolt]
Flohmarkt	**bolhapiac** ['bolhɔpiɔts]
Fotogeschäft	**ofotért** ['ofote:rt]
Frisör	**fodrász** ['fodra:s]
Gemüsehändler	**zöldségkereskedő** ['zøltʃe:k:ɛrɛʃkɛdø:]
Haushaltswarengeschäft	**háztartási bolt** ['ha:stɔrta:ʃi 'bolt]
Juwelier	**ékszerész** ['e:ksɛre:s]
Kaufhaus	**áruház** ['a:ruha:z]
Konditorei	**cukrászda** ['tsukra:zdɔ]
Kosmetiksalon	**kozmetikaszalon** ['kozmɛtikɔsɔlon]
Kunstgewerbe	**iparművészet** ['ipɔrmyve:sɛt]
Kunsthändler	**műkereskedés** ['mykɛrɛʃkɛde:ʃ]
Lebensmittelgeschäft	**élelmiszerbolt** ['e:lɛlmisɛrbolt]
Lederwarengeschäft	**bőrdíszmű** ['bø:rdi:smy:]
Markt	**piac** ['piɔts]
Metzgerei	**húsbolt** ['hu:ʒbolt]
Milchladen	**tejbolt** ['tɛjbolt]
Möbelgeschäft	**bútorüzlet** ['bu:toryzlɛt]
Musikalienhandlung	**zeneműbolt** ['zɛnɛmy:bɔlt]
Obsthandlung	**gyümölcsbolt** ['ɟymøltʃbolt]
Optiker	**látszerész** ['lats:ɛre:s]
Parfümerie	**illatszerbolt** ['il:ɔts:ɛrbolt]
Pelzgeschäft	**szőrmeüzlet** ['sø:rmɛyzlɛt]

Reinigung, chemische	**patyolat** ['pɔtolɔt], **vegytisztító** ['vɛtistiːtoː]
Reisebüro	**utazási iroda** ['utɔzaːʃi 'irodɔ]
Schallplattengeschäft	**hanglemezbolt** ['hɔnglɛmɛzbolt]
Schneider/in	**szabó/varrónő** ['sɔboː/vɔroːnøː]
Schreibwarengeschäft	**írószerbolt** ['iːroːsɛrbolt]
Schuhgeschäft	**cipőbolt** ['tsipøːbolt]
Schuhmacher	**cipész** ['tsipeːs]
Secondhandladen	**használt áruk boltja** ['hɔsnaːlt 'aːruk 'boltɔ], **secondhand bolt** ['sɛkøndhɛnd 'bolt]
Souvenirs	**ajándékbolt** ['ɔjaːndeːgbolt]
Spielwarengeschäft	**játékbolt** ['jaːteːgbolt]
Spirituosengeschäft	**italáru-üzlet** ['itɔlaːru'yzlɛt]
Sportartikel	**sportszerek** ['ʃportsːɛrɛk]
Supermarkt	**ABC-áruház** ['aːbeːtseː 'aːruhaːz]
Süßwarengeschäft	**édességbolt** ['eːdɛʃːeːgbolt]
Tabakladen	**dohánybolt** ['dohaːɲbolt], **trafik** ['trɔfik]
Trödler	**ószeres** ['oːsɛrɛʃ]
Uhrmacher	**órás** ['oːraːʃ]
Wäscherei	**patyolat** ['pɔtolɔt], **mosoda** ['moʃodɔ]
Weinhandlung	**borkereskedés** ['borkɛrɛʃkɛdeːʃ]
Zeitungshändler	**újságárus** ['uːjʃaːgaːruʃ]

Haushaltswaren

Abfallbeutel	**szemetes zacskó** ['sɛmɛtɛʒ 'zɔtʃkoː]
Alufolie	**alufólia** ['ɔlufoːliɔ]
Bindfaden	**kötőzsinór** ['køtøːʒinoːr]
Brennspiritus	**spiritusz** ['ʃpiritus]

Dosenöffner	**konzervnyitó** ['konzɛrvɲito]
Draht	**drót** ['dro:t]
Flaschenöffner	**sörnyitó** ['ʃørɲito:]
Frischhaltefolie	**frissen tartó fólia** ['friʃ:ɛn 'tɔrto: fo:liɔ]
Gabel	**villa** ['vil:ɔ]
Glas	**pohár** ['poha:r]
Grill	**grill** [gril:]
Grillanzünder	**grillgyújtó** ['gril:ɟu:jto:]
Grillkohle	**grillszén** ['gril:se:n]
Haushaltswaren	**háztartási cikkek/áruk** ['ha:stɔrta:ʃi 'tsik:ɛk/'a:ruk]
Kerze/n	**gertya/gyertyák** ['ɟɛrcɔ/'ɟɛrca:k]
Korkenzieher	**dugóhúzó** ['dugo:hu:zo:]
Kühlelement	**hűtőelem** ['hy:tø:ɛlɛm]
Kühltasche	**hűtőtáska** ['hy:tø:ta:ʃkɔ]
Löffel	**kanál** ['kɔna:l]
Messer	**kés** [ke:ʃ]
Nadel	**tű** [ty:]
Papierservietten	**papírszalvéta** ['pɔpirsɔlve:tɔ]
Petroleum	**petróleum** ['pɛtro:lɛum]
Plastikbecher	**műanyag pohár** ['my:ɔɲɔg 'poha:r]
Plastikbeutel	**nejlonzacskó** ['nɛjlonzɔtʃko:]
Sicherheitsnadel	**biztosítótű** ['bistoʃi:to:ty:]
Schere	**olló** ['ol:o:]
Taschenmesser	**zsebkés** ['ʒɛpke:ʃ]
Thermosflasche®	**termosz** ['tɛrmos]
Wäscheklammern	**ruhacsipesz** ['ruhɔtʃipɛs]
Wäscheleine	**szárítókötél** ['sa:ri:to:køte:l]

Lebensmittel

Was darf es sein?
Mit adhatok? ['mit 'ɔdhɔtok]

Geben Sie mir bitte ...
Adjon kérem ... ['ɔɖ:on 'ke:rɛm]

ein Kilo ...
egy kiló ... t. ['ɛʈ 'kilo: '... t]

10 Scheiben ...
tíz szelet ... t. ['ti:s 'sɛlɛt '... t]

ein Stück von ...
egy ...t. [ɛɖ '... t]

eine Packung ...
egy csomag ...t. [ɛʈ 'tʃomɔg '... t]

ein Glas/eine Flasche ...
egy üveg ...t. [ɛɖ 'yvɛg '... t]

eine Dose ...
egy doboz ...t. [ɛɖ 'doboz '... t]

eine Einkaufstüte.
egy zacskót. [ɛɟ 'zɔtʃko:t]

Darf es auch etwas mehr sein?
Lehet egy kicsit több? ['lɛhɛt ɛʈ kitʃit tøb:]

Darf es sonst noch etwas sein?
Adhatok még valamit? ['ɔthɔtok 'me:g 'vɔlɔmit]

Dürfte ich vielleicht etwas hiervon probieren?
Megkóstolhatnám ezt? ['mɛk:o:ʃtolhɔtna:m 'ɛst]

Danke, das ist alles.
Köszönöm, ez minden. ['køsønøm 'ɛz 'mindɛn]

Farben

beige	**beige** [beːʒ]
blau	**kék** [keːk]
braun	**barna** ['bɔrnɔ]
gelb	**sárga** ['ʃaːrgɔ]
golden	**arany** ['ɔrɔɲ]
grau	**szürke** ['syrkɛ]; *(Haare)* **ősz** ['øːs]
grün	**zöld** [zøld]
lila	**lila** ['lilɔ]
orange	**narancssárga** ['nɔrɔntʃːaːrgɔ]
rosa	**rózsaszín** ['roːʒɔsiːn]
rot	**piros** ['piroʃ], **vörös** ['vørøʃ]
schwarz	**fekete** ['fɛkɛtɛ]
silbern	**ezüst** ['ɛzyʃt]
türkisfarben	**türkiz** ['tyrkis]
violett	**ibolyakék** ['ibojɔkeːk]
weiß	**fehér** ['fɛheːr]
hell...	**világos ...** [vilaːgoʃ]
dunkel...	**sötét ...** ['ʃøteːt]
farbig	**színes** ['siːnɛʃ]
einfarbig	**egyszínű** ['ɛɟsiːnyː]

Für alle Fälle

Gesundheit

In der Apotheke

Könnten Sie mir bitte sagen, wo die nächste Apotheke (mit Nachtdienst) ist?
Mondja kérem, hol van a legközelebbi ügyeletes gyógyszertár/ patika? ['mondɟɔ 'ke:rɛm 'hol vɔn ɔ 'lɛk:øzɛlɛb:i 'yɟɛlɛtɛʃ 'ɟo:ts:ɛrtar/ 'pɔtikɔ]

Könnten Sie mir bitte etwas gegen ... geben?
Tudna kérem valamit ... ellen adni?
['tudnɔ 'ke:rɛm 'vɔlɔmit '... 'ɛl:ɛn 'ɔdni]

Dieses Mittel ist verschreibungspflichtig.
Ez a gyógyszer vényköteles. ['ɛz ɔ 'ɟo:ts:ɛr 've:ɲkøtɛlɛʃ]

Abführmittel	hashajtó ['hɔʃhɔjto:]
Aspirin®	aszpirin® ['ɔspirin]
Augentropfen	szemcsepp ['sɛmtʃɛp:]
Beruhigungsmittel	nyugtató ['ɲuktɔto:]
Brandsalbe	égési sebre való kenőcs ['e:ge:ʃi 'ʃɛbrɛ 'vɔlo: 'kɛnø:tʃ]
Desinfektionsmittel	fertőtlenítőszer ['fɛrtø:tlɛni:tø:sɛr]
Elastikbinde	rugalmas betét ['rugɔlmɔʃ 'bɛte:t]
Fieberthermometer	lázmérő ['la:zme:rø:]
Halstabletten	torokfájás elleni tabletta ['torokfa:ja:ʃ 'ɛl:ɛni 'tɔblɛt:ɔ]
Hustensaft	köptető ['køptɛtø:]
Mittel gegen Insektenstiche	rovarcsípésre való kenőcs ['rovɔrtʃi:pe:ʃrɛ 'vɔlo: 'kɛnø:tʃ]
Insulin	inzulin ['inzulin]
Kamillentinktur	kamillatinktúra ['kɔmil:ɔtinktu:rɔ]

Kondom	**óvszer** ['o:fsɛr]
Kopfschmerztabletten	**fejfájás elleni tabletta** ['fɛjfa:ja:ʃ 'ɛl:ɛni 'tɔblɛt:ɔ]
Kreislaufmittel	**vérkeringést szabályozó gyógyszer** ['ve:rkɛringe:ʃt 'sɔba:jozo: 'ɖo:ts:ɛr]
Medikament	**gyógyszer** ['ɖo:ts:ɛr], **orvosság** ['orvoʃ:a:g]
Mittel	**szer** [sɛr]
Mullbinde	**mullpólya** ['mul:po:jɔ], **géz** ['ge:z]
Ohrentropfen	**fülcsepp** ['fyltʃɛp:]
Pflaster	**tapasz** ['tɔpɔs]
Puder	**púder** ['pu:dɛr], **hintőpor** ['hintø:por]
Rezept	**recept** ['rɛtsɛpt]
Salbe	**kenőcs** ['kɛnø:tʃ]
Schlaftabletten	**altató** ['ɔltɔto:]
Schmerztabletten	**fájdalomcsillapító** ['fa:jdɔlomtʃil:ɔpi:to:]
Sonnenbrandsalbe	**napégésre való kenőcs** ['nɔpe:ge:ʃrɛ 'vɔlo: 'kɛnø:tʃ]
Tablette	**tabletta** ['tɔblɛt:ɔ]
Tropfen	**cseppek** ['tʃɛppɛk]
Vitamintabletten	**vitamintabletta** ['vitɔmintɔblɛt:ɔ]
Watte	**vatta** ['vɔ:t:ɔ]
Zäpfchen	**kúp** ['ku:p]

Beschwerden

Was für Beschwerden haben Sie?
Mi a panasza? ['mi ɔ 'pɔnɔsɔ]

Ich habe Fieber.
Lázas vagyok. ['la:zɔʃ 'vɔɖok]

Mir ist oft schlecht/übel.
Gyakran vagyok rosszul./Gyakran van hányingerem
[ˈɟɔkrɔn ˈvɔɟok ˈroːsul/ˈɟɔkrɔn vɔn ˈhaːɲingɛrɛm]

Mir ist oft schwindlig.
Gyakran szédülök. [ˈɟɔkrɔn ˈseːdyløk]

Ich bin ohnmächtig geworden.
Elájultam. [ˈɛlaːjultɔm]

Ich bin stark erkältet.
Nagyon meghűltem/megfáztam.
[ˈnɔɟon ˈmɛkhyːltɛm/ˈmɛkfaːstɔm]

Ich habe Kopfschmerzen/Halsschmerzen.
Fáj a fejem/torkom. [ˈfaːj ɔ ˈfɛjɛm/ˈtorkom]

Ich habe Husten.
Állandóan köhögök. [ˈaːlːɔndoːɔn ˈkøhøgøk]

Ich bin gestochen worden.
Valami megcsípett/megmart. [ˈvɔlɔmi ˈmɛktʃiːpɛtː/ˈmɛgmɔrt]

Ich bin gebissen worden (von einem/einer ...).
Megharapott egy ... [ˈmɛghɔrɔpotː ɛɟ ˈ...]

Ich habe mir den Magen verdorben.
Elrontottam a gyomrom. [ˈɛlrontotːɔm ɔ ˈɟomrom]

Ich habe Durchfall
Hasmenésem van. [ˈhɔʃmɛneːʃɛm vɔn]

Ich habe Verstopfung.
Szorulásom van. [ˈsorulaːʃom vɔn]

Ich vertrage das Essen/die Hitze nicht.
Nem bírom (ezt) a kosztot/(ezt) a hőséget.
[ˈnɛm biːrom ˈ(ɛst) ɔ ˈkostot/ˈ(ɛst) ɔ ˈhøːʃeːgɛt]

Ich habe mich verletzt.
Megsérültem. ['mɛkʃe:ryltɛm]

Ich bin gestürzt.
Lezuhantam. ['lɛzuhɔntɔm]

Können Sie mir bitte etwas gegen ... geben/verschreiben?
Tud nekem valamit ...ellen adni/felírni?
['tud nɛkɛm 'vɔlɔmit '... 'ɛl:ɛn 'ɔdni/'fɛli:rni]

Normalerweise nehme ich ...
Általában ...t szedek. ['a:ltɔla:bɔn '...t 'sɛdɛk]

Ich habe einen hohen/niedrigen Blutdruck.
Magas/alacsony a vérnyomásom.
['mɔgɔʃ/'ɔlɔtʃoɲ ɔ 've:rɲoma:ʃom]

Ich bin Diabetiker.
Cukorbeteg vagyok. ['tsukorbɛtɛg 'vɔɟok]

Ich bin schwanger.
Terhes vagyok. ['tɛrhɛʃ 'vɔɟok]

Ich hatte vor kurzem ...
Nemrég volt egy ... ['nɛmre:g 'volt ɛɟ '...]

Was kann ich für Sie tun?
Mit tehetek Önért?/Miben segíthetek?
['mit:ɛhɛtɛk 'øne:rt/'mibɛn 'ʃɛgi:thɛtɛk]

Wo tut es weh?
Hol fáj? ['hol 'fa:j]

Ich habe hier Schmerzen.
Itt fáj. ['it: 'fa:j]

Bitte, machen Sie sich/Ihren Arm frei.
Kérem vetkőzzön le/tegye szabaddá a karját.
['ke:rɛm 'vɛtkø:z:øn lɛ/'tɛɟɛ 'sɔbɔd:a: ɔ 'kɔrjat]

Bitte tief einatmen. Atem anhalten.
Sóhajtson mélyeket! Tartsa vissza a lélegzetét!
[ˈʃoːhɔjtʃːon ˈmeːjɛkɛt! ˈtɔrtʃːɔ ˈvisːɔ ɔ ˈleːlɛgzɛteːt]

Ich brauche eine Blut-/Urinprobe.
Vér/vizeletmintára van szükségem.
[ˈveːr/ˈvizɛlɛtmintaːrɔ vɔn ˈsykʃeːgɛm]

Sie müssen geröntgt werden.
Meg kell Önt röntgenezni. [ˈmɛk ˈkɛlː ˈønt ˈrøngɛnɛzni]

Sie müssen operiert werden.
Önt meg kell operálni. [ˈønt ˈmɛk ˈkɛlː ˈopɛraːlni]

Sie sollten ein paar Tage Bettruhe halten.
Néhány napig ágyban kéne maradnia.
[ˈneːhaːɲ ˈnɔpig ˈaːɟbɔn ˈkeːnɛ ˈmɔrɔdniɔ]

Es ist nichts Ernstes.
Semmmi komoly. [ˈʃɛmːi ˈkomoj]

Haben Sie einen Impfschein?
Van oltási lapja? [ˈvɔn ˈoltaːʃi ˈlɔpjɔ]

Ich bin gegen ... geimpft.
... ellen már oltottak. [ˈ... ˈɛlːɛn ˈmaːr ˈoltotːɔk]

Beim Zahnarzt

Ich habe (starke) Zahnschmerzen.
(Nagyon) fáj a fogam. [(ˈnɔɟon) ˈfaːj ɔ ˈfogɔm]

Dieser Zahn (oben/unten/vorn/hinten) tut weh.
Ez a fogam (fent/lent/elöl/hátul) fáj.
[ˈɛz ɔ ˈfogɔm (ˈfɛnt/ˈlɛnt/ˈɛløl/ˈhaːtul) ˈfaːj]

Ich habe eine Füllung verloren.
Kiesett egy tömésem. [ˈkiɛʃɛtː ɛɟ ˈtømeːʃɛm]

Mir ist ein Zahn abgebrochen.
Letört egy fogam. ['lɛtørt ɛɟ 'fogɔm]

Ich behandle ihn nur provisorisch.
Csak ideiglenesen kezelem. ['tʃɔk 'idɛiglɛnɛʃɛn 'kɛzɛlɛm]

Geben Sie mir bitte ...
Adjon kérem ... ['ɔɟ:on 'ke:rɛm ...]

eine Spritze.
injekciót. ['iɲɛktsio:t]

keine Spritze.
Kérem ne adjon injekciót. ['ke:rɛm 'nɛ 'ɔɟ:on 'iɲɛktsio:t]

Backenzahn	**zápfog** ['za:pfog]
Brücke	**híd** [hi:d]
Kiefer	**állkapocs** ['a:l:kɔpotʃ]
Krone	**korona** ['koronɔ]
Loch	**lyuk** [juk]
Plombe	**tömés** ['tøme:ʃ]
Prothese	**protézis** ['prote:ziʃ]
Schneidezahn	**metszőfog** ['mɛts:ø:fog]
Weisheitszahn	**bölcsességfog** ['bøltʃɛʃ:e:gfog]
Zahn	**fog** [fog]
Zahnfleisch	**fogíny** ['fogi:ɲ]
Zahnschmerzen	**fogfájás** ['fokfa:ja:ʃ]
ziehen	**kihúz** ['kihu:z]

Bank

Wo ist hier bitte eine Bank?
Hol van itt kérem egy bank? [ˈhol vɔn ˈit: ˈke:rɛm ɛɖ ˈbɔnk]

Wann öffnet/schließt die Bank?
Mikor nyit/zár a bank? [ˈmikor ˈɲit/ˈza:r ɔ ˈbɔnk]

Ich möchte ... Euro (Schweizer Franken) in Forint wechseln.
Szeretnék ... euro (svájci frankot) forintra átváltani.
[ˈsɛrɛtne:k ˈ...ˈɛuro (ˈʃva:jtsi ˈfrɔnkot) ˈforintrɔ ˈa:dva:ltɔni]

Wie ist heute der Wechselkurs?
Milyen ma az árfolyam? [ˈmijɛn ˈmɔ ɔz ˈa:rfojɔm]

Wie viel Forint bekomme ich für 100 Euro?
Hány forintot kapok száz euro?
[ˈha:ɲ ˈforintot ˈkɔpok ˈsa:z ˈɛuro]

Ich möchte ... einlösen.
Szeretném ... beváltani. [ˈsɛrɛtne:m … ˈbɛva:ltɔni]

diesen Reisescheck
ezt az úticsekket [ˈɛst ɔz ˈu:titʃɛk:ɛt]

Auf welchen Betrag kann ich den Scheck maximal ausstellen?
Milyen összegre állíthatom ki a csekhet?
[ˈmijɛn ˈøs:ɛgrɛ ˈa:li:thɔtom ki ɔ ˈtʃɛk:ɛt]

Ihre Scheckkarte, bitte.
Kérem a csekkártyáját. [ˈke:rɛm ɔ ˈtʃɛk:a:rɟa:ja:t]

Darf ich bitte Ihren Pass/Ausweis sehen?
Láthatnám az útlevelét/igazolványát?
[ˈla:thɔtna:m ɔz ˈu:tlɛvɛle:t/ˈigɔzolva:ɲa:t]

Würden Sie bitte hier unterschreiben?
Aláírná itt, kérem? [ˈɔla:i:rna: ˈit: ˈke:rɛm]

auszahlen	**kifizet** ['kifizɛt]
Bank	**bank** [bɔnk]
bar	**készpénzben** ['ke:spe:nzbɛn]
Bargeld	**készpénz** ['ke:spe:nz]
Betrag	**összeg** ['øs:zɛg]
Devisen	**deviza** ['dɛvizɔ]
Euro	**euro** ['ɛuro]
Formular	**űrlap** ['y:rlɔp]
Geheimzahl	**titkos szám** ['titkoʃ 'sa:m]
Geld	**pénz** [pe:nz]
Geldautomat	**pénzautomata** ['pe:nzɔutomɔtɔ]
Geldanweisung	**pénzutalvány** ['pe:nzutɔlva:ɲ]
Geldschein	**bankjegy** ['bɔnkjɛɟ]
Geldwechsel	**pénzváltás** ['pe:nzva:lta:ʃ]
Kleingeld	**aprópénz** ['ɔpro:pe:nz]
Konto	**(bank)számla** ['**(**bɔnk**)**sa:mlɔ]
Kreditkarte	**hitelkártya** ['hitɛlka:rcɔ]
Kurs	**árfolyam** ['a:rfojɔm]
Münze	**érme** ['e:rmɛ]
Provision	**jutalék** ['jutɔle:k]
Quittung	**nyugta** ['ɲuktɔ]
Reisescheck	**úticsekk** ['u:titʃɛk:]
Schalter	**pult** ['pult], **ablak** ['ɔblɔk]
Scheck	**csekk** [tʃɛk:]
einen Scheck ausstellen	**csekket kiállít** ['tʃɛk:ɛt 'kia:l:i:t]
Scheckkarte	**csekkártya** ['tʃɛk:a:rcɔ]
Schweizer Franken	**svájci frank** ['ʃva:jtsi 'frɔnk]
Sparkasse	**takarékpénztár** ['tɔkɔre:kpe:nsta:r]
Überweisung	**átutalás** ['a:tutɔla:ʃ]
umtauschen	**átvált** ['a:tva:lt]
Unterschrift	**aláírás** ['ɔla:i:ra:ʃ]
Währung	**valuta** ['vɔlutɔ]

Wechselkurs	váltási árfolyam ['va:lta:ʃi 'a:rfojɔm]
Wechselstube	pénzváltóhely ['pe:nzva:lto:hɛj]
Zahlung	fizetés ['fizɛte:ʃ]
Zahlungsanweisung	fizetési utalvány ['fizɛte:ʃi 'utɔlva:ɲ]

Internetcafé

Wo gibt es in der Nähe ein Internetcafé?
Hol van itt a közelben egy internet kávézó?
['hol vɔn 'it: a 'køzɛlbɛn ɛɟ 'intɛrnɛt 'ka:ve:zo:]

Wie viel kostet eine Stunde?/Viertelstunde?
Mennyibe kerül egy óra?/egy negyedóra?
['mɛɲ:ibɛ 'kɛryl ɛɟ 'o:rɔ/ɛɟ 'nɛɟɛdo:rɔ]

Kann ich eine Seite ausdrucken?
Kinyomtathatnék egy oldalt? ['kiɲomtɔthɔtne:k ɛɟ 'oldɔlt]

Bei mir klappt die Verbindung nicht.
Nálam nem működik a csatlakozás.
['na:lɔm 'nɛm:y:kødik ɔ 'tʃɔtlɔkoza:ʃ]

Kann ich bei Ihnen Fotos von meiner Digitalkamera auf CD brennen?
Égethetek itt a digitális fényképezőmmel készített képeimről egy cd-t?
['e:gɛthɛtɛk 'it: ɔ 'digita:liʃ 'fe:ɲke:pɛzø:m:ɛl 'ke:si:tɛt: 'ke:pɛimrø:l ɛɟ 'tse:de:t]

Polizei

Wo ist bitte das nächste Polizeirevier?
Hol van a legközelebbi rendőrörs?
[ˈhol vɔn ɔ ˈlɛkːøzɛlɛbːi ˈrɛndøːrørʃ]

Ich möchte einen Diebstahl/Unfall anzeigen.
Szeretnék egy lopást/balesetet bejelenteni.
[ˈsɛrɛtneːk ɛɟ ˈlopaːʃt/ˈbɔlɛʃɛtɛt ˈbɛjɛlɛntɛni]

Mir ist ... gestohlen worden.
Ellopták ... [ˈɛlːoptaːk]

die Handtasche
a retikülömet. [ɔ ˈrɛtikylømɛt]

die Brieftasche
a levéltárcámat. [ɔ ˈlɛveːltaːrtsaːmɔt]

mein Fotoapparat
a fényképezőgépemet. [ɔ ˈfeːɲkeːpɛzøːgeːpɛmɛt]

mein Auto/mein Fahrrad
az autómat/a kerékpáromat. [ɔz ˈɔutoːmɔt/ɔ ˈkɛreːkpaːromɔt]

Mein Auto ist aufgebrochen worden.
Feltörték az autómat. [ˈfɛltørteːk ɔz ˈɔutoːmɔt]

Aus meinem Auto ist ... gestohlen worden.
Ellopták az autómból a(z) ...t. [ˈɛlːoptaːk ɔz ˈɔutoːmboːl ɔ(z) ˈ...t]

Ich habe ... verloren.
Elvesztettem a(z) ...t. [ˈɛlvɛstɛtːɛm ɔ(z) ... t]

Mein Sohn/Meine Tochter ist seit ... verschwunden.
A fiam/a lányom ... óta eltűnt. [ɔ ˈfiɔm/ɔ ˈlaːɲom ˈ...ˈoːtɔ ˈɛltyːnt]

Dieser Mann belästigt mich.
Ez a férfi molesztál engem. [ˈɛz ɔ ˈfeːrfi ˈmolɛstaːl ˈɛngɛm]

Können Sie mir bitte helfen?
Tudna nekem segíteni, kérem? ['tudnɔ 'nɛkɛm 'ʃɛgi:tɛni 'ke:rɛm]

Wann genau ist das passiert?
Mikor történt ez pontosan? ['mikor 'tørte:nt ɛs 'pontoʃɔn]

Ihren Namen und Ihre Anschrift, bitte.
Kérem a nevét és a címét. ['ke:rɛm ɔ 'nɛve:t 'e:ʃ ɔ 'tsi:me:t]

Wenden Sie sich bitte an das deutsche/österreichische/ schweizerische Konsulat.
Forduljon kérem a német/az osztrák/a svájci konzulátushoz. ['forduj:on 'ke:rɛm ɔ 'ne:mɛt/ɔz 'ostra:k/ɔ 'ʃva:jtsi konzula:tuʃhoz]

anzeigen	be [bɛ], feljelent [fɛljɛlɛnt]
aufbrechen	feltör ['fɛltør]
Autoradio	autórádió ['ɔuto:ra:dio:]
Autoschlüssel	autókulcs ['ɔuto:kultʃ]
belästigen	molesztál ['molɛsta:l]
beschlagnahmen	elkoboz ['ɛlkoboz]
Dieb	tolvaj ['tolvɔj]
Diebstahl	lopás ['lopa:ʃ]
Gefängnis	börtön ['børtøn]
Geldbörse	pénztárca ['pe:nsta:rtsɔ]
Gericht	bíróság ['bi:ro:ʃa:g]
Kfz-Schein	forgalmi engedély ['forgɔlmi 'ɛngɛde:j]
Papiere	papírok ['pɔpi:rok]
Personalausweis	személyi igazolvány ['sɛme:ji 'igɔzolva:ɲ]
Polizei	rendőrség ['rɛndø:rʃe:g]
Polizist/in	rendőr ['rɛndø:r]
Rauschgift	kábítószer ['ka:bi:to:sɛr]
Rechtsanwalt	ügyvéd ['yɟve:d]

Reisepass	**útlevél** ['u:tlεve:l]
Schlüssel	**kulcs** [kultʃ]
Schmuggel	**csempészés** ['tʃεmpe:se:ʃ]
Schuld	**bűn** [by:n], **vétek** ['ve:tεk]
Taschendieb	**zsebtolvaj** ['ʒεptolvɔj]
Überfall	**rablás** ['rɔbla:ʃ], **(meg)támadás** ['(mek)ta:mɔda:ʃ]
Untersuchungshaft	**vizsgálati fogság** ['viʒga:lɔti 'fokʃa:g]
Verbrechen	**bűntett** ['by:ntεt:]
Vergewaltigung	**erőszakoskodás** ['εrø:sɔkoʃkoda:ʃ]
verhaften	**letartóztat** ['lεtɔrto:stɔt]
verlieren	**elveszt** ['εlvεst]
zusammenschlagen	**összever** ['øs:εvεr]

Post

Wo ist das nächste Postamt/der nächste Briefkasten?
Hol a legközelebbi postahivatal/a legközelebbi postaláda?
['hol ɔ 'lεk:øzεlεb:i 'poʃtɔhivɔtɔl/ɔ 'lεk:øzεlεbbi 'poʃtɔla:dɔ]

Was kostet ein Brief/eine Postkarte …
Mibe kerül egy levél/egy levelezőlap …
['mibε 'kεryl εɖ 'lεve:l/εɖ 'lεvεlεzø:lɔp]

nach Deutschland?
Németországba? ['ne:mεtorsa:gbɔ]

nach Österreich?
Ausztriába? ['ɔustria:bɔ]

in die Schweiz?
Svájcba? ['ʃva:jtsbɔ]

Drei Briefmarken zu ... Forint, bitte.
Kérek három ... forintos bélyeget.
[ˈkeːrɛk ˈhaːrom ˈ...ˈforintoʃ ˈbeːjɛgɛt]

Diesen Brief per ..., bitte.
Ezt a levelet ..., kérem.
[ˈɛst ɔ ˈlɛvɛlɛt ˈkeːrɛm]

Einschreiben
ajánlva [ˈɔjaːnlvɔ]

Luftpost
légipostával [ˈleːgipoʃtaːvɔl]

Express
expressz [ˈɛksprɛsː]

Wie lange braucht ein Brief nach Deutschland?
Mikor ér egy levél Németországba?
[ˈmikor ˈeːr ɛɖ ˈlɛveːl ˈneːmɛtorsaːgbɔ]

Kann ich bei Ihnen auch Sondermarken bekommen?
Kaphatok önöknél különleges bélyeget is?
[ˈkɔphɔtok ˈønøkneːl ˈkylønlɛgɛʃ ˈbeːjɛgɛt ˈiʃ]

Diesen Satz/Je eine Marke, bitte.
Ezt a sorozatot/mindegyikből egy bélyeget.
[ˈɛst ɔ ˈʃorozɔtot/ˈmindɛɖigbøːl ɛɖ ˈbeːjɛgɛt]

absenden	felad [ˈfɛlɔd]
Absender	feladó [ˈfelɔdoː]
Adresse	cím [tsiːm]
ausfüllen	kitölt [ˈkitølt]
Brief	levél [ˈlɛveːl]
Briefkasten	postaláda [ˈpoʃtɔlaːdɔ]
Briefmarke	bélyeg [ˈbeːjɛg]

Briefmarkenautomat	**bélyegautomata** ['be:jɛgɔutomɔtɔ]
Briefträger/in	**postás** ['poʃta:ʃ], **levélhordó** ['lɛve:lhordo:]
Briefumschlag	**boríték** ['bori:te:k]
Eilbrief	**expresszlevél** ['ɛksprɛs:lɛve:l]
Einschreibebrief	**ajánlott levél** ['ɔja:nlot: 'lɛve:l]
Empfangsbestätigung	**átvételi elismervény** ['a:dve:tɛli 'ɛliʃmɛrve:ɲ]
Empfänger	**címzett** ['tsi:mzɛt:]
frankieren	**bérmentesít** ['be:rmɛntɛʃi:t]
Gebühr	**díj** [di:j]
Gewicht	**súly** [ʃu:j]
Leerung	**ürítés** ['yri:te:ʃ]
mit Luftpost	**légiposta** ['le:gipoʃtɔ], **légipostával** ['le:gipoʃta:vɔl]
per Nachnahme	**utánvétel** ['uta:nve:tɛl], **utánvétellel** ['uta:nve:tɛl:ɛl]
nachsenden	**utánaküld** ['uta:nɔkyld]
Päckchen/Paket	**csomag** ['tʃomɔg]
Paketkarte	**szállítólevél** ['sa:l:i:to:lɛve:l]
Porto	**portó** ['porto:]
Post	**posta(hivatal)** ['poʃtɔ('hivɔtɔl)]
Postkarte	**levelezőlap** ['lɛvɛlɛzø:lɔp]
postlagernd	**postán maradó** ['poʃta:n 'mɔrɔdo:]
Postleitzahl	**irányítószám** ['ira:ɲi:to:sa:m]
Schalter	**pult** ['pult], **ablak** ['ɔblɔk]
Schalterstunden	**nyitvatartási idő** ['ɲidvɔtɔrta:ʃi 'idø:]
Sondermarke	**különleges bélyeg** ['kylønlɛgɛʃ 'be:jɛg]

Vordruck	nyomtatvány ['ɲomtɔdvaːɲ]
Wertangabe	értékbevallás ['eːrteːgbɛvɔlːaːʃ]
Zollerklärung	vámnyilatkozat ['vaːmɲilɔtkozɔt]

Toilette und Bad

Wo ist bitte die Toilette?
Hol van kérem a toalett/a W.C.?
['hol vɔn 'keːrɛm ɔ 'toɔlɛtː/ɔ 'veːtseː]

Dürfte ich wohl bei Ihnen die Toilette benutzen?
Elmehetnék Önnél a vécére? ['ɛlmɛhɛtneːk 'ønːeːl ɔ 'veːtseːrɛ]

Würden Sie mir bitte den Schlüssel für die Toiletten geben?
Lenne szíves a W.C.-kulcsot odaadni?
['lɛnːɛ 'siːvɛʃ ɔ 'vetseː-kultʃot 'odɔɔdni]

Damen	hölgyek/nők ['høldɛk/nøːk]
Herren	férfiak ['feːrfiɔk]

Wörterbuch Ungarisch - Deutsch

A

abbahagy ['ɔbːɔhɔɟ] aufhören
ABC-áruház ['aːbeːtseː 'aːruhaːz] Supermarkt
ablak ['ɔblɔk] Fenster
ablak melletti hely ['ɔblɔk 'mɛlːɛtːi 'hɛj] Fensterplatz
ablaktörlő ['ɔblɔktørløː] Scheibenwischer
abortusz ['ɔbortus] Fehlgeburt
abroncs ['ɔbrontʃ] Reifen
ad [ɔd] geben
adag ['ɔdɔg] Portion
adapter ['ɔdɔptɛr] Adapter
adás ['ɔdaːʃ] Sendung *(Radio, Fernsehen)*
adat ['ɔdɔt] Angabe
aerobik ['ɛrobik] Aerobic
agglegény ['ɔgːlɛgeːɲ] Junggeselle
aggódik -ért ['ɔgːodik '-eːrt] s. sorgen um
ágy ['aːɟ] Bett
agy [ɔɟ] Gehirn
agyag ['ɔɟɔg] Ton *(Material)*
ágynemű ['aːɟnɛmyː] Bettwäsche
agyrázkódás ['ɔɟraːskoːdaːʃ] Gehirnerschütterung
ágyterítő ['aːɟtɛriːtøː] Bettdecke
agyvérzés ['ɔɟveːrzeːʃ] Gehirnschlag, Schlaganfall
ajak ['ɔjɔk] Lippe
ajándék ['ɔjaːndeːk] Geschenk
ajándékbolt ['ɔjaːndeːkbolt] Souvenirladen
ajándékoz ['ɔjaːndeːkoz] schenken
ajándéktárgy ['ɔjaːndeːktaːrɟ] Mitbringsel
ajánl ['ɔjaːnl] bieten, empfehlen
ajánlott levél ['ɔjaːnlotː 'lɛveːl] Einschreibebrief
ajtó ['ɔjtoː] Tür
ajtókód ['ɔjtoːkoːd] Türcode
ájulás ['aːjulaːʃ] Ohnmacht
akadálymentes ['ɔkɔdaːjmɛntɛʃ] barrierefrei
akadályoz ['ɔkɔdaːjoz] hindern
akar ['ɔkɔr] wollen
akklimatizálódik ['ɔkːlimɔtizaːloːdik] s. akklimatisieren
akkor ['ɔkːor] dann
akkoriban [ɔkːoribɔn] damals
akt ['ɔkt] Akt *(Kunst)*
aktrajzolás ['ɔktrɔjzolaːʃ] Aktzeichnen
akvarell ['ɔkvɔrɛlː] Aquarell

akvarellel fest [ˈɔkvɔrɛl:ɛl ˈfɛʃt] Aquarellmalen
alacsony [ˈɔlɔtʃoɲ] nieder, niedrig
alagút [ˈɔlɔgu:t] Tunnel
aláír [ˈɔla:i:r] unterschreiben
aláírás [ˈɔla:i:ra:ʃ] Unterschrift
alaprajz [ˈɔlɔprɔjz] Grundriss
alatt [ˈɔlɔt:] unter, unterhalb, während *(prp)*
Alföld [ˈɔlføld] Tiefebene
alig [ˈɔlig] kaum
alkalmatlan [ˈɔlkɔlmɔtlɔn] ungeeignet
alkalmi öltözet [ˈɔlkɔlmi ˈøltøzɛt] Abendgarderobe
alkalom [ˈɔlkɔlom] Gelegenheit
alkalomadtán *(adv.)* [ˈɔlkɔlomɔt:a:n] gelegentlich
alkoholmentes [ˈɔlkoholmɛntɛʃ] alkoholfrei
alkoholmentes sör [ˈɔlkoholmɛntɛʃ ˈʃør] alkoholfreies Bier
áll [a:l:] stehen
áll valamiből [ˈa:l: ˈvɔlɔmibø:l] bestehen aus
állam [ˈa:l:ɔm] Staat
állampolgárság [ˈa:l:ɔmpolga:rʃa:g] Staatsangehörigkeit
állapot [ˈa:l:ɔpot] Zustand
állat [ˈa:l:ɔt] Tier
állatkert [ˈa:l:ɔtkɛrt] Zoo
allergia [ˈɔl:ɛrgiɔ] Allergie
állít [ˈa:l:i:t] stellen
állít[ˈa:l:i:t] behaupten
állj (meg)! [ˈa:l:j (mɛg)] halt!
állkapocs [ˈa:l:kɔpotʃ] Kiefer
állókép [ˈa:l:o:ke:p] Hochformat
állvány [ˈa:l:va:ɲ] Stativ
alma [ˈɔlmɔ] Äpfel
almalé [ˈɔlmɔle:] Apfelsaft
álmatlanság [ˈa:lmɔtlɔnʃa:g] Schlaflosigkeit
álom [ˈa:lom] Traum
alsóing [ˈɔlʃo:ing] Unterhemd
alsónadrág [ˈɔlʃo:nɔdra:g] Unterhose *(Herren)*
alsónemű [ˈɔlʃo:nɛmy:] Unterwäsche
alsótányér [ˈɔlʃo:ta:ɲe:r] Untertasse
alszik [ˈɔlsik] schlafen
általában [ˈa:ltɔla:bɔn] normalerweise
altató [ˈɔltɔto:] Schlaftabletten
altest [ˈɔltɛʃt] Unterleib
alufólia [ˈɔlufo:liɔ] Alufolie
alul [ˈɔlul] unten
aluljáró [ˈɔlulja:ro:] Unterführung
(a)mikor [ˈ(ɔ)mikor] als *(zeitlich)*
amennyiben [ˈɔmɛɲ:ibɛn] falls
amfiteátrum [ˈɔmfitɛa:trum] Amphitheater
ananász [ˈɔnɔna:s] Ananas
angol *(adj.)* [ˈɔngol] englisch
angolna [ˈɔngolnɔ] Aal
angolul *(adv.)* [ˈɔngolul] englisch
anorák [ˈɔnora:k] Anorak
antibiotikum [ˈɔntibiotikum] Antibiotikum
antik [ˈɔntik] antik

anyag ['ɔɲɔg] Material, Stoff
apáca ['ɔpa:tsɔ] Nonne
apály ['ɔpa:j] Ebbe
apartman ['ɔpɔrtmɔn] Apartment
apátság ['ɔpa:tʃ:a:g] Abtei
április ['a:priliʃ] April
aprópénz ['ɔpro:pe:nz] Kleingeld, Wechselgeld
ár [a:r] Preis
áram ['a:rɔm] Strom
áram-átalány ['a:rɔma:tɔla:ɲ] Strompauschale
áramlat ['a:rɔmlɔt] Strömung
arany ['ɔrɔɲ] Gold
aranyér ['ɔrɔɲe:r] Hämorriden
aranyművészet ['ɔrɔɲmy:ve:sɛt] Goldschmiedekunst
aranyszínü ['ɔrɔɲsi:ny:] goldfarben
aratás ['ɔrɔta:ʃ] Ernte
arc [ɔrts] Gesicht
arcvíz ['ɔrdzvi:z] Rasierwasser
árengedmény ['a:rɛngɛdme:ɲ] Rabatt
árlista ['a:rliʃtɔ] Preisliste
árnyék ['a:rɲe:k] Schatten
aromafürdő ['ɔromɔfyrdø:] Aromabad
ártatlan *(adj.)* ['a:rtɔtlɔn] unschuldig
ártatlanul *(adv.)* ['a:rtɔtlɔnul] unschuldig
articsóka ['ɔrtitʃo:kɔ] Artischocken
áruház ['a:ruha:z] Kaufhaus
ásatások ['a:ʃɔta:ʃok] Ausgrabungen
ásványvíz ['a:ʒva:ɲvi:z] Mineralwasser
aszpirin® ['ɔspirin] Aspirin®
asztal ['ɔstɔl] Tisch
asztalitenisz ['ɔstɔlitɛnis] Tischtennis
asztalterítő ['ɔstɔltɛri:tø:] Tischtuch
asztma ['ɔstmɔ] Asthma
át [a:t] quer durch, über (durch)
átalány ['a:tɔla:ɲ] Pauschale
átalányár ['a:tɔla:ɲa:r] Pauschalpreis
átbukkol ['a:tbuk:ol] umbuchen
(át-/el-)költözés ['(a:t/ɛl)køltøze:ʃ] Umzug
(át-/el-)költözik ['(a:t/ɛl)køltøzik] umziehen
áthaladás ['a:halada:ʃ] Durchfahrt
áthelyez ['a:thɛjɛz] umbuchen
átlagos(an) *(adj.)* ['a:tlɔgoʃ(ɔn)] durchschnittlich
átmegy ['a:tmɛɟ] überqueren
átmenet ['a:tmɛnɛt] Übergang
átölel ['a:tølɛl] umarmen
átöltözik ['a:tøltøzik] s. umziehen
átsütött ['a:tʃytøt:] überbacken
átsütve ['a:tʃydvɛ] durchgebraten
átszámítás ['a:ts:a:mi:ta:ʃ] Umrechnung
átutalás ['a:tutɔla:ʃ] Überweisung
átutazás ['a:tutɔza:ʃ] Durchreise
átvált ['a:dva:lt] umtauschen
átvesz ['a:dvɛs] empfangen *(Brief)*; übernehmen

augusztus ['ɔugustuʃ] August
Ausztria ['ɔustriɔ] Österreich
ausztriai ['ɔustriɔi] Österreichisch
autó ['ɔuto:] Auto
autókerék ['ɔuto:kɛre:k] Autoreifen
automata (sebességváltó) ['ɔutomɔtɔ ('sɛbɛʃ:e:gva:lto:)] Automatik(getriebe)
automata ['ɔutomɔtɔ] Automat *(Waren)*, automatisch
automatikus ajtónyitó ['ɔutomɔtikuʃ 'ɔjto:ɲito:] automatische Türöffnung
autómentő ['ɔuto:mɛntø:] Abschleppdienst, Pannendienst
autópálya ['ɔuto:pa:jɔ] Autobahn
autópályadíj ['ɔuto:pa:jɔdi:j] Autobahngebühr
(autópálya) kijárat(a) ['(ɔuto:pa:jɔ) 'kija:rɔt(ɔ)] Autobahnausfahrt
autórádió ['ɔuto:ra:dio:] Autoradio
autóstoppal utazik ['ɔuto:ʃtop:ɔl 'utɔzik] trampen
autótérkép ['ɔuto:te:rke:p] Straßenkarte
avokádó ['ɔvoka:do:] Avocado
az a(z) [ɔz ɔ(z)] jene
a(z) ... közepe [ɔ(z) '... 'køzɛpɛ] die Mitte von ...
az ország betűjele [ɔz 'orsa:g 'bɛty:jɛlɛ] Nationalitätskennzeichen
azelőtt ['ɔzɛlø:t:] vorher
azonnal ['ɔzon:ɔl] gleich, sofort
azután ['ɔzuta:n] danach

B

ba/be ['bɔ/'bɛ] nach *(räumlich)*
bab [bɔb] Bohnen
babérlevél ['bɔbe:rlɛve:l] Lorbeer
bajnokság ['bɔjnokʃa:g] Meisterschaft
bájos ['ba:joʃ] bezaubernd
bajusz ['bɔjus] Schnurrbart
bal [bɔl] linke(r, -s)
Balaton ['bɔlɔton] Plattensee
baleset ['bɔlɛʃɛt] Unfall
balesetet szenved ['bɔlɛʃɛtɛt 'sɛnvɛd] verunglücken
balett ['bɔlɛt:] Ballett
balra ['bɔr:ɔ] links
banán ['bɔna:n] Bananen
bank [bɔnk] Bank
bankjegy ['bɔnkjɛɟ] Geldschein
(bank)számla ['(bɔnk)sa:mlɔ] Konto
bár [ba:r] Bar
bárányhimlő ['ba:ra:ɲhimlø:] Windpocken
bárányhús ['ba:ra:ɲhu:ʃ] Lammfleisch
barát/nő ['bɔra:t/nø:] Freund/in
barátságban van ['bɔra:tʃ:a:gbɔn vɔn] befreundet sein
barátságos ['bɔra:tʃ:a:goʃ] freundlich
barlang ['bɔrlɔng] Höhle
barna ['bɔrnɔ] braun
barokk ['bɔrok:] Barock
báty [ba:c] Bruder *(älter)*

bazsalikom [ˈbɔʒɔlikom] Basilikum
bébi [ˈbeːbi] Baby
bébi adóvevő [ˈbeːbi ˈɔdoːvɛvøː] Babyfon®
bébi lift [ˈbeːbi ˈlift] Babylift
bébiétel [ˈbeːbieːtɛl] Babynahrung
bébiszitter [ˈbeːbisitːɛr] Babysitter
Bécs [ˈbeːtʃ] Wien
becsomagol [ˈbɛtʃomɔgol] einpacken
becsül [ˈbɛtʃyl] schätzen *(veranschlagen)*
(be)dagadt [ˈ(bɛ)dɔgɔtː] geschwollen
beemelő készülék [ˈbɛɛmɛløː ˈkeːsyleːk] Einstiegshilfe
befejez [ˈbɛfɛjɛz] beenden
befejez(ődik) [ˈbɛfɛjɛz(øːdik)] enden
befésül [ˈbɛfeːʃyl] frisieren
beige [beːʒ] beige
bejárat [ˈbɛjaːrɔt] Einfahrt, Eingang
bejelent [ˈbɛjɛlɛnt] anmelden, anzeigen *(Diebstahl)*
bejelentkezés [ˈbɛjɛlɛntkɛzeːʃ] Anmeldung
bejelentkezik/becsekkol [ˈbɛjɛlɛntkɛzik/bet͡ʃɛkːol] check-in *(am Flughafen)*
bejelentkezik [ˈbɛjɛlɛntkɛzik] s. anmelden, einchecken
bejön [ˈbɛjøn] hereinkommen
bekapcsol [ˈbɛkɔptʃol] einschalten
beköt [ˈbɛkøt] verbinden
bél [beːl] Darm
beleegyezik [ˈbɛlɛɛɟɛzik] zustimmen
beleértve [ˈbɛlɛeːrdvɛ] inbegriffen
belépés [ˈbɛleːpeːʃ] Eintritt
belépődíj [ˈbɛleːpøːdiːj] Eintrittspreis
(belépő)jegy [ˈ(bɛleːpøː)jɛɟ] Eintrittskarte
belföldi repülőút [ˈbɛlføldi ˈrɛpyløːuːt] Inlandsflug
belső gumi [ˈbɛlʃøː gumi] Schlauch *(Reifen)*
belső udvar [ˈbɛlʃøː ˈudvɔr] Innenhof
belül [ˈbɛlyl] drinnen
bélyeg [ˈbeːjɛg] Briefmarke
bélyegautomata [ˈbeːjɛgɔutomɔtɔ] Briefmarkenautomat
bélyegző [ˈbeːjɛgzøː] Stempel
bemegy [ˈbɛmɛɟ] hineingehen
bemutat [ˈbɛmutɔt] jemanden vorstellen
bemutatkozik [ˈbɛmutɔtkozik] s. vorstellen
bemutató [ˈbɛmutɔtoː] Aufführung
béna [ˈbeːnɔ] gelähmt
bent [ˈbɛnt] drinnen
bénulás [ˈbeːnulaːʃ] Lähmung
benyomás [ˈbɛɲomaːʃ] Eindruck
benyomást keltő [ˈbɛɲomaːʃt ˈkɛltøː] beeindruckend
benzinkanna [ˈbɛnzinkɔnːɔ] Benzinkanister

benzinpumpa [ˈbɛnzinpumpɔ] Benzinpumpe
benzintartály [ˈbɛnsintɔrtaːj] Tank
berak [ˈbɛrɔk] legen *(Haare)*
bérel [ˈbeːrɛl] s. entgeltlich etw. leihen, mieten
bérelt kocsi [ˈbeːrɛlt ˈkotʃi] Mietwagen
bér(leti díj) [ˈbeːr(lɛti ˈdiːj)] Miete
bérmentesít [ˈbeːrmɛntɛʃiːt] frankieren
beszáll [ˈbɛsaːlː] einsteigen
beszél [ˈbɛseːl] reden, sprechen
beszélget [ˈbɛseːlgɛt] s. unterhalten
beszélgetés [ˈbɛseːlgɛteːʃ] Gespräch, Unterhaltung *(Gespräch)*
(be)szerez [ˈ(bɛ)sɛrɛz] besorgen
beteg [ˈbɛtɛg] krank
betegápoló [ˈbɛtɛgaːpoloː] Krankenpfleger
betegbiztosító [ˈbɛtɛgbistoʃiːtoː] Krankenkasse
beteglap [ˈbɛtɛglɔp] Krankenschein
betegség [ˈbɛtɛkʃeːg] Krankheit
betét [ˈbɛteːt] Pfand
betűz [ˈbɛtyːz] buchstabieren
beutazás [ˈbɛutɔzaːʃ] Einreise
bevásárol [ˈbɛvaːʃaːrol] einkaufen
bezár [ˈbɛzaːr] abschließen *(Koffer/Zimmer)*, verschließen
bicikli [ˈbitsikli] Fahrrad
biciklizik [ˈbitsiklizik] Rad fahren
bikini [ˈbikini] Bikini
bioüzlet [ˈbioːyzlɛt] Bioladen
bír [biːr] vertragen *(Medizin)*
bíró/bírónő [ˈbiːroː/ˈbiːroːnøː] Richter/in
bíróság [ˈbiːroːʃaːg] Gericht
bírság [ˈbiːrʃaːg] Bußgeld, Strafe *(Verkehr)*
birtok [ˈbirtok] Landgut
bizalom [ˈbizɔlom] Vertrauen
bizánci [ˈbizaːntsi] byzantinisch
bizonyíték [ˈbizoɲiːteːk] Beweis
bizonyos [ˈbizoɲoʃ] bestimmt
biztonság [ˈbistonʃaːg] Sicherheit
(biztonsági) bébi autóülés [(ˈbistonʃaːgi) ˈbeːbi ˈɔutoːyleːʃ] Babyschale *(fürs Auto)*
biztonsági díj [ˈbistonʃaːgi ˈdiːj] Sicherheitsgebühr
biztonsági ellenőrzés [ˈbistonʃaːgi ˈɛlːɛnøːrzeːʃ] Sicherheitskontrolle
biztonsági öv [ˈbistonʃaːgi ˈøv] Sicherheitsgurt
biztos *(adj.)* [ˈbistoʃ] sicher
biztosítás [ˈbistoʃiːtaːʃ] Versicherung
biztosíték [ˈbistoʃiːteːk] Sicherung *(el)*
biztosítótű [ˈbistoʃiːtoːtyː] Sicherheitsnadel
blézer [ˈbleːzɛr] Blazer
blokk [ˈblokː] Block
blues [ˈbluːz] Blues
blúz [bluːz] Bluse
bő [bøː] weit *(Gegenteil von eng)*

Bocsánat! [ˈbotʃaːnɔt] Entschuldigung!
body [ˈbodi] Body
bodybuilding [ˈbodibilding] Bodybuilding
bögre [ˈbøgrɛ] Becher
böjtöl [ˈbøjtøl] Fasten
boka [ˈbokɔ] Knöchel
bokazokni [ˈbokɔzokni] Söckchen
bölcsességfog [ˈbøltʃɛʃːeːgfog] Weisheitszahn
boldog [ˈboldog] glücklich
bolhapiac [ˈbolhɔpiɔts] Flohmarkt
bolond [ˈbolond] verrückt
boltozat [ˈboltozɔt] Gewölbe
bőr [bøːr] Haut
bor [bor] Wein
bőráruk [ˈbøːraːruk] Lederwaren
bőrdíszmű [ˈbøːrdiːsmyː] Lederwarengeschäft
bőrdzseki [ˈbøːrdʒɛki] Lederjacke
boríték [ˈboriːteːk] Briefumschlag
borjúhús [ˈborjuːhuːʃ] Kalbfleisch
borkereskedés [ˈborkɛrɛʃkɛdeːʃ] Weinhandlung
bőrönd [ˈbøːrønd] Koffer
borospohár [ˈboroʃpohaːr] Weinglas
borotva [ˈborotvɔ] Rasierapparat
borotvaecset [ˈborotvɔɛtʃɛt] Rasierpinsel
borotvahab [ˈborotvɔhɔb] Rasierschaum
borotvapenge [ˈborotvɔpɛngɛ] Rasierklingen
borravaló [ˈborːɔvɔloː] Trinkgeld
bors [borʃ] Pfeffer
borsó [ˈborʃoː] Erbsen
borstartó [ˈborʃtɔrtoː] Pfefferstreuer
börtön [ˈbørtøn] Gefängnis
borzalmas [ˈborzɔlmɔʃ] fürchterlich
borzasztó [ˈborzɔstoː] schrecklich
bosszankodik ... (miatt) [ˈbosːɔnkodik ... (ˈmiɔtː)] s. ärgern (über)
bot [ˈbot] Stock
botanikus kert [ˈbotɔnikuʃ ˈkɛrt] Botanischer Garten
boule [ˈbuːl] Boulespiel
bowling [ˈbouːling] Bowling
Braille(-írás) [ˈbraːj(-ˈiːraːʃ)] Braille
bronz [bronz] Bronze
búcsú [ˈbuːtʃuː] Kirmes
búcsújáróhely [ˈbuːtʃuːjaːroːhɛj] Wallfahrtsort
búcsúzik [ˈbuːtʃuːzik] s. verabschieden
büfé [ˈbyfeː] Imbiss
bugyi [ˈbudi] Slip
bukósisak [ˈbukoːʃiʃɔk] Sturzhelm
bűn [byːn] Schuld *(Sünde)*
bunda [ˈbundɔ] Fell
bungaló [ˈbungɔloː] Bungalow
bungeejumping [ˈbaːndʒidʒɔmping] Bungeejumping
büntetés [ˈbyntɛteːʃ] Strafe
büntető terület [ˈbyntɛtøː ˈtɛrylɛt] Strafraum

bűntett ['by:ntɛt:] Verbrechen
burgonya ['burgoɲɔ] Kartoffeln
busójárás ['buʃo:ja:ra:ʃ] Buschogang
busz [bus] Bus
buszpályaudvar ['buspa:jɔudvɔr] Busbahnhof
buta ['butɔ] dumm
butik/boutique ['butik] Boutique
bútor ['bu:tor] Möbel
búvárfelszerelés ['bu:va:rfɛlsɛrɛle:ʃ] Taucherausrüstung
búvárkodik ['bu:va:rkodik] schnorcheln, tauchen
búvárpipa ['bu:va:rpipɔ] Schnorchel
búvárszemüveg ['bu:va:rsɛmyvɛg] Taucherbrille
búváruszony ['bu:va:rusoɲ] Schwimmflossen
bűzlik ['by:zlik] stinken
bypass ['beipa:s:] Bypass

C

CD ['tse:de:] CD *(Compactdisc)*
CD-lejátszó ['tse:de:-lɛja:ts:o:] CD-Spieler
cég [tse:g] Firma
cél [tse:l] Ziel
cent ['tsɛnt] Cent
centiméter ['tsɛntime:tɛr] Zentimeter
ceruza ['tsɛruzɔ] Bleistift
chicoree ['ʃikore:] Chicorée
chipkártya ['tʃipka:rtɔ] Chipkarte
cica ['tsitsɔ] Katze
cigaretta ['tsigɔrɛt:ɔ] Zigarette
cigarillo ['sigɔril:o] Zigarillo
cím [tsi:m] Adresse
címzett ['tsi:mzɛt:] Empfänger
cipész ['tsipe:s] Schuhmacher
cipó ['tsipo:] Rundes Kleinbrot
cipő ['tsipø:] Schuh
cipőbolt ['tsipø:bolt] Schuhgeschäft
cipőfűző ['tsipø:fy:zø:] Schnürsenkel
cipőkefe ['tsipø:kɛfɛ] Schuhbürste
cipőkrém ['tsipø:kre:m] Schuhcreme
(cipő)sarok ['(tsipø:)ʃɔrok] Absatz
cirkusz ['tsirkus] Zirkus
citadella ['citɔdɛl:ɔ] Zitadelle
citrom ['tsitrom] Zitronen
csak [tʃɔk] nur
család ['tʃɔla:d] Familie
csalás ['tʃɔla:ʃ] Betrug *(Gaunerei)*
csalódott ['tʃɔlo:dot:] enttäuscht
csapat ['tʃɔpɔt] Mannschaft *(Sport)*
császár/nő ['tʃa:sa:r/nø:] Kaiser/in
csatlakozás ['tʃɔtlɔkoza:ʃ] Anschluss
csatorna ['tʃɔtornɔ] Kanal
csavar ['tʃɔvɔr] Schraube
csecsemő ['tʃɛtʃɛmø:] Säugling
csekk [tʃɛk:] Scheck
csemege ['tʃɛmɛgɛ] edelsüß

csemegebolt [ˈtʃɛmɛgɛbolt] Feinkostgeschäft
csempészés [ˈtʃɛmpeːseːʃ] Schmuggel
csendélet [ˈtʃɛndeːlɛt] Stillleben
csendes [ˈtʃɛndɛʃ] still
csengő [ˈtʃɛngøː] Klingel
cseppek [ˈtʃɛppɛk] Tropfen
cseppkőbarlang [ˈtʃɛpːkøːbɔrlɔng] Tropfsteinhöhle
cserél [ˈtʃɛreːl] tauschen
cserépedények [ˈtʃɛreːpɛdeːɲɛk] Töpferwaren
cseresznye [ˈtʃɛrɛsɲɛ] Kirschen
csésze [ˈtʃeːsɛ] Tasse
csicsás [ˈtʃitʃaːʃ] kitschig
csicseri borsó [ˈtʃitʃɛri ˈborʃoː] Kichererbsen
csillag [ˈtʃilːɔg] Stern
csillagvizsgáló [ˈtʃilːɔgviʒgaːloː] Sternwarte
csinál [ˈtʃinaːl] machen *(allg.)*, tun
csinos [ˈtʃinoʃ] hübsch
csípés [ˈtʃiːpeːʃ] (Mücken)Stich
csipesz [ˈtʃipɛs] Pinzette
csipke [ˈtʃipkɛ] Spitze *(Handarbeit)*
csípő [ˈtʃiːpøː] Hüfte
csípős [ˈtʃiːpøːʃ] scharf
csirke [ˈtʃirkɛ] Hähnchen
csizma [ˈtʃizmɔ] Stiefel
csodálatos [ˈtʃodaːlɔtoʃ] wunderbar
csodálkozik [ˈtʃodaːlkozik] s. wundern (über)
csók [tʃoːk] Kuss
csókol [ˈtʃoːkol] küssen
csokoládé [ˈtʃokolaːdeː] Schokolade
csokoládé szelet [ˈtʃokolaːdeː ˈsɛlɛt] Schokoriegel
csokor [ˈtʃokor] Strauß *(Blumen)*
csomag [ˈpɔkolaːʃ] Packung *(Schachtel)*
csomag [ˈtʃomɔg] Gepäck, Päckchen, Paket
csomagfelvevő/csomagkiadó pult [ˈtʃomɔgfɛlvɛvøː/ˈtʃomɔgkiɔdoː ˈpult] Gepäckschalter
csomagmegőrző [ˈtʃomɔgmɛgøːrzøː] Gepäckaufbewahrung, Schließfach
csomagolás [ˈtʃomɔgolaːʃ] Verpackung
csomagtartó [ˈtʃomɔktɔrtoː] Kofferraum
csont [tʃont] Knochen
csonttörés [ˈtʃontːøreːʃ] Knochenbruch
csoport [ˈtʃoport] Gruppe
csúcs [ˈtʃuːtʃ] Gipfel, Spitze *(Berg)*
csúnya [ˈtʃuːɲɔ] hässlich
csütörtök [ˈtʃytørtøk] Donnerstag
cukor [ˈtsukor] Zucker
cukorbeteg [ˈtsukorbɛtɛg] Diabetiker
cukorbetegség [ˈtsukorbɛtɛkʃeːg] Diabetes
cukorka [ˈtsukorkɔ] Bonbons
cukrászda [ˈtsukraːzdɔ] Konditorei
cumi [ˈtsumi] Sauger, Schnuller

cumisüveg [ˈtsumiʃyvɛg] Saugflasche
cumisüveg melegítő [ˈtsumiʃyvɛg ˈmɛlɛgi:tø:] Fläschchenwärmer
curling [ˈkørling] Curling

D

dagály [ˈdɔga:j] Flut
daganat [ˈdɔgɔnɔt] Geschwulst, Schwellung
dal [dɔl] Lied
darab [ˈdɔrɔb] Stück
darázs [ˈdɔra:ʒ] Wespe
datolya [ˈdɔtojɔ] Datteln
dátum [ˈda:tum] Datum
de [dɛ] aber
de igen [ˈdɛ ˈigɛn] doch *(als Antwort)*
december [ˈdɛtsɛmbɛr] Dezember
defekt [ˈdɛfɛkt] Panne
dél [de:l] Mittag, Süden
dél körül [ˈde:l ˈkøryl] gegen Mittag
délben [ˈde:lbɛn] mittags
délelőtt [ˈde:lɛlø:t:] Vormittag, vormittags
délre (tól/től) [ˈde:r:ɛ (ˈto:l/ˈtø:l)] südlich (von)
délután [ˈde:luta:n] Nachmittag, nachmittags
desszert [ˈdɛs:ɛrt] Nachtisch
deviza [ˈdɛvizɔ] Devisen
dezodor [ˈdɛzodor] Deo(dorant)
diagnózis [ˈdiɔgno:ziʃ] Diagnose
diákszálló [ˈdia:ksa:l:o:] Studentenwohnheim
dicsér [ˈditʃe:r] loben
diéta [ˈdie:tɔ] Diät
diftéria [ˈdifte:riɔ] Diphtherie
digitális kamera [ˈdigita:liʃ ˈkɔmɛrɔ] Digitalkamera
díj [ˈdi:j] Gebühr(en)
dinamó [ˈdinɔmo:] Lichtmaschine
dínsztelt [ˈdi:nstɛlt] geschmort
dió [ˈdio:] Nüsse, Walnuss
díszítés [ˈdi:si:te:ʃ] Ornament
diszkó [ˈdisko:] Diskothek
disznóhús [ˈdisno:hu:ʃ] Schweinefleisch
divat [ˈdivɔt] Mode
divatékszer [ˈdivɔte:ksɛr] Modeschmuck
dob [dob] werfen
dobhártya [ˈdobha:rtɔ] Trommelfell
dobolás [ˈdobola:ʃ] Trommeln
doboz [ˈdoboz] Dose
dohány [ˈdoha:ɲ] Tabak
dohánybolt [ˈdoha:ɲbolt] Tabakladen
dohányos [ˈdoha:ɲoʃ] Raucher
dohányzik [ˈdoha:ɲzik] rauchen
dohányzó [ˈdoha:ɲzo:] Raucher
dohányzó szakasz [ˈdoha:ɲzo: ˈsɔkɔs] Raucherabteil
dokumentumfilm [ˈdokumɛntumfilm] Dokumentarfilm
dolgozik [ˈdolgozik] arbeiten
dolog [ˈdolog] Ding, Sache

dóm [do:m] Dom
domb [domb] Hügel
döntetlen ['døntɛtlɛn] unentschieden
drága ['dra:gɔ] teuer
dráma ['dra:mɔ] Drama
drogéria ['droge:riɔ] Drogerie
drót ['dro:t] Draht
drótkötélpálya ['dro:tkøte:lpa:jɔ] Seilbahn
duda ['dudɔ] Hupe
dugóhúzó ['dugo:hu:zo:] Korkenzieher
düh [dyh] Wut
dühös ['dyhøʃ] wütend
Duna ['dunɔ] Donau
Dunántúl ['duna:ntu:l] Transdanubien
dupla ['duplɔ] doppelt
dzessz ['dʒɛs:] Jazz
dzessztorna ['dʒɛs:tornɔ] Jazzgymnastik
dzseki ['dʒɛki] Jacke

E

ebéd ['ɛbe:d] Mittagessen
éber ['e:bɛr] wach
ébreszt ['e:brɛst] wecken
ébresztőóra ['e:brɛstø:o:rɔ] Wecker
ecet ['ɛtsɛt] Essig
édes ['e:dɛʃ] süß
(édes)anya ['(e:dɛʃ)ɔɲɔ] Mutter
(édes)apa ['(e:dɛʃ)ɔpɔ] Vater
édesítő(szer) ['e:dɛʃi:tø:(sɛr)] Süßstoff
édeskömény ['e:dɛʃkøme:ɲ] Fenchel
édesség ['e:dɛʃ:e:g] Süßigkeiten
édességbolt ['e:dɛʃ:e:gbolt] Süßwarengeschäft
ég(bolt) ['e:g(bolt)] Himmel
égés ['e:ge:ʃ] Verbrennung
égési sebre való kenőcs ['e:ge:ʃi 'ʃɛbrɛ 'vɔlo: 'kɛnø:tʃ] Brandsalbe
egész *(adj./adv.)* ['ɛge:s] ganz
egészen *(adv.)* ['ɛge:sɛn] ganz
egésznapos kirándulás ['ɛge:snɔpoʃ 'kira:ndula:ʃ] Tagesausflug
egészséges ['ɛge:ʃ:e:gɛʃ] gesund
egészségügyi/szaniter berendezések ['ɛge:ʃ:e:gyɟi/ 'sɔnitɛr 'bɛrɛndɛze:sɛk] Sanitäreinrichtungen
egészségügyi betét ['ɛge:ʃ:e:gyɟi 'bɛte:t] Damenbinden, Slipeinlagen
éghajlat ['e:ghɔjlɔt] Klima
egy [ɛɟ, ɛt] ein(e), eins
egy hét múlva [ɛt'he:t 'mu:lvɔ] in einer Woche
egy kicsit [ɛɟ kiʃ, ɛɟ 'kitʃit] ein bisschen
egy kis ein bisschen
egyedül ['ɛɟɛdyl] allein
egyenes *(adj.)* ['ɛɟɛnɛʃ] gerade *(Linie)*
egyenes(en) ['ɛɟɛnɛʃ(ɛn)] geradeaus

egyenleg ['ɛɖɛnlɛg] Guthaben
egyes ['ɛɖːɛʃ] Einzel
egyesület ['ɛɖɛʃylɛt] Verein
egyetem ['ɛɖɛtɛm] Universität
egyetlen ['ɛɖɛtlɛn] einzig
egyeztet ['ɛɖɛstɛt] vereinbaren
egyforma [ɛɟformɔ] gleich *(identisch)*
egyidejű *(adj.)* ['ɛɖidɛjyː] gleichzeitig
(egy)millió ['(ɛɖ)milːioː] Million
egy pár [ɛɟ 'paːr] ein paar
egyszer ['ɛtsːɛr] einmal
egyszerű *(adj.)* einfach
egyszerűen *(adv.)* ['ɛtsːɛryːɛn] einfach
egyszintes/egyszintű ['ɛɟsintɛʃ/'ɛ sintyː] ebenerdig
egyszínű ['ɛɟsiːnyː] einfarbig
egytálétel ['ɛɖtaːleːtɛl] Pfannengericht
együtt *(adj.)* ['ɛɖytː] gemeinsam
együttes ['ɛɖːytːɛʃ] Band *(Musik)*
éhes ['eːhɛʃ] hungrig sein
ehető ['ɛhɛtøː] essbar
éjjel ['eːjːɛl] nachts
éjjelilámpa ['eːjɛlilaːmpɔ] Nachttischlampe
éjjeliszekrény ['eːjɛlisɛkreːɲ] Nachttisch
éjszaka ['eːjsɔkɔ] Nacht
éjszakai mulató ['eːjsɔkɔi 'mulɔtoː] Nachtklub
éjszakázás ['eːjsɔkaːzaːʃ] Übernachtung
éjszakázik ['eːjsɔkaːzik] übernachten
ejtőernyőzés ['ɛjtøːɛrɲøːzeːʃ] Fallschirmspringen
ékszer ['eːksɛr] Schmuck
ékszerész ['eːksɛreːs] Juwelier
él ['eːl] leben
el [ɛl] fort, weg
elad ['ɛlɔd] verkaufen
elakadásjelző ['ɛlɔkɔdaːʃjɛlzøː] Warnblinkanlage
elakadásjelző háromszög ['ɛlɔkɔdaːʃjɛlzøː 'haːromsøg] Warndreieck
(el)dönt ['(ɛl)dønt] entscheiden
elég ['ɛleːg] genug, ausreichen
elégedett ['ɛleːgɛdɛtː] zufrieden
eléget ['ɛleːgɛt] verbrennen
elektormos tűzhely ['ɛlɛktomoʃ 'tyːshɛj] Elektroherd
elektrolitoldat ['ɛlɛktrolitoldɔt] Elektrolytlösung
elektromos ['ɛlɛktromoʃ] elektrisch
elektromos csatlakozás ['ɛlɛktromoʃ 'tʃɔtlɔkozaːʃ] Stromanschluss
elektromos tolókocsi ['ɛlɛktromoʃ 'toloːkotʃi] Elektrorollstuhl
élelmiszerbolt ['eːlɛlmisɛrbolt] Lebensmittelgeschäft
elem ['ɛlɛm] Batterie
élénk ['eːleːnk] lebhaft
elér ['ɛleːr] erreichen
elérhető ['ɛleːrhɛtøː] zugänglich

élet ['e:lɛt] Leben
elfelejt ['ɛlfɛlɛjt] vergessen
elfogad ['ɛlfogɔd] zusagen *(Einladung)*
elhagy ['ɛlhɔɟ] verlassen
elhalaszt ['ɛlhɔlɔst] verschieben *(zeitlich)*
elhatároz ['ɛlhɔta:roz] beschließen
elhoz ['ɛlhoz] abholen
elintéz ['ɛlinte:z] erledigen
elképzel ['ɛlke:pzɛl] s. vorstellen *(in Gedanken)*
elkerül ['ɛlkɛryl] vermeiden
elkészít ['ɛlke:si:t] zubereiten
(el)kísér ['(ɛl)ki:ʃe:r] begleiten
elkoboz ['ɛlkoboz] beschlagnahmen
ellát ['ɛl:a:t] versorgen
ellátás ['ɛl:a:ta:ʃ] Verpflegung
ellen ['ɛl:ɛn] gegen
ellene van ['ɛl:ɛnɛ vɔn] dagegen sein
ellenkező ['ɛl:ɛnkɛzø:] entgegengesetzt
ellenőr ['ɛl:ɛnør] Kontrolleur/in
ellenőriz ['ɛl:ɛnø:riz] prüfen *(kontrollieren)*
ellenőrzés ['ɛl:ɛnø:rze:ʃ] Prüfung *(Kontrolle)*
ellentét ['ɛl:ɛnte:t] Gegenteil
ellentétes ['ɛl:ɛnte:tɛʃ] entgegengesetzt
(el)lop ['(ɛl)lop] stehlen
elmegy ['ɛlmɛɟ] weggehen
(el)mesél ['(ɛl)mɛʃe:l] erzählen
elmúlt ['ɛlmu:lt] vorüber *(zeitlich)*
elnevezés ['ɛlnɛvɛze:ʃ] Bezeichnung
előadás ['ɛlø:ɔda:ʃ] Vorstellung *(Theater)*
előétel ['ɛlø:e:tɛl] Vorspeise
előhív ['ɛlø:hi:v] entwickeln *(Film)*
előírás ['ɛlø:i:ra:ʃ] Vorschrift
előkelő ['ɛlø:kɛlø:] vornehm
előkészít ['ɛlø:ke:si:t] vorbereiten
elöl ['ɛløl] vorn
előleg ['ɛlø:lɛg] Anzahlung
előny ['ɛlø:ɲ] Vorteil
előre ['ɛlø:rɛ] im Voraus, vorher, vorwärts
előre bejelentkezés ['ɛlø:rɛ 'bɛjɛlɛntkɛze:ʃ] Voranmeldung
előszezon ['ɛlø:sɛzon] Vorsaison
először ['ɛlø:sør] erst *(zuerst)*
(el)oszt ['(ɛl)ost] teilen
előtt ['ɛlø:t:] vor *(räumlich)*
előtte ['ɛlø:t:ɛ] vorher
elővétel ['ɛlø:ve:tɛl] Vorverkauf
előz ['ɛlø:z] überholen *(Verkehr)*
élőzene ['e:lø:zɛnɛ] Livemusik
elpusztít ['ɛlpusti:t] zerstören
elragadtató *(adj.)* ['ɛr:ɔgɔt:ɔto:] entzückend
elragadtatóan *(adv.)* ['ɛr:ɔgɔt:ɔto:ɔn] entzückend
elromlott ['ɛlromlot:] kaputt
első ['ɛlʃø:] erste(r, -s)
első osztály ['ɛlʃø: 'osta:j] Erste Klasse

első sebesség ['ɛlʃø: 'ʃɛbɛʃ:e:g] erster Gang
elsőbbség ['ɛlʃø:p:ʃe:g] Vorfahrt
elszalaszt ['ɛlsɔlɔst] verpassen *(Gelegenheit)*
elszámolja magát ['elsa:moj:ɔ 'mɔga:t] s. verrechnen
eltéved ['ɛlte:vɛd] s. verirren
eltölt ['ɛltølt] verbringen *(Zeit)*
(el)törött ['(ɛl)tørøt:] gebrochen
eltűnik ['ɛlty:nik] verschwinden
elutasít ['ɛlutɔʃi:t] ablehnen
elutazás előtti takarítás ['ɛlutɔza:ʃ 'ɛlø:t:i 'tɔkɔri:taʃ] Endreinigung
elutazik (ba/be) ['ɛlutɔzik ('bɔ/'bɛ)] abreisen (nach)
elutazik ['ɛlutɔzik] verreisen
elválaszt ['ɛlva:lɔst] trennen
elveszt ['ɛlvɛst] verlieren
élvez ['e:lvɛz] genießen
elviselhetetlen ['ɛlviʃɛlhɛtɛtlɛn] unerträglich
elvontat ['ɛlvontɔt] abschleppen
ember ['ɛmbɛr] Mensch
emberek ['ɛmbɛrɛk] Leute
emel ['ɛmɛl] heben
emelet ['ɛmɛlɛt] Etage, Stockwerk
emeletes ágy ['ɛmɛlɛtɛʃ 'a:ɖ] Etagenbett
emelkedő ['ɛmɛlkɛdø:] Steigung
emelőpad ['ɛmɛlø:pɔd] Hublift
emésztés ['ɛme:ste:ʃ] Verdauung
emésztési zavarok ['ɛme:ste:ʃi 'zɔvɔrok] Verdauungsstörung
emlékeztet (-ra/-re) ['ɛmle:kɛstɛt (-rɔ/-'rɛ)] an etw erinnern
emlékhely ['ɛmle:khɛj] Gedenkstätte
emléktárgy ['ɛmle:kta:rɖ] Mitbringsel
én [e:n] ich
énekel ['e:nɛkɛl] singen
énekes/nő ['e:nɛkɛʃ/nø:] Sänger/in
engedély ['ɛngɛde:j] Erlaubnis
engedélyez ['ɛngɛde:jɛz] genehmigen
engem ['ɛngɛm] mich
enyém ['ɛɲe:m] mein
enyhe ['ɛɲhɛ] mild
epehólyag ['ɛpɛho:jɔg] Gallenblase
eper ['ɛpɛr] Erdbeeren
epilepszia ['ɛpilɛpsiɔ] Epilepsie
építész ['e:pi:te:s] Architekt
építészet ['e:pi:te:sɛt] Architektur
építkezés(i terület) ['e:pi:tkɛze:ʃ(i 'tɛrylɛt)] Baustelle
építmény ['e:pi:tme:ɲ] Bauwerk
éppen ['e:p:ɛn] gerade (jetzt)
éppen olyan ... mint ['e:p:ɛn 'ojɔn '... 'mint] genauso ... wie
épület ['e:pylɛt] Gebäude
érdekes ['e:rdɛkɛʃ] interessant
érdeklődik ['e:rdɛklø:dik] s. erkundigen
érdeklődik ... (iránt) ['e:rdɛklø:dik ... ('ira:nt)] s. interessieren (für)
Erdély ['ɛrde:j] Siebenbürgen
erdő ['ɛrdø:] Wald

eredeti [ˈɛrɛdɛti] Original
eredeti változat [ˈɛrɛdɛti ˈva:tozɔt] Originalfassung
eredmény [ˈɛrɛdme:ɲ] Ergebnis
érett [ˈe:rɛt:] reif
érez [ˈe:rɛz] fühlen
érintkezés [ˈe:rintkɛze:ʃ] Kontakt
erkély [ˈɛrke:j] Balkon
érkezés [ˈe:rkɛze:ʃ] Ankunft
érkezési idő [ˈerkɛze:ʃi ˈidø:] Ankunftszeit
érkezési nap [ˈe:rkɛze:ʃi ˈnɔp] Anreisetag
érme [ˈe:rmɛ] Münze
ernyő [ˈɛrɲø:] Schirm
erő [ˈɛrø:] Kraft
erőd [ˈɛrød] Festung
erős [ˈɛrø:ʃ] scharf, stark
érte jön [ˈe:rtɛ ˈjøn] abholen
érték [ˈe:rte:k] Wert
értékbevallás [ˈe:rte:gbɛvɔl:a:ʃ] Wertangabe
értékel [ˈe:rte:kɛl] schätzen *(werten)*
értéktárgyak [ˈe:rte:kta:rɟɔk] Wertsachen
értéktelen [ˈe:rte:ktɛlɛn] wertlos
értelem [ˈe:rtɛlɛm] Sinn *(Bedeutung)*
értesít [ˈe:rtɛʃi:t] benachrichtigen
érthető *(adj.)* [ˈe:rthɛtø:] deutlich
érthetően *(adv.)* [ˈe:rthɛtø:ɛn] deutlich
érvényes [ˈe:rve:ɲɛʃ] gelten, gültig
érvényesít [ˈe:rve:ɲɛʃi:t] entwerten
érzés [ˈe:rze:ʃ] Gefühl
és [e:ʃ] und
esemény [ˈɛʃɛme:ɲ] Ereignis
esik [ˈɛʃik] fallen
esküvő [ˈɛʃkyvø:] Hochzeit *(Feier)*
eső [ˈɛʃø:] Regen
esőkabát [ˈɛʃø:kɔba:t] Regenmantel
esős [ˈɛʃø:ʃ] regnerisch
este [ˈɛʃtɛ] Abend, abends
észak [ˈe:sɔk] Norden
északra (tól/től) [ˈe:sɔkrɔ (ˈto:l/ˈtø:l)] nördlich (von)
eszik [ˈɛsik] essen
eszköz [ˈɛskøz] Mittel
eszméletlen [ˈɛsme:lɛtlɛn] bewusstlos
észrevesz [ˈe:srɛvɛs] bemerken *(entdecken)*, merken *(aufmerksam werden)*
étel [ˈe:tɛl] Essen *(Essbares)*, Gericht
ételmérgezés [ˈe:tɛlme:rgɛze:ʃ] Lebensmittelvergiftung
étkezés [ˈe:tkɛze:ʃ] Essen *(Mahlzeit)*
étkezőkocsi [ˈe:tkɛzø:kotʃi] Speisewagen
étlap [ˈe:tlɔp] Speisekarte
étterem [ˈe:t:ɛrɛm] Speisesaal
étvágy [ˈe:dva:ɟ] Appetit
EU-polgár [ˈɛu-ˈpolga:r] EU-Bürger
euró [ˈɛuro:] Euro
Európa [ˈɛuro:pɔ] Europa

európai (ember)/nő [ˈɛuroːpɔi (ˈɛmbɛr)/ˈnøː] Europäer/in
európai [ˈɛuroːpɔi] europäisch
év [eːv] Jahr
évente *(adj.)* [ˈeːvɛntɛ] jährlich
evés [ˈɛveːʃ] Essen
éves bérletjegy [ˈeːvɛʃ ˈbeːrlɛtjɛɟ] Jahresfahrkarte
evez [ɛvɛz] rudern, paddeln
evező [ˈɛvɛzøː] Ruder
evezős csónak [ˈɛvɛzøːʃ ˈtʃoːnɔk] Ruderboot
evőeszköz [ˈɛvøːɛskøz] Besteck
évszak [ˈeːfsɔk] Jahreszeit
évszázad [ˈeːfsaːzɔd] Jahrhundert
expresszionizmus [ˈɛkspresːionizmuʃ] Expressionismus
expresszlevél [ˈɛksprɛsːlɛveːl] Eilbrief
ez a(z) [ɛz ɔ(z)] diese(r, s)
ez idő tájt [ˈɛzˈidøː ˈtaːjt] um diese Zeit
ezen kívül [ˈɛzɛn ˈkiːvyl] außerdem
ezért [ˈɛzeːrt] deshalb
ezrelékhatár [ˈɛzreleːkhɔtaːr] Promillegrenze
ezüst [ˈɛzyʃt] Silber, silberfarben

F

fa [fɔ] Baum, Holz
fagy [fɔɟ] Frost; es friert
fagyállószer [ˈfɔɟaːlːoːsɛr] Frostschutzmittel
fair [fɛr] fair
fáj [faːj] wehtun
fáj [ˈfaːj] Schmerzen
fájdalomcsillapító [ˈfaːjdɔlomtʃilːɔpiːtoː] Schmerztabletten
fajta [ˈfɔjtɔ] eine bestimmte Art von ..., Sorte
fal [fɔl] Mauer, Wand
falu [ˈfɔlu] Dorf
fametszet [ˈfɔmɛtsːɛt] Holzschnitt
fárad(ozik) [ˈfaːrɔd(ozik)] s. bemühen
fáradozás [ˈfaːrɔdozaːʃ] Mühe
fáradt [ˈfaːrɔtː] müde
faragás [ˈfɔrɔgaːʃ] Schnitzerei
farmer [ˈfɔrmɛr] Jeans
farsang [ˈfɔrʃɔng] Fasching, Karneval
fax [ˈfɔks] Fax/Faxgerät
fazekasműhely [ˈfɔzɛkɔʃmyːhɛj] Töpferei
fázik [ˈfaːzik] frieren
február [ˈfɛbruaːr] Februar
fedélzet [ˈfɛdeːlzɛt] Deck
fedélzeti kártya [ˈfɛdeːlzɛti ˈkaːrtɔ] Bordkarte
fedélzeti tolókocsi [ˈfɛdeːlzɛti ˈtoloːkotʃi] Bordrollstuhl
fedett uszoda [ˈfɛdɛtː ˈusodɔ] Schwimmbad
fehér [ˈfɛheːr] weiß
fehér bor [ˈfɛheːr ˈbor] Weißwein
fehér kenyér [ˈfɛheːr ˈkɛɲeːr] Weißbrot

fehérnemű [ˈfɛheːrnɛmyː] Unterhose *(Damen)*
fej [fɛj] Kopf
fejes saláta [ˈfɛjɛʃ ˈʃɔlaːtɔ] Kopfsalat
fejfájás [ˈfɛjfaːjaːʃ] Kopfschmerzen
fejfájás elleni tabletta [ˈfɛjfaːjaːʃ ˈɛlːɛni ˈtɔblɛtːɔ] Kopfschmerztabletten
fejhallgató [ˈfɛjhɔlːgɔtoː] Kopfhörer
fejpárna [ˈfɛjpaːrnɔ] Kopfkissen
fék [ˈfeːk] Bremse
fekély [ˈfɛkeːj] Geschwür
fekete [ˈfɛkɛtɛ] schwarz
fekete kenyér [ˈfɛkɛtɛ ˈkɛɲeːr] Schwarzbrot
fekete-fehér film [ˈfɛkɛtɛ-ˈfɛheːr ˈfilm] Schwarzweißfilm
fékfolyadék [ˈfeːkfojɔdeːk] Bremsflüssigkeit
féklámpák [ˈfeːklaːmpaːk] Bremslichter
fekszik [ˈfɛksik] liegen
fektet [ˈfɛktɛt] legen
fekvőkép [ˈfɛkvøːkeːp] Querformat
fekvőkocsi [ˈfɛkvøːkotʃi] Liegewagen
fél [feːl] halb, Halbe, Hälfte; fürchten
fél kiló [ˈfeːl ˈkiloː] Pfund *(Gewicht)*
feladó [ˈfelɔdoː] Absender
felár [ˈfɛlaːr] Zuschlag
fele [ˈfɛlɛ] Hälfte
felébred [ˈfɛleːbrɛd] aufwachen
félédes [ˈfeːleːdɛʃ] lieblich *(Wein)*
félelem [ˈfeːlɛlɛm] Angst
felelős [ˈfɛlɛløːʃ] verantwortlich
félénk [ˈfeːleːnk] schüchtern
feleség [ˈfɛlɛʃeːg] Ehefrau
felett [ˈfɛlɛtː] über *(oberhalb)*
felfedez [ˈfɛlfɛdɛz] entdecken
felfelé [ˈfɛlfɛleː] aufwärts
felfrissülés [ˈfɛlfriʃːyleːʃ] Erfrischung
felfújható gumicsónak [ˈfɛlfuːjhɔtoː ˈgumitʃoːnɔk] Luftkissenboot
felfúvódás [ˈfɛlfuːvoːdaːʃ] Blähungen
felhajtórámpa [ˈfɛlhɔjtoːraːmpɔ] Auffahrtrampe *(für Rollstühle)*
felhasznál [ˈfɛlhɔsnaːl] verwenden
félhavijegy [ˈfeːlhɔvijɛɟ] Halb-Monatskarte
felhív [ˈfɛlhiːv] anrufen
felhő [ˈfɛlhøː] Wolke
felhős [ˈfɛlhøːʃ] bewölkt
felír [ˈfɛliːr] aufschreiben, verschreiben
felirat [ˈfɛlirɔt] Inschrift
feljárat [ˈfɛljaːrɔt] Auf-/Abfahrt
feljelent [ˈfɛljɛlɛnt] jemanden anzeigen
felkel [ˈfɛlkɛl] aufstehen
felkér [ˈfɛlkeːr] auffordern
felkerekedik [ˈfɛlkɛrɛkɛdik] aufbrechen
felnőtt [ˈfɛlnøːtː] Erwachsene(r)
felöltözik [ˈfɛløltøzik] anziehen

félpanzió [ˈfeːlpɔnzioː] Halbpension
félreértés [ˈfeːrːɛeːrteːʃ] Missverständnis
felszámít [ˈfɛlsaːmiːt] berechnen
felszolgál [ˈfɛlsolgaːl] servieren
felszolgáló [ˈfɛlsolgaːloː] Bedienung *(Person)*
felszólít [ˈfɛlsoːliːt] auffordern
feltétel [ˈfɛlteːtɛl] Bedingung
feltétlenül [ˈfɛlteːtlɛnyl] unbedingt *(adv.)*
feltör [ˈfɛltør] aufbrechen
felvágott [ˈfɛlvaːgotː] Aufschnitt
felvesz [ˈfɛlvɛs] abnehmen *(Telefon)*
felvilágosítás [fɛlvilaːgoʃiːtaːʃ] Auskunft
felvonás [ˈfɛlvonaːʃ] Akt *(Theater)*
felvonó [ˈfɛlvonoː] Aufzug, Fahrstuhl, Schlepplift
felvonulás [ˈfɛlvonulaːʃ] festlicher Umzug
fenn [fɛnː] oben
fent [fɛnt] oben
fény [ˈfeːɲ] Licht
fénykép [ˈfeɲkeːp] Foto
fényképészet [ˈfeːɲkeːpeːsɛt] Fotografie
fényképezés [ˈfeːɲkeːpɛzeːʃ] fotografieren
fényképezőgép [ˈfeɲkeːpɛzøːgeːp] Fotoapparat
fénymérő [ˈfeːɲmeːrøː] Belichtungsmesser
fényszóró [ˈfeːɲsoːroː] Scheinwerfer
fényűző [feːɲyːzøː] luxuriös
fényvédő faktor [ˈfeːɲveːdøː ˈfɔktor] Lichtschutzfaktor
féreg [ˈfeːrɛg] Wurm
férfi [ˈfeːrfi] Mann
férfiak [ˈfeːrfiɔk] Herren
férfias [ˈfeːrfiɔʃ] männlich
férj [feːrj] Ehemann
férjezett [ˈfeːrjɛzɛtː] *(Frau)* verheiratet
fertőtlenít [ˈfɛrtøːtlɛniːt] desinfizieren
fertőtlenítőszer [ˈfɛrtøːtlɛniːtøːsɛr] Desinfektionsmittel
fertőzés [ˈfɛrtøːzeːʃ] Infektion
fertőző [ˈfɛrtøːzøː] ansteckend
fest [ˈfɛʃt] färben; malen
festészet [ˈfɛʃteːsɛt] Malerei
festmény [ˈfɛʃtmeːɲ] Gemälde
festő [ˈfɛʃtøː] Maler/in
fésű [ˈfeːʃyː] Kamm
fésül [ˈfeːʃyl] kämmen
fesztivál [ˈfɛstivaːl] Festival
feszültség [ˈfɛsyltʃːeːg] Stromspannung
fia [ˈfiɔ] Sohn
fiatal [ˈfiatal] Jugendliche(r)
fiatal [ˈfiɔtɔl] jung
figyel (-ra/-re) [ˈfiɟɛl (-ˈrɔ/-ˈrɛ)] zuhören (jdm)
figyelem [ˈfiɟɛlɛm] Achtung
figyelembe vesz [ˈfiɟɛlɛmbɛ ˈvɛs] beachten

figyelmeztet (-ra/-re) [ˈfiɟɛlmɛstɛt (-ˈrɔ/-ˈrɛ)] warnen (vor)
film [film] Film
filmérzékenység [ˈfilmeːrzeːkɛɲʃeːg] Filmempfindlichkeit
filmmúzeum [ˈfilmːuːzɛum] Programmkino
(film)színész/nő [ˈ(film)siːneːs/nøː] Filmschauspieler/in
finom [ˈfinom] fein, lecker
fit [fit] fit
fitness-stúdió [ˈfitnɛsː-ˈʃtuːdioː] Fitnesscenter
fizet [ˈfizɛt] zahlen *(bezahlen)*
fizetés [ˈfizɛteːʃ] Zahlung
foci(labda) [ˈfotsi(lɔbdɔ)] Fußball
focimeccs [ˈfotsimɛtʃː] Fußballspiel
fodrász [ˈfodraːs] Friseur
főfogás [ˈføːfogaːʃ] Hauptspeise
fog [fog] fangen, jn bei d. Hand nehmen, werden, Zahn
fogad [ˈfogɔd] empfangen *(Gäste)*
fogadóterem [ˈfogɔdoːtɛrɛm] Empfangshalle
fogamzásgátló (szer) [ˈfogɔmzaːʃgaːtloː ˈ(sɛr)] Verhütungsmittel
fogamzásgátló tabletta [ˈfogɔmzaːʃgaːtloː ˈtɔblɛtːɔ] Antibabypille
fogás [ˈfogaːʃ] Gericht *(Essen)*
fogas [ˈfogɔʃ] Kleiderbügel
fogaskerekű [ˈfogɔʃkɛrɛkyː] Zahnradbahn
fogfájás [ˈfokfaːjaːʃ] Zahnschmerzen
fogíny [ˈfogiːɲ] Zahnfleisch
fogkefe [ˈfokːɛfɛ] Zahnbürste
fogkrém [ˈfokːreːm] Zahncreme
foglal [ˈfoglɔl] buchen *(Platz)*
foglalás [ˈfoglɔlaːʃ] Buchung, Reservierung
foglalkozás [ˈfoglɔlkozaːʃ] Beruf
foglalt [ˈfoglɔlt] besetzt *(Platz)*
fogpiszkáló [ˈfokpiskaːloː] Zahnstocher
fogselyem [ˈfogːʃɛjɛm] Zahnseide
fogyasztás [ˈfoɟɔstaːʃ] Verbrauch
fogyatékosok egyesülete [ˈfoɟɔteːkoʃok ˈɛɟɛʃylɛtɛ] Behindertenverband
főképp(en) *(adv.)* [ˈføːkeːpː(ɛn)] hauptsächlich
fokhagyma [ˈfokhɔɟmɔ] Knoblauch
föld [føld] Erde
földalatti [ˈføldɔlɔtːi] U-Bahn
földszint [ˈføltsint] Erdgeschoss, Parkett
folklór [ˈfolkloːr] Folklore
folklórest [ˈfolkloːrɛʃt] Folkloreabend
folt [folt] Fleck(en)
foltozókészlet [ˈfoltozoːkeːslɛt] Flickzeug
folyam [ˈfojɔm] Strom *(Fluss)*
folyékony [ˈfojeːkoɲ] flüssig
folyik [ˈfojik] fließen
folyó [ˈfojoː] Fluss, Strom
folyóirat [fojoːirɔt] Zeitschrift

főnök [ˈføːnøk] Chef
font [ˈfont] Pfund *(Währung)*
fontos [ˈfontoʃ] wichtig
főpályaudvar [ˈføːpaːjɔudvɔr] Hauptbahnhof
fordítva [ˈfordiːdvɔ] umgekehrt
forgalmi dugó [ˈforgɔlmi ˈdugoː] Stau
forgalmi engedély [ˈforgɔlmi ˈɛngɛdeːj] Kfz-Schein
forgalom [ˈforgɔlom] Verkehr
forma [ˈformɔ] Form
forrás [ˈforːaːʃ] Quelle
forró [ˈforːoː] heiß
főszerep [ˈføːsɛrɛp] Hauptrolle
főszezon [ˈføːsɛzon] Hauptsaison
fotel [ˈfotɛl] Sessel
fotó [ˈfotoː] Foto
főtt [føːtː] gekocht
főúr [ˈføːuːr] Ober *(Anrede)*
Főúr! [ˈføːuːr] Bedienung! *(Anrede, männlich)*
főutca [ˈføːutsːɔ] Hauptstraße
főváros [ˈføːvaːroʃ] Hauptstadt
főz [føːz] kochen
főző [ˈføːzøː] Kocher
főzőfülke [ˈføːzøːfylkɛ] Kochnische
friss [friʃː] frisch
frissen tartó fólia [ˈfriʃːɛn ˈtɔrtoː foːliɔ] Frischhaltefolie
frizura [ˈfrizurɔ] Frisur
frufru [ˈfrufru] Pony
füge [ˈfygɛ] Feigen
függő [ˈfygːøː] Anhänger
fül [fyl] Ohr
fülbevaló [ˈfylbɛvɔloː] Ohrringe
fülcsepp [ˈfyltʃɛpː] Ohrentropfen
fülke [ˈfylkɛ] Abteil
fülledt [ˈfylːɛtː] schwül
fültisztító pálcika [ˈfyltistiːtoː ˈpaːltsikɔ] Wattestäbchen
fürdőhely [ˈfyrdøːhɛj] Badeort
fürdőkád [ˈfyrdøːkaːd] Badewanne
fürdőköpeny [ˈfyrdøːkøpɛɲ] Bademantel
fürdőlepedő [ˈfyrdøːlɛpɛdøː] Badetuch
fürdőnadrág [ˈfyrdøːnɔdraːg] Badehose
fürdőpapucs [ˈfyrdøːpɔputʃ] Badeschuhe
fürdőruha [ˈfyrdøːruhɔ] Badeanzug
fürdősapka [ˈfyrdøːsɔpkɔ] Bademütze
fürdőszoba [ˈfyrdøːsobɔ] Badezimmer
füstölt [ˈfyʃtølt] geräuchert
fűszer [ˈfyːsɛr] Gewürz
fűszerez [ˈfyːsɛrɛz] würzen
fut [fut] laufen
futball [ˈfutbɔlː] Fußball
futballmeccs [ˈfutbɔlːmɛtʃː] Fußballspiel
futballpálya [ˈfutbɔlːpaːjɔ] Fußballplatz
fűtés [ˈfyːteːʃ] Heizung

G

galéria [ˈgɔleːriɔ] Galerie
garancia [ˈgɔrɔntsiɔ] Garantie
garázs [ˈgɔraːʒ] Garage
garnéla [ˈgɔrneːlɔ] Garnelen
gát [gaːt] Deich
gáz tűzhely [ˈgaːs ˈtyːshɛj] Gasherd
gazdag [ˈgɔzdɔg] reich
gázfőző [ˈgaːsføːzøː] Gaskocher
gázpalack [ˈgaːspɔlɔtsk] Gasflasche
gázpedál [ˈgaːspɛdaːl] Gaspedal
generátor [ˈgɛnɛraːtor] Lichtmaschine
genny [gɛɲː] Eiter
gép [geːp] Maschine
gertya/gyertyák [ˈɟerṭɔ/ˈɟɛr aːk] Kerze/n
géz [ˈgeːz] Mullbinde
golf [golf] Golf
golfklub [ˈgolfklub] Golfclub
golfütő [ˈgolfytøː] Golfschläger
golyóstoll [ˈgojoːʃtolː] Kugelschreiber
gomba [ˈgombɔ] Pilz
gond [gond] Kummer
gondol (-ra/-re) [ˈgondol (-ˈrɔ/-ˈrɛ)] denken (an)
gondol [ˈgondol] meinen
gondoskodik [ˈgondoʃkodik] sorgen
gondozásra szoruló [ˈgondozaːʃrɔ ˈsoruloː] pflegebedürftig
gondozóosztály [ˈgondozoːostaːj] Sozialstation
gondozószolgálat [ˈgondozoːsolgaːlɔt] Betreuungsdienst
görcs [gørtʃ] Krampf
gördeszka [ˈgørdɛskɔ] Skateboard
gördeszkázik [ˈgørdɛskaːzik] Skateboard fahren
görkorcsolya [ˈgørkortʃojɔ] Inliner, Rollschuh
görkorcsolyázik [ˈgørkortʃojaːzik] Inline skaten
görkori [ˈgørkori] Inliner
görkorizik [ˈgørkorizik] Inline skaten
görög [ˈgørøg] griechisch
görögdinnye [ˈgørøgdiɲːɛ] Wassermelone
gótika [ˈgoːtikɔ] Gotik
gőzfürdő [ˈgøːzfyrdøː] Dampfbad
gőzhajó [ˈgøːzhɔjoː] Dampfer
GPS [ʒipiːɛs] GPS
grafika [ˈgrɔfikɔ] Grafik
gramm [grɔmː] Gramm
gratulál [ˈgrɔtulaːl] gratulieren
grépfrút [ˈgreːpfruːt] Grapefruit
grill [grilː] Grill
grillezett [ˈgrilːɛzɛtː] gegrillt
grillgyújtó [ˈgrilːɟuːjtoː] Grillanzünder
grillszén [ˈgrilːseːn] Grillkohle
gulyásleves [ˈgujaːʃlɛvɛʃ] Gulaschsuppe
gumi [ˈgumi] Reifen
gumicsizma [ˈgumitʃizmɔ] Gummistiefel

gumicsónak [ˈgumitʃoːnɔk] Schlauchboot
gumimatrac [ˈgumimɔtrɔts] Luftmatratze
gyakori *(adj.)* [ˈɟɔkori] häufig
gyakorlat [ˈɟɔkorlɔt] Übung
gyakorol [ˈɟɔkorol] üben
gyakran *(adv.)* [ˈɟɔkrɔn] häufig
gyakran [ˈɟɔkrɔn] oft
gyalogos [ˈɟɔlogoʃ] Fußgänger/in
gyalogtúrázik [ˈɟɔloktuːraːzik] wandern
gyapjú [ˈɟɔpjuː] Wolle
gyapjútakaró [ˈɟɔpjuːtɔkɔroː] Wolldecke
gyár [ˈɟaːr] Fabrik
gyenge [ˈɟɛngɛ] schwach
gyengéd [ˈɟɛngeːd] zärtlich
gyengénlátó [ˈɟɛngeːnlaːtoː] Sehbehinderte/r , sehbehindert
gyer(m)ek [ˈɟɛr(m)ɛk] Kind
gyerektányér [ˈɟɛrɛktaːɲeːr] Kinderteller
gyermekágy [ˈɟɛrmɛkaːd] Kinderbett
gyermekbénulás [ˈɟɛrmɛgbeːnulaːʃ] Kinderlähmung
gyermekbetegség [ˈɟɛrmɛkbɛtɛgʃeːg] Kinderkrankheit
gyermekfelügyelet [ˈɟɛrmɛkfɛlyɟɛlɛt] Kinderbetreuung
gyermekjegy [ˈɟɛrmɛkjɛɟ] Kinderfahrkarte
gyermekkedvezmény [ˈɟɛrmɛkːɛdvɛsmeːɲ] Kinderermäßigung
gyermekmedence [ˈɟɛrmɛkmɛdɛntsɛ] Kinderbecken
gyermekorvos [ˈɟɛr(m)ɛkorvoʃ] Kinderarzt/ärztin
gyermekruházat [ˈɟɛrmɛkruhaːsɔt] Kinderkleidung
gyermekülés [ˈɟɛrmɛkyleːʃ] Kindersitz
gyógyfű [ˈdoːɟfyː] Kräuter
gyógyfürdő [ˈɟoːɟfyrdøː] Heilbad
gyógynövény [ˈdoːɟnøveːɲ] Kräuter
gyógynövénybolt [ˈdoːɟnøveːɲbolt] Reformhaus
gyógyszer [ˈɟoːtsːɛr] Medikament
gyógyszertár [ˈɟoːtsːɛrtaːr] Apotheke
gyógytea [ˈɟoːɟtɛɔ] Kräutertee
gyomor [ˈɟomor] Magen
gyomorégés [ˈɟomoreːgeːʃ] Sodbrennen
gyomorfájás [ˈɟomorfaːjaːʃ] Magenschmerzen
gyöngy [ˈɟøndʒ] Perle
gyors *(adj.)* [ˈɟorʃ] schnell
gyorsan *(adv.)* [ˈɟorʃɔn] schnell
gyorsforgalmi út [ˈɟorʃforgɔlmi ˈuːt] Schnellstraße
gyorskorcsolya [ˈɟorʃkortʃojɔ] Eislauf
gyorsvasút [ˈɟorʒvɔʃuːt] S-Bahn®
győzelem [ˈɟøːzɛlɛm] Sieg

gyufa [ˈɖufɔ] Streichholz
gyűjt [ɖy:jt] sammeln
gyújtás [ˈɖu:jta:ʃ] Zündung
(gyújtó)gyertya [(ˈɖu:jto:)ɖɛrtɔ] Zündkerze
gyulladás [ˈɖul:ɔda:ʃ] Entzündung
gyümölcs [ˈɖymøltʃ] Obst
gyümölcstea [ˈɖymøltʃtɛɔ] Früchtetee
gyűrű [ˈɖy:ry:] Ring

H

ha [hɔ] falls, wenn *(Bedingung)*
(ha)bár [ˈ(hɔ)ba:r] obwohl
hagyma [ˈhɔɖmɔ] Zwiebeln
haj [hɔj] Haar
hajadon [ˈhɔjɔdon] *(Frau)* ledig
hajcsat [ˈhɔjtʃɔt] Haarklammern
hajcsavaró [ˈhɔjtʃɔvɔro:] Lockenwickler
hajfixáló [ˈhɔjfiksa:lo:] Haarfestiger
hajfürt [ˈhɔjfyrt] Locken
hajgumi [ˈhɔjgumi] Haargummi
hajókörút [ˈhɔjo:køru:t] Kreuzfahrt
hajóvezetői igazolvány [ˈhɔjo:vɛzɛtø:i ˈigɔzolva:ɲ] Bootsführerschein
hajszárító [ˈhɔjsa:ri:to:] Föhn
hajzselé [ˈhɔjʒɛle:] Haargel
hal [hɔl] Fisch
halál [ˈhɔla:l] Tod
halászfalu [ˈhɔla:sfɔlu] Fischerdorf
halbolt [ˈhɔlbolt] Fischgeschäft
halk *(adj.)* [ˈhɔlk] leise
halkan *(adv.)* [ˈhɔlkɔn] leise
hall [hɔl:] hören
hallás [ˈhɔl:a:ʃ] Gehör
hallássérült [ˈhɔl:a:ʃ:e:rylt] hörgeschädigt
háló [ˈha:lo:] Netz
halogat [ˈhɔlogɔt] verzögern
hálókocsi [ˈha:lo:kotʃi] Schlafwagen
hálókocsis helyjegy [ˈha:lo:kotʃiʃ ˈhɛj:ɛɖ] Liegewagenplatz
hálószoba [ˈha:lo:sobɔ] Schlafzimmer
halott [ˈhɔlot:] tot
hamarosan [ˈhɔmɔroʃɔn] bald
hamutartó [ˈhɔmutɔrto:] Aschenbecher
hamvazószerda [ˈhɔmvɔzo:sɛrdɔ] Aschermittwoch
hang [hɔng] Stimme, Ton *(Klang)*
hangos *(adj.)* [ˈhɔngoʃ] laut
hangosan *(adv.)* [ˈhɔngoʃɔn] laut
hangszeren játszik [ˈhɔnksɛrɛn ˈja:ts:ik] musizieren
hangszóró [ˈhɔnkso:ro:] Lautsprecher
hangverseny [ˈhɔngvɛrʃɛɲ] Konzert
hányinger [ˈha:ɲingɛr] Brechreiz, Übelkeit
haragos [ˈhɔrɔgoʃ] zornig
harántbénult [ˈhɔra:ntbe:nult] querschnittsgelähmt
harap [ˈhɔrɔp] beißen
harisnya [ˈhɔriʃɲɔ] Strümpfe

harisnyanadrág [ˈhɔriʃɲɔnɔdraːg] Strumpfhose
harmadik [ˈhɔrmɔdik] dritte(r, -s)
háromkirályok napja [ˈhaːromkiraːjok ˈnɔpjɔ] Dreikönigstag
háromnegyed [ˈhaːromnɛɖɛd] dreiviertel
has [hɔʃ] Bauch
hashajtó [ˈhɔʃhɔjtoː] Abführmittel
hasmenés [ˈhɔʃmɛneːʃ] Durchfall
hasonló [ˈhɔʃonloː] ähnlich
használ [ˈhɔsnaːl] benutzen
haszon [ˈhɔson] Gewinn
hát [haːt] Rücken
határ [ˈhɔtaːr] Grenze
határátkelőhely [ˈhɔtaːraːtkɛløːhɛj] Grenzübergang
határozott *(adj.)* [ˈhɔtaːrozotː] ausdrücklich
határozottan *(adv.)* [ˈhɔtaːrozotːɔn] ausdrücklich
hátfájás [ˈhaːtfaːjaːʃ] Rückenschmerzen
hátgerinc [ˈhaːdgɛrints] Wirbelsäule
hátgerinc [ˈhaːtgɛrints] Rückgrat
hátizsák [ˈhaːtiʒaːk] Rucksack
hátország [ˈhatorsaːg] Hinterland
hatóság [ˈhɔtoːʃaːg] Behörde
hátra(felé) [ˈhaːtrɔ(fɛleː)] rückwärts
hátramenet [ˈhaːtrɔmɛnɛt] Rückwärtsgang
hátsó lámpa [ˈhaːtʃːoː ˈlaːmpɔ] Rücklicht
hátul [ˈhaːtul] hinten
havi *(adj.)* [ˈhɔvi] monatlich
havijegy [ˈhɔvijɛɖ] Monatskarte
havonta *(adv.)* [ˈhɔvontɔ] monatlich
ház [haːz] Haus
haza [ˈhɔzɔ] Heimat
hazai [ˈhɔzɔi] einheimisch
házas [ˈhaːzɔʃ] verheiratet
házasodik [ˈhaːzɔʃodik] heiraten
hazautazás [ˈhɔzɔutɔzaːʃ] Heimreise
házi [ˈhaːzi] hausgemacht
háziállat [ˈhaːziaːlːɔt] Haustiere
háziállatot nem fogadunk [ˈhaːziaːlːatot ˈnɛm fogɒduŋ] Haustiere nicht erlaubt
házigazda/háziasszony [ˈhaːzigɔzdɔ/ˈhaːziɔsːoɲ] Gastgeber/in
házszám [ˈhaːsːaːm] Hausnummer
háztartási cikkek/áruk [ˈhaːstɔrtaːʃi ˈtsikːɛk/ˈaːruk] Haushaltswaren
háztulajdonos [ˈhaːstulɔjdonoʃ] Hausbesitzer/in
hazugság [ˈhɔzukʃaːg] Lüge
hegy [hɛɖ] Berg
hegyi pihenőhely [ˈhɛɖi ˈpihɛnøːhɛj] Bergstation
hegymászás [ˈhɛɖmaːsaːʃ] Bergsteigen
hegység [ˈhɛtʃːeːg] Gebirge

hely [ˈhɛj] Lage *(Ort)*, Sitzplatz, Stelle *(Ort)*
helyes [ˈhɛjɛʃ] richtig
helyeslés [ˈhɛjɛʃleːʃ] Beifall
helyett [ˈhɛjɛtː] anstatt
helyi beszélgetés [ˈhɛji ˈbɛseːlgɛteːʃ] Ortsgespräch
Helyi Érdekű Vonat [ˈhɛji ˈeːrdɛky: ˈvonɔt] Nahverkehrszug
helyi járat/busz [ˈhɛji ˈjaːrɔt/ˈbus] Stadtbus
helyiség [ˈhɛjiʃeːg] Raum
helyjegy [ˈhɛjːɛɟ] Platzkarte
helység [ˈhɛjʃeːg] Ortschaft
helytelen [ˈhɛjtɛlɛn] falsch
helyzet [ˈhɛjzɛt] Lage *(Situation)*
helyzetjelző lámpa [ˈhɛjzɛtjɛlzø: ˈlaːmpɔ] Standlicht
hentesüzlet [ˈhɛntɛʃyzlɛt] Metzgerei
herbária [ˈhɛrbaːriɔ] Reformhaus
hét [heːt] Woche
hetente *(adj.)* [ˈhɛtɛntɛ] wöchentlich
hétfő [ˈheːtføː] Montag
heti bérlet [ˈhɛti ˈbeːrlɛt] Wochenkarte
hétköznapokon [ˈheːtkøznɔpokon] wochentags
hétvégén [ˈheːdveːgeːn] am Wochenende
hétvégi ház [ˈheːtveːgi ˈhaːz] Bungalow
hétvégi teljes ár [ˈheːtveːgi ˈtɛjːɛʃ ˈaːr] Wochenendpauschale
HÉV [ˈheːv] Nahverkehrszug
heverő [ˈhɛvɛrøː] Schlafcouch
hexensussz [ˈhɛksɛnʃusː] Hexenschuss
hiányzik [ˈhiaːɲzik] fehlen
hiba [ˈhibɔ] Defekt, Fehler *(den man macht)*, Schuld *(Fehler)*
híd [hiːd] Brücke
hideg [ˈhidɛg] kalt
hideg víz [ˈhidɛg ˈviːz] kaltes Wasser
hidegrázás [ˈhidɛgraːzaːʃ] Schüttelfrost
hihetetlen [ˈhihɛtɛtlɛn] unglaublich
hímzés [ˈhiːmzeːʃ] Stickerei
hintőpor [ˈhintøːpor] (Körper) Puder
hír [hiːr] Nachricht
híres [ˈhiːrɛʃ] berühmt
hírlap [ˈhiːrlɔp] Tageszeitung
hirtelen [ˈhirtɛlɛn] plötzlich
hisz [his] glauben
hiszen [ˈhisɛn] doch
hit [hit] Glaube
hitelkártya [ˈhitɛlkaːrcɔ] Kreditkarte
hív [hiːv] nennen
hív [ˈhiːv] heißen
hivatal [ˈhivɔtɔl] Amt *(Dienststelle)*
hivatalos [ˈhivɔtɔloʃ] offiziell
hó [hoː] Schnee
hogy [ˈhoɟ] dass, ob
hogyan [ˈhoɟɔn] wie *(Frage)*

hőhullám/kánikula [ˈhøːhulaːm/ˈkaːnikulɔ] Hitzewelle
hold [hold] Mond
hőlégballon [ˈhøːleːgbɔlːon] Heißluftballon
hölgyek/nők [ˈhølɖɛk/nøːk] Damen
holnap este [ˈholnɔp ˈɛʃtɛ] morgen Abend
holnap reggel [ˈholnɔp ˈrɛgːɛl] morgen früh
holnapután [ˈholnɔputaːn] übermorgen
hólyag (húgyhólyag) [ˈhoːjɔg (ˈhuːɖhoːjɔg)] Harnblase
hőmérséklet [ˈhøːmeːrʃeːklɛt] Temperatur
homloküreggyulladás [ˈhomlokyregɖulːɔdaːʃ] Stirnhöhlenentzündung
homlokzat [ˈhomlogzɔt] Fassade
homokozó [ˈhomokosoː] Sandkasten
homokvár [ˈhomokvaːr] Sandburg
hónap [ˈhoːnɔp] Monat
honfitárs [ˈhonfitaːrʃ] Landsmann
hord [hord] tragen
hordozható CD-lejátszó [ˈhordoshɔtoː ˈtseːdeː ˈlɛjaːtsːoː] tragbarer CD-Spieler
hordozható számítógép [ˈhordoshɔtoː ˈsaːmiːtoːgeːp] Notebook
horgászengedély [ˈhorgaːsɛngɛngɛdeːj] Angelschein
horgászfelszerelés [ˈhorgaːsfɛlsɛrɛleːʃ] Angel
horgászik [ˈhorgaːsik] angeln
hörghurut [ˈhørghurut] Bronchitis
hörgők [ˈhørgøːk] Bronchien
horkol [ˈhorkol] schnarchen
horog [ˈhorog] Haken
hőség [ˈhøːʃeːg] Hitze
hosszú [ˈhosːuː] lang
hotel [hotɛl] Hotel
hoz [hoz] bringen, holen
-hoz/hez/höz [ˈhoz/ˈhɛz/ˈhøz] zu *(Richtung)*
hozzáfűz [ˈhozːaːfyːz] hinzufügen *(bemerken)*
hozzáilleszt [ˈhozːaːilːɛst] hinzufügen *(anfügen)*
hű(séges) [ˈhyː(ʃeːgɛʃ)] treu
húg [ˈhuːg] Schwester *(jünger)*
hullámfürdő [ˈhulːaːmfyrdøː] Wellenbad
hülye [ˈhyjɛ] blöd(e)
hunok [ˈhunok] Hunnen
hús [huːʃ] Fleisch
húsbolt [ˈhuːʒbolt] Metzgerei
húshagyókedd [ˈhuːʃhɔɖoːkɛdː] Fastnachtsdienstag
húsvét [ˈhuːʒveːt] Ostern
húsvéthétfő [ˈhuːʒveːtheːtføː] Ostermontag
húsz [huːs] zwanzig
hűtő [ˈhyːtøː] Kühler

hűtőelem [ˈhy:tø:ɛlɛm] Kühlelement
hűtőszekrény [ˈhy:tø:sɛkre:n] Kühlschrank
hűtőtáska [ˈhy:tø:ta:ʃkɔ] Kühltasche
hűtővíz [ˈhy:tø:vi:z] Kühlwasser
hűvös [ˈhy:vøʃ] kühl
húz [hu:z] ziehen

I

ibolyakék [ˈibojɔke:k] violett
ideg [ˈidɛg] Nerv
idegen (ember)/nő [ˈidɛgɛn (ˈɛmbɛr)/ˈnø:] der/die Fremde
idegen [ˈidɛgɛn] fremd *(ausländisch)*
idegenforgalmi adó [ˈidɛgɛnforgɔlmi ˈɔdo:] Kurtaxe
idegenforgalmi hivatal [ˈidɛgɛnforgɔlmi ˈhivɔtɔl] Fremdenverkehrsamt, Verkehrsamt
idegenvezető [ˈidɛgɛnvɛzɛtø:] Fremdenführer/in, Führer *(für Fremde)*, Reiseführer *(Person)*
ideges [ˈidɛgɛʃ] nervös
ideiglenes *(adj.)* [ˈidɛiglɛnɛʃ] provisorisch
ideiglenesen *(adv.)* [ˈidɛiglɛnɛʃɛn] provisorisch
idő [ˈidø:] Zeit
időben *(adv.)* [ˈidø:bɛn] rechtzeitig
időjárás-előrejelzés [ˈidø:ja:ra:ʃ-ɛlø:rɛjɛlze:ʃ] Wettervorhersage
időjárásjelentés [ˈidø:ja:ra:ʃjɛlɛnte:ʃ] Wetterbericht
időpont [ˈidø:pont] Termin
időtartam [ˈidø:tɔrtɔm] Dauer
ifjúság [ˈifju:ʃa:g] Jugend
igaz [ˈigɔz] wahr
igazgatóság [ˈigɔzgɔto:ʃa:g] Direktion
igazol [ˈigɔzol] bescheinigen, bestätigen
igazolás [ˈigɔzola:ʃ] Bescheinigung
illatszerbolt [ˈil:ɔts:ɛrbolt] Parfümerie
illatszerbolt [ˈil:ɔtsɛrbolt] Drogerie
illatszerek [ˈil:ɔtsɛrɛk] Drogerieartikel
illetékes [ˈil:ɛte:kɛʃ] zuständig
illik [ˈil:ik] die Schuhe passen zum Kleid
imádkozik [ˈima:tkozik] beten
impresszionizmus [ˈimprɛs:ionizmuʃ] Impressionismus
incidens [ˈintsidɛnʃ] Zwischenfall
indítókábel [ˈindi:to:ka:bɛl] Starthilfekabel
indítókulcs [ˈindi:to:kultʃ] Zündschlüssel
indukciós hurok [ˈinduktsio:ʃ ˈhurok] Induktionsschleife
indul [ˈindul] zu + *Dat.* aufbrechen

indul (-ról/-ről, -ból/-ből) [ˈindul (-ˈroːl/-ˈrøːl, -ˈboːl/-ˈbøːl)] abfahren (von)
indulás [ˈinduleːʃ] Abfahrt, Abflug
influenza [ˈinfluɛnzɔ] Grippe
információ [informaːtsioː] Auskunft
infúzió [ˈinfuːzioː] Infusion
ing [iŋ] Hemd
ingyen [ˈinɟɛn] umsonst *(gratis)*
ingyenes [ˈinɟɛnɛʃ] kostenlos
injekció [ˈiŋɛktsioː] Spritze
inkább [ˈinkaːbː] lieber
inkluzív [inkluziːv] inklusive
inline [ˈinlaːjn] Inliner
int(eget) [ˈint(ɛgɛt)] winken
inzulin [ˈinzulin] Insulin
iparművészet [ˈipɔrmyːveːsɛt] Kunstgewerbe
ír [iːr] schreiben
irány [ˈiraːɲ] Richtung
irányítószám [ˈiraːɲiːtoːsaːm] Postleitzahl
irányjelző [ˈiraːɲjɛlzøː] Blinker
iránytű [ˈiraːɲtyː] Kompass
írás [ˈiːraːʃ] Schrift
írásban [ˈiːraːʒbɔn] schriftlich
író [ˈiːroː] Buttermilch
iroda [ˈirodɔ] Büro
írószer [ˈiːroːsɛr] Schreibwaren
írószerbolt [ˈiːroːsɛrbolt] Schreibwarengeschäft
is [iʃ] auch
isiász [ˈiʃiaːs] Ischias
iskola [ˈiʃkolɔ] Schule
iskolás gyermek(ek) [ˈiʃkolaːʃ ˈɟɛrmɛk(ɛk)] Schulkind(er)
iskolás(ok) [ˈiʃkolaːʃ(ok)] Schulkind(er)
ismer [ˈiʃmɛr] kennen
ismeretség [ˈiʃmɛrɛtʃːeːg] Bekanntschaft
ismerős [ˈiʃmɛrøːʃ] der/die Bekannte
ismert [ˈiʃmɛrt] bekannt
isten [ˈiʃtɛn] Gott
iszap [ˈisɔp] Schlamm
iszappakolás [ˈisɔpːɔkolaːʃ] Schlammpackung
iszik [ˈisik] trinken
ital [ˈitɔl] Getränk
itt [itː] hier
ív [iːv] Bogen
ivópalack [ˈivoːpɔlɔtsk] Trinkflasche
ivóvíz [ˈivoːviːz] Trinkwasser
íz [iːz] Geschmack *(Essen)*
ízlés [ˈiːzleːʃ] Geschmack *(Mode)*
ízlik [ˈiːzlik] schmecken
izom [ˈizom] Muskel
ízület [ˈiːzylɛt] Gelenk
izzad [ˈizːɔd] schwitzen

J

január [ˈjɔnuaːr] Januar
járulékos költségek [ˈjaːruleːkoʃ køltʃeːgɛk] Nebenkosten
játék [ˈjaːteːk] Spiel, Spielsachen
játékkaszinó [ˈjaːteːkːɔsinoː] Spielkasino
játéküzlet [ˈjaːteːkyslɛt] Spielwarengeschäft
játszik [ˈjaːtsːik] spielen
játszótárs [ˈjaːtsːoːtaːrʃ] Spielkamerad
játszótér [ˈjaːtsːoːteːr] Spielplatz
javaslat [ˈjɔvɔʃlɔt] Vorschlag
(javító-)műhely [ˈ(jɔvitoː)myːhɛj] Werkstatt
jég [jeːg] Eis
jegesút [ˈjɛgɛʃuːt] Glatteis
jégkorong [ˈjeːkːorong] Eishockey
jégpálya [ˈjeːkpaːjɔ] Eisbahn
jégréteg [ˈjeːgreːtɛg] Glatteis
jegyautomata [ˈjɛɟɔutomɔtɔ] Fahrkartenautomat
jegykezelő automata [ˈjɛckɛzɛløː ˈɔutomɔtɔ] Fahrscheinentwerter
jegypénztár [ˈjɛcpeːnstaːr] Fahrkartenschalter
jegytömb [ˈjɛɟtømb] Mehrfahrtenkarte
jegyzék [ˈjɛɟzeːk] Verzeichnis
jel [jɛl] Zeichen
jelent [ˈjɛlɛnt] melden
jelentés [ˈjɛlɛnteːʃ] Bedeutung *(Sinn)*
jelentkezik [ˈjɛlɛntkɛzik] s. melden
jelkép [ˈjɛlkeːp] Wahrzeichen
jelleg [ˈjɛlːɛg] Art
jellemző [ˈjɛlːɛmzøː] typisch
jelnyelv [ˈjɛlɲɛlv] Gebärdensprache
jelzés [ˈjɛlzeːʃ] Signal
jelzőlámpa [ˈjɛlzøːlaːmpɔ] Ampel
jó *(adj.)* [joː] gut
jobb *(adj.)* [jobː] besser
jobb [jobː] rechte(r, -s)
jobban *(adv.)* [ˈjobːɔn] besser
jobbra [ˈjobːrɔ] rechts
jód(tinktúra) [ˈjoːd(tinktuːrɔ)] Jod(tinktur)
jog [jog] Recht
jóga [ˈjoːgɔ] Yoga
joghurt [ˈjoghurt] Joghurt
jogosítvány [ˈjogoʃiːdvaːɲ] Führerschein
jókedvű [ˈjoːkɛdvyː] froh
jókívánság [ˈjoːkiːvaːnʃaːg] Glückwunsch
jól *(adv.)* [joːl] gut
jóllakott [ˈjoːlːɔkotː] satt
jómódú [ˈjoːmoːduː] wohlhabend
jön [jøn] kommen
jöv(end)ő [ˈjøv(ɛnd)øː] zukünftig
jövő [ˈjøvøː] Zukunft
jövőre [ˈjøvøːrɛ] nächstes Jahr
józan [ˈjoːzɔn] nüchtern
juhsajt [ˈjuhʃɔjt] Schafskäse
július [ˈjuːliuʃ] Juli
június [ˈjuːniuʃ] Juni
jutalom [ˈjutɔlom] Belohnung

K

kabaré ['kɔbɔre:] Kabarett
kabaréművész ['kɔbɔre:my:ve:s] Kabarettist/in
kabarészínpad ['kɔbɔre:si:npɔd] Kleinkunstbühne
kabát ['kɔba:t] Mantel
kabin ['kɔbin] Kabine
kábítószer ['ka:bi:to:sɛr] Rauschgift
kagyló [kɔɖlo:] Hörer
kagyló ['kɔɖlo:] Muscheln
kajak ['kɔjɔk] Paddelboot
kakukkfű ['kɔkuk:fy:] Thymian
kalap ['kɔlɔp] Hut
kalapács ['kɔlɔpa:tʃ] Hammer
kalauz/nő ['lɔlɔuz/nø:] Schaffner/in
kamarakoncert ['kɔmɔrɔkontsɛrt] Kammerkonzert
kamillatea ['kɔmil:ɔtɛɔ] Kamillentee
kanál ['kɔna:l] Löffel
kanyar ['kɔɲɔr] Kurve
kanyaró ['kɔɲɔro:] Masern
kap [kɔp] bekommen
kapaszkodó ['kɔpɔskodo:] Haltegriff, Handlauf
kapcsolat ['kɔptʃolɔt] Kontakt, Verbindung
kapitány ['kɔpita:ɲ] Kapitän
kápolna ['ka:polnɔ] Kapelle
káposzta ['ka:postɔ] Kohl
kapu ['kɔpu] Tor
kapus ['kɔpuʃ] Torwart
kár [ka:r] schade, Schaden
kar ['kɔr] Arm
karácsony ['kɔra:tʃoɲ] Weihnachten
karaj ['kɔrɔj] Kotelett
kardhal ['kɔrdhɔl] Schwertfisch
kardigán ['kɔrdiga:n] Strickjacke
karfiol ['kɔrfiol] Blumenkohl
karkötő ['kɔrkøtø:] Armband
karmester/nő ['kɔrmɛʃtɛr/nø:] Dirigent/in
káromkodik ['ka:romkodik] schimpfen
karóra ['kɔro:rɔ] Armbanduhr
Kárpátmedence ['ka:rpa:tmɛdɛntsɛ] Karpatenbecken
kártérítés ['ka:rte:ri:te:ʃ] (Schaden) Ersatz
karúszó(öv) ['kɔru:so:(øv)] Schwimmflügel
kastély ['kɔʃte:j] Schloss *(Gebäude)*
katedrális ['kɔtɛdra:liʃ] Kathedrale
katolikus ['kɔtolikuʃ] Katholik, katholisch
kaució ['kɔutsio:] Kaution
kávé ['ka:ve:] Kaffee
kávéfőző ['ka:ve:fø:zø:] Kaffeemaschine
kávézó ['ka:ve:zo:] Café
kecskesajt ['kɛtʃkɛʃɔjt] Ziegenkäse
kedd [kɛd:] Dienstag
kedélyes ['kɛde:j:ɛʃ] gemütlich *(Ort)*

kedv [kɛdv] Lust
kedvenc ['kɛdvɛnts] Liebling
kedves ['kɛdvɛʃ] lieb, liebenswürdig, nett
kedvezmény ['kɛdvɛzme:ɲ] Ermäßigung
kefe ['kɛfɛ] Bürste
kegytemplom ['kɛɟtɛmplom] Wallfahrtskirche
kék [ke:k] blau
keksz ['keks] Kekse
kelet ['kɛlɛt] Osten
keletre (tól/től) ['kɛlɛtrɛ ('to:l/'tø:l)] östlich (von)
kell [kɛl:] brauchen, müssen, sollen
kellemes ['kɛl:ɛmɛʃ] angenehm
kellemetlen ['kɛl:ɛmɛtlɛn] lästig, unangenehm
kemény ['kɛme:ɲ] fest *(hart)*
kemping ['kɛmping] Camping, Campingplatz
kempingigazolvány ['kɛmpingigɔzolva:ɲ] Campingausweis
kempingkalauz ['kɛmpingkɔlɔu:z] Campingführer
kendő ['kɛndø:] Halstuch, Tuch
kenhető sajt ['kɛnhɛtø: ʃɔjt] Weichkäse
kenőcs ['kɛnø:tʃ] Salbe
kenu ['kɛnu] Kanu
kényelmes ['ke:ɲɛlmɛʃ] bequem
kenyér ['kɛɲe:r] Brot
kenyérpirító ['kɛɲe:rpiri:to:] Toaster
kényszerít ['ke:ɲsɛri:t] zwingen
kényszerleszállás ['ke:ɲsɛrlɛsa:l:a:ʃ] Notlandung
kép [ke:p] Bild
képesítés ['ke:pɛʃi:te:ʃ] Ausbildung
képeslap ['ke:pɛʃlɔp] Ansichtskarte
kér (-ra/-re) ['ke:r (-'rɔ/-'rɛ)] bitten um etw
kerámia ['kɛra:miɔ] Keramik
kérdés ['ke:rde:ʃ] Frage
kérdez ['ke:rdɛz] fragen
kerék ['kɛre:k] Rad
kerek ['kɛrɛk] rund
kerékpár ['kɛre:kpa:r] Fahrrad
kerékpározik ['kɛre:kpa:rozik] Rad fahren
kerékpársisak ['kɛre:kpa:rʃiʃɔk] Fahrradhelm
kerékpársport ['kɛre:kpa:rʃport] Radsport
kerékpártúra ['kɛre:kpa:rtu:rɔ] Radtour
kerékpárút ['kɛre:kpa:ru:t] Fahrradweg
kerengő ['kɛrɛngø:] Kreuzgang
kérés ['ke:re:ʃ] Bitte
keres ['kɛrɛʃ] suchen
kereső ['kɛrɛʃø:] Sucher
kereszt ['kɛrɛst] Kreuz
kereszténység ['kɛrɛste:ɲʃe:g] Christentum

kereszteződés ['kɛrɛstɛzø:de:ʃ] Kreuzung
keresztfolyosó ['kɛrɛstfojoʃo:] Kreuzgang
keresztnév ['kɛrɛstne:v] Vorname
keresztül ['kɛrɛstyl] durch, quer durch, über
kert [kɛrt] Garten
kerül ['kɛryl] kosten
kerülő ['kɛrylø:] Umweg
kerülőút ['kɛrylø:u:t] Umgehungsstraße
kés [ke:ʃ] Messer
keserű ['kɛʃɛry:] bitter
késés ['ke:ʃe:ʃ] Verspätung
késik ['ke:ʃik] s. verspäten
keskeny ['kɛʃkɛɲ] schmal
késleltet ['ke:ʃlɛltɛt] verzögern
később ['ke:ʃø:b:] später
későn ['ke:ʃø:n] spät
kész ['ke:s] bereit, fertig
készít ['ke:si:t] machen *(herstellen)*
készlet ['ke:slɛt] Vorrat
készpénz ['ke:spe:nz] bar, Bargeld
készpénzben fizet ['ke:spe:nzbɛn 'fizɛt] bar zahlen
kesztyű ['kɛsty:] Handschuhe
készülék ['ke:syle:k] Apparat
ketchup ['kɛtʃɔp] Ketschup
kétségbeesett ['ke:tʃ:e:gbɛɛʃɛt:] verzweifelt
kevés [kɛve:ʃ] wenig
keveset *(Akk.)* ['kɛvɛʃɛt] wenig
kéz [ke:z] Hand
kezd(ődik) ['kɛzd(ø:dik)] anfangen
kezdet ['kɛzdɛt] Anfang
kezel ['kɛzɛl] behandeln, entwerten
kezelés ['kɛzɛle:ʃ] Behandlung
kezelési költség ['kɛzɛle:ʃi 'køltʃe:g] Bearbeitungsgebühr
kézi gázkar ['ke:si 'ga:zkɔr] Handgas *(Auto)*
kézifék ['ke:zife:k] Handbremse
kézilabda ['ke:zilɔbdɔ] Handball
kézimunka ['ke:zimunkɔ] Handarbeit
kézitáska ['ke:zita:ʃkɔ] Handtasche
kézkrém ['ke:skre:m] Handcreme
kézmosó ['ke:zmoʃo:] Handwaschbecken
kiabál ['kiɔba:l] schreien
kiad ['kiɔd] ausgeben, vermieten
kiadások ['kiɒdaʃok] Kosten
kiadó szoba ['kiɒdo: sobɒ] Fremdenzimmer
kiállítás ['kia:l:i:ta:ʃ] Ausstellung
kiállítási tárgy ['kia:l:i:ta:ʃi 'ta:rɖ] Exponat
kiárusítás ['kia:ruʃi:ta:ʃ] Ausverkauf
kicserél ['kitʃɛre:l] austauschen, ersetzen *(Ersatzteile)*
kicsi ['kitʃi] klein
kiejt ['kiɛjt] aussprechen
kifejezés ['kifɛjɛze:ʃ] Ausdruck
kifestőkönyv ['kifɛʃtø:køɲv] Malbuch

kificamodott [ˈkifitsɔmodoːt] verstaucht
kifizet [ˈkifizɛt] auszahlen, bezahlen
kifli [ˈkifli] Kipferl
kifogás [ˈkifogaːʃ] Beanstandung
kígyó [ˈkiːɟoː] Schlange
kihajtás/kihajtó [ˈkihɒjtaʃ/ ˈkihɒjtoː] Ausfahrt
kijárat [ˈkijaːrɔt] Ausfahrt, Ausgang
(ki)javít [(ki)jɔviːt] verbessern
kijelent [ˈkijɛlɛnt] behaupten
kikapcsolódik [ˈkikɔptʃoloːdik] entspannen
kiképzés [ˈkikeːpzeːʃ] Ausbildung *(Bundeswehr)*
kiköt (ban/ben) [ˈkikøt (ˈbɔn/ˈbɛn)] anlegen in
kikötő [ˈkikøtøː] Hafen
kilátás [ˈkilaːtaːʃ] Aussicht, Panorama
kilátóhely [ˈkilaːtoːhɛj] Aussichtspunkt
kilogramm [ˈkiloːgrɔm] Kilogramm
kilométer [ˈkilomeːtɛr] Kilometer
kilométerár [ˈkilomeːtɛraːr] Kilometerpreis
kilovaglás [ˈkilovɔglaːʃ] Ausritt
kimegy [ˈkimɛɟ] hinausgehen
kimélő étel [ˈkiːmeːløː ˈeːtɛl] Schonkost
kimerült [ˈkimɛrylt] erschöpft
kint [kint] außen, draußen
(ki)nyit [ˈ(ki)ɲit] öffnen
kioldó [ˈkioldoː] Auslöser
kipiheni magát [ˈkipihɛni ˈmɔgaːt] s. ausruhen, s. erholen
kipufogó [ˈkipufogoː] Auspuff
kirakat [ˈkirɔkɔt] Schaufenster
kirakodóvásár [ˈkirɔkodoːvaːʃaːr] Jahrmarkt
király/nő [ˈkiraːj/nøː] König/in
kirándulás [ˈkiraːndulaːʃ] Ausflug
kis [kiʃ] klein
kisasszony [ˈkiʃɔsːoɲ] Fräulein
Kisasszony! [ˈkiʃɔsːoɲ] Bedienung *(Anrede, weiblich)*
kisbaba [kiʒbɔbɔ] Baby
kísérő [ˈkiːʃeːrøː] Begleitperson
(kis)fiú [ˈ(kiʃ)fiuː] Junge
(kis) gázpalack [(ˈkiʃ) ˈgaːspɔlɔtsk] Gaskartusche
(kis)lány [ˈ(kiʃ)laːɲ] Mädchen
kiszáll [ˈkisaːlː] aussteigen
kitölt [ˈkitølt] ausfüllen
kitűnő *(adj.)* [ˈkityːnøː] ausgezeichnet
kitűnően *(adv.)* [ˈkityːnøːɛn] ausgezeichnet
kitűz [ˈkityːz] vereinbaren
kitűző [ˈkityːzøː] Brosche
kiutazás [ˈkiutɔzaːʃ] Ausreise
kiütés [ˈkiyteːʃ] Ausschlag
kiválaszt [ˈkivaːlɔst] aussuchen
kíván [ˈkiːvaːn] wünschen
kiváncsi [ˈkivaːntʃi] neugierig
kívül [ˈkiːvyl] außer, außerhalb, draußen

klasszikus film [ˈklɔsːikuʃ film] Klassiker
klasszikus zene [ˈklɔsːikuʃ ˈzɛnɛ] Klassik
klubház [ˈklubhaːz] Clubhaus
kő [køː] Stein
kocog [ˈkotsog] joggen
(kocsi)emelő [ˈ(kotʃi)ɛmɛløː] Wagenheber
kocsiosztály [ˈkotʃiostaːj] Großraumwagen
kocsiszám [ˈkotʃisaːm] Wagennummer
kocsma [ˈkotʃmɔ] Kneipe
köd [kød] Nebel
koffer [ˈkofːɛr] Koffer
köhögés [ˈkøhøgeːʃ] Husten
kókuszdió [ˈkoːkusdioː] Kokosnuss
kolbász [ˈkolbaːs] Wurst
kölcsön ad [ˈkøltʃøn ɔd] s. etw. leihen (jmdm.)
kölcsönöz [ˈkøltʃønøz]; s. etw. leihen (jmdm.)
kolera [ˈkolɛrɔ] Cholera
kólika [ˈkoːlikɔ] Kolik
kolléga/nő [ˈkolːeːgɔ/nøː] Kollege/Kollegin
kollégium [ˈkolːeːgium] Studentenwohnheim
kolostor [ˈkoloʃtor] Kloster
költség(ek) [ˈkøltʃeːg(ɛk)] Unkosten, Kosten
komédia [ˈkomeːdiɔ] Komödie
kömény(mag) [ˈkømeːɲ(mɔg)] Kümmel
komoly [ˈkomoj] ernst
komp [komp] Fähre
koncert [ˈkontsɛrt] Konzert
konnektor [ˈkonɛktor] Steckdose
konnektordugó [ˈkonɛktordugoː] Stecker
(könnyű)atlétika [ˈ(køɲːyː)ɔtleːtikɔ] Leichtathletik
könnyű [ˈkøɲːyː] leicht
konyha [ˈkoɲhɔ] Küche
(konyha)edény [(ˈkoɲhɔ) ˈɛdeːɲ] Geschirr
konyharuha [ˈkoɲhɔruhɔ] Geschirrtuch
könyv [ˈkøɲv] Buch
könyvesbolt [ˈkøɲvɛʒbolt] Buchhandlung
konzerv [ˈkonzɛrv] Konserve/n
konzervnyitó [ˈkonzɛrvɲitoː] Dosenöffner
konzulátus [ˈkonzulaːtuʃ] Konsulat
köptető [ˈkøptɛtøː] Hustensaft
kor [kor] Alter
korábban *(adv.)* [ˈkoraːbːɔn] früher *(eher)*
korán [ˈkoraːn] früh
korcsolya [ˈkortʃojɔ] Schlittschuhe
korcsolyázik [ˈkortʃojaːzik] Schlittschuh laufen
kórház [ˈkoːrhaːz] Krankenhaus
korlát [ˈkorlaːt] Handlauf
kormány [ˈkormaːɲ] Regierung
kormány(kerék) [ˈkormaːɲ(kɛreːk)] Lenkrad
körmenet [ˈkørmɛnɛt] Prozession

környék [ˈkørɲeːk] Gegend, Umgebung
környezet [ˈkørɲɛzɛt] Umwelt
körömlakk [ˈkørømlɔkː] Nagellack
körömlakklemosó [ˈkørømlɔkːlɛmoʃoː] Nagellackentferner
körömvágó olló [ˈkørømvaːgoː ˈolːoː] Nagelschere
korona [ˈkoronɔ] Krone
korpa [ˈkorpɔ] Schuppen
korrekt [ˈkorːɛkt] fair
korszak [ˈkorsɔk] Epoche
körte [ˈkørtɛ] Birnen
körül [ˈkøryl] um (herum)
körülbelül [ˈkørylbɛlyl] etwa, ungefähr
kórus [ˈkoːruʃ] Chor
körutazás [ˈkørutɔzaːʃ] Rundfahrt
körzetszám [ˈkørzɛtsaːm] Vorwahlnummer
kosár [ˈkoʃaːr] Korb
kosárlabda [ˈkoʃaːrlɔbdɔ] Basketball
kosztüm [ˈkostym] Kostüm
köt [køt] abschließen *(Versicherung)*
kötél [ˈkøteːl] Seil
kötelezettség nélkül(i) [ˈkøtɛlɛzɛtʃːeg ˈneːlkyl(i)] unverbindlich
kötés [ˈkøteːʃ] Verband
kötet [ˈkøtɛt] Band *(Buch)*
kötőzsinór [ˈkøtøːʒinoːr] Bindfaden
kövér [ˈkøveːr] dick *(Mensch)*
köves [ˈkøvɛʃ] steinig
követel [ˈkøvɛtɛl] verlangen
következő [ˈkøvɛtkɛzøː] der/die nächste
követség [ˈkøvɛtʃːeːg] Botschaft *(dipl. Vertretung)*
közbeeső leszállás [ˈkøzbɛːʃøː ˈlɛsaːlːaːʃ] Zwischenlandung
közel [ˈkøzɛl] nah
közeledik [ˈkøzɛlɛdik] s. nähern
közeli [ˈkøzɛli] nahe
közép [ˈkøzeːp] die Mitte von ...
középfültő gyulladás [ˈkøzeːpfyltøː ˈɖulːɔdaːʃ] Mittelohrentzündung
középkor [ˈkøzeːpkor] Mittelalter
közigazgatás [ˈkøzigɔzgɔtaːʃ] Verwaltung *(Staat)*
közlekedés [ˈkøzlɛkɛdeːʃ] Verkehr
közlemény [ˈkøzlɛmeːɲ] Mitteilung
közönség [ˈkøzønʃeːg] Publikum
között [ˈkøzøtː] zwischen
központi [ˈkøsponti] zentral
központi fűtés [ˈkøsponti ˈfyːteːʃ] Zentralheizung
közületi előfizetők [ˈkøzylɛti ˈɛløːfizɛtøːk] Gelbe Seiten®
közvetlen *(adj.)* [køzvɛtlɛn] direkt
közvetlenül *(adv.)* [køzvɛtlɛnyl] direkt
kreatív [ˈkrɛɔtiːv] kreativ
krém [ˈkreːm] Creme
kristály [ˈkriʃtaːj] Kristall
kritizál [ˈkritizaːl] kritisieren
krumpli [ˈkrumpli] Kartoffeln
kuka [ˈkukɔ] Mülltonne

kukac [ˈkukɔts] Wurm
kukorica [ˈkukoritsɔ] Mais
kulcs [kultʃ] Schlüssel
kulcsátadás [ˈkultʃa:tɔda:ʃ] Schlüsselübergabe
kulcscsont [ˈkultʃ:ont] Schlüsselbein
küld [kyld] schicken
külföld [ˈkylføld] Ausland
külföldi [ˈkylføldi] ausländisch
külföldi beszélgetés [ˈkylføldi ˈbɛse:lgɛte:ʃ] Auslandsgespräch
külföldi repülőút [ˈkylføldi ˈrɛpylø:u:t] Auslandsflug
külföldi(ember)/nő [ˈkylføldi(ember)/nø:] Ausländer/in
külön [ˈkyløn] extra
különbség [ˈkylømbʃe:g] Unterschied
különleges [ˈkylønlɛgɛʃ] Sonder..., speziell
különleges bélyeg [ˈkylønlɛgɛʃ ˈbe:jɛg] Sondermarke
különösen [ˈkylønøʃɛn] besonders
kultúra [ˈkultu:rɔ] Kultur
külváros [ˈkylva:roʃ] Vorort
kunyhó [ˈkuɲho:] Hütte
kúp [ˈku:p] Zäpfchen
kuplung [ˈkuplung] Kupplung
kupola [ˈkupolɔ] Kuppel
kúra [ˈku:rɔ] Kur
kürt [kyrt] Hupe
küszöb [ˈkysøb] Türschwelle
kút [ku:t] Brunnen
kutya [ˈkuţɔ] Hund

L

láb [la:b] Bein
labda [ˈlɔbdɔ] Ball
lábfej [ˈla:pfɛj] Fuß
lábujj [ˈla:buj:] Zehe
láda [ˈla:dɔ] Kiste
lágyéksérv [ˈla:ɖe:kʃe:rv] Leistenbruch
lakás [ˈlɔka:ʃ] Wohnung
lakik [ˈlɔkik] wohnen
lakóhely [ˈlɔko:hɛj] Wohnort
lakókocsi [ˈlɔko:kotʃi] Wohnmobil, Wohnwagen
lakos [ˈlɔkoʃ] Einwohner/in *(Stadt)*
lakószoba [ˈlɔko:sobɔ] Wohnzimmer
lámpa [la:mpɔ] Lampe
lánc [ˈla:nts] Kette
lánya [ˈla:ɲɔ] Tochter
lap [lɔp] Blatt
lapos [ˈlɔpoʃ] flach *(Gegenstand)*
lárma [ˈla:rmɔ] Lärm
lassan *(adv.)* [ˈlɔʃ:ɔn] langsam
lassú *(adj.)* [ˈlɔʃ:u:] langsam
lát [la:t] sehen
látási viszonyok [ˈla:ta:ʃi ˈvisoɲok] Sicht
látássérült [ˈla:ta:ʃ:e:rylt] Sehbehinderte/r , sehbehindert
látnivalók [ˈla:tnivɔlo:k] Sehenswürdigkeiten

látogatás [ˈla:togɔta:ʃ] Besichtigung, Besuch
látogatási idő [ˈla:togɔta:ʃi ˈidø:] Besuchszeit
látszerész [ˈlats:ɛre:s] Optiker
láz [la:z] Fieber
lazít [ˈlɔzi:t] entspannen
lázmérő [ˈla:zme:rø:] Fieberthermometer
lead [ˈlɛɔd] abgeben
leánykori név [ˈlɛa:ɲkori ˈne:v] Geburtsname
(le)bénult [(lɛ)be:nult] gelähmt
leégés [ˈlɛe:g:e:ʃ] Sonnenbrand
leesik [ˈlɛɛʃik] stürzen
lefekszik [ˈlɛfɛksik] s. hinlegen
lefektet [ˈlɛfɛktɛt] hinlegen
(le)foglal [ˈ(lɛ)foglɔl] reservieren
lefogy [ˈlɛfoɟ] abnehmen *(Gewicht verlieren)*
(le)fordít [(ˈlɛ)fordi:t] übersetzen
legalább [ˈlɛgɔla:b:] mindestens, wenigstens
legfeljebb [ˈlɛkfɛj:ɛb:] höchstens
légikísérő [ˈle:gikiʃe:rø:] Steward/ess
légiposta [ˈle:gipoʃtɔ] mit Luftpost
légipostával [ˈle:gipoʃta:vɔl] mit Luftpost
légitársaság [ˈlegita:rʃɔʃa:g] Fluggesellschaft
légiút [ˈle:giu:t] Flug
legjobb [ˈlɛgjob:] beste(r, -s)
légkondicionáló [ˈle:k:onditsiona:lo:] Klimaanlage
légpárnás hajó [ˈle:kpa:rna:ʃ ˈhɔjo:] Tragflügelboot
(lég)pumpa [ˈ(le:g)pumpɔ] Luftpumpe
légy [ˈle:ɟ] Fliege
légzési zavar [ˈle:gze:ʃi ˈzɔvɔr] Atembeschwerden
lehetetlen [ˈlɛhɛtɛtlɛn] unmöglich
lehetőség [ˈlɛhɛtø:ʃe:g] Möglichkeit
lehetséges [ˈlɛhɛtʃ:e:gɛʃ] möglich
leír [ˈlɛi:r] beschreiben
lekés [ˈlɛke:ʃ] verpassen *(Zug)*
lekvár [ˈlɛgva:r] Marmelade
lélegzik [ˈle:lɛgzik] atmen
leletek [ˈlɛlɛtɛk] Funde
lelkesedik (ért) [ˈlɛlkɛʃɛdik (ˈe:rt)] begeistert sein (von)
lelkész [ˈlɛlke:s] Priester
lemond [ˈlɛmond] stornieren *(Zimmer)*
len [lɛn] Leinen
lencse [ˈlɛntʃɛ] Linse, Linsen
lényegtelen [ˈle:ɲɛktɛlɛn] unwichtig
lépcső [ˈle:ptʃø:] Stufe, Treppe
lépcső nélküli feljáró [ˈle:ptʃø: ˈne:lkyli ˈfɛlja:ro:] stufenloser Zugang
lépcsőzetes vágás [ˈle:ptʃø:zɛtɛʃ ˈva:ga:ʃ] Stufenschnitt
lerombol [ˈlɛrombol] zerstören
les [lɛʃ] abseits
lesülés [ˈlɛʃyle:ʃ] Sonnenbrand
lesz [lɛs] werden

leszállás ['lɛsa:l:a:ʃ] Landung
lét ['le:t] Sein
letartóztat ['lɛtɔrto:stɔt] verhaften
letesz ['lɛtɛs] hinlegen, legen
letétbe helyez ['lɛte:dbɛ 'hɛjɛz] hinterlegen
létezés ['le:tɛze:ʃ] Sein
létra ['le:trɔ] (Tritt)Leiter
leül ['lɛyl] s. setzen
levegő ['lɛvɛgø:] Luft
levél ['lɛve:l] Brief
levelezőlap ['lɛvɛlɛzø:lɔp] Postkarte
levélpapír ['lɛve:lpɔpi:r] Briefpapier
levéltárca ['lɛve:lta:rtsɔ] Brieftasche
leves ['lɛvɛʃ] Suppe
levesestányér ['lɛvɛʃɛʃta:ɲe:r] Suppenteller
levesz ['lɛvɛs] abnehmen *(Mantel)*
lezuhan ['lɛzuhɔn] stürzen *(fallen)*
libegő ['libɛgø:] Sessellift
lift ['lift] Aufzug
lila ['lilɔ] lila
limonádé ['limona:de:] Limonade
liszt [list] Mehl
liter ['litɛr] Liter
ló ['lo:] Pferd
lökésgátló ['løke:ʒga:tlo:] Stoßdämpfer
lökhárító ['løkha:ri:to:] Stoßstange
lopás ['lopa:ʃ] Diebstahl
lovagi játékok ['lovɔgi 'ja:te:kok] Ritterspiele
lovagol ['lovɔgol] reiten
lovas kocsikázás ['lovɔʃ 'kotʃika:za:ʃ] Kutschfahrt
lovasbemutató ['lovɔʃbɛmutɔto:] Reitervorführung
lovasiskola ['lovɔʃiʃkolɔ] Reitschule
lovastanya ['lovɔʃtɔɲɔ] Reiterhof
lumbágó ['lumba:go:] Hexenschuss
lusta ['luʃtɔ] faul
lustálkodik ['luʃta:lkodik] faulenzen
luxus ['luksuʃ] luxuriös
lyuk ['juk] Loch

M

ma [mɔ] heute
ma este ['mɔ 'ɛʃtɛ] heute Abend
ma reggel ['mɔ 'rɛg:ɛl] heute Morgen
macska ['mɔtʃkɔ] Katze
macskanadrág ['mɔtʃkɔnɔdra:g] Leggins
madár ['mɔda:r] Vogel
madárvédelmi terület ['mɔda:rve:dɛlmi 'tɛrylɛt] Vogelschutzgebiet
Maga ['mɔgɔ] Sie
magán ['mɔga:n] privat
magányos ['mɔga:ɲoʃ] einsam
magas ['mɔgɔʃ] hoch
magasfeszültség ['mɔgɔʃfesyltʃe:g] Hochspannung
magasság ['mɔgɔʃ:a:g] Höhe

magával hoz [ˈmɔgaːvɔl ˈhoz] mitbringen
magával visz [ˈmɔgaːvɔl ˈvis] mitnehmen
magazin [ˈmɔgɔzin] Illustrierte
magyar (ember)/nő [ˈmɔɖɔr (ˈɛmbɛr)/ˈnøː] Ungar/in
magyar [ˈmɔɖɔr] ungarisch
magyarok [ˈmɔɖɔrok] Ungarn *(pl)*
Magyarország [ˈmɔɖɔrorsaːg] Ungarn
máj [ˈmaːj] Leber
majdnem [ˈmɔjdnɛm] fast
majolika [ˈmɔjolikɔ] Majolika
majonéz [ˈmɔjoneːz] Mayonnaise
majoranna [ˈmɔjorɔnːɔ] Majoran
május [ˈmaːjuʃ] Mai
makréla [ˈmɔkreːlɔ] Makrele
mandarin [ˈmɔndɔrin] Mandarinen
mandula [ˈmɔndulɔ] Mandeln *(Medizin)*, Mandeln *(Nuss)*
mandulagyulladás [ˈmɔndulɔɖulːɔdaːʃ] Mandelentzündung
mankó [ˈmɔnkoː] Krücke
már [maːr] bereits, schon
marad [ˈmɔrɔd] bleiben
maradvány [ˈmɔrɔdvaːɲ] Überreste
március [ˈmaːrtsiuʃ] März
margarin [ˈmɔrgɔrin] Margarine
marhahús [ˈmɔrhɔhuːʃ] Rindfleisch
mártás [ˈmaːrtaːʃ] Soße
márvány [ˈmaːrvaːɲ] Marmor
más *(adj.)* [maːʃ] anders
máshol [ˈmaːʃhol] anderswo
másik [ˈmaːʃik] der/die andere
másod osztály [ˈmaːʃod ˈostaːj] Zweite Klasse
második [ˈmaːʃodik] zweite(r, -s)
másodperc [ˈmaːʃotpɛrts] Sekunde
másodszor [ˈmaːʃotsːor] zweitens
másolat [ˈmaːʃolɔt] Kopie
masszírozás [ˈmɔsːiːrozaːʃ] Massage
matrac [ˈmɔtrɔts] Matratze
maut [ˈmɔut] Autobahngebühr
mecset [ˈmɛtʃɛt] Moschee
medál [ˈmɛdaːl] Anhänger
még [meːg] noch
megakadályoz [ˈmɛgɔkɔdaːjoz] verhindern
megáll [ˈmɛgaːlː] anhalten, halten
megállít [ˈmɛgaːlːiːt] jemanden anhalten
megálló [ˈmɛgaːlːoː] Haltestelle
megbeszél [ˈmɛgbɛseːl] vereinbaren *(Termin)*
megbízható [ˈmɛgbiːzhɔtoː] zuverlässig
megbocsát [ˈmɛgbotʃaːt] s. entschuldigen
megcsodál [ˈmɛktʃodaːl] bewundern
megégeti magát [ˈmɛgeːgɛti ˈmɔgaːt] s. verbrennen
megegyezik [ˈmɛgɛɟɛzik] einigen, vereinbaren
megelőlegez, előleget fizet [ˈmɛgɛløːlɛgɛz/ˈɛløːlɛgɛt fizɛt] anzahlen

megenged/engedélyez [ˈmɛgɛŋɛd/ ˈɛŋɛdeːjɛz] erlauben
megengedett [ˈmɛgɛngɛdɛtː] zulässig
megérint [ˈmɛgeːrint] berühren
(meg)ért [ˈ(mɛg)eːrt] verstehen
megerőltető [ˈmɛgɛrøːltɛtøː] anstrengend
megfázás [ˈmɛkfaːzaːʃ] Erkältung
megfog [ˈmɛkfog] berühren
meggy [ˈmɛɟː] Sauerkirschen
meggyőz [ˈmɛgɟøːz] überzeugen
meggyújt [ˈmɛgɟuːjt] anzünden
meghal [ˈmɛghɔl] sterben
meghatalmazás [ˈmɛghɔtɔlmɔzaːʃ] Vollmacht
meghatározott [ˈmɛghɔtaːrozotː] bestimmt *(adj.)*
meghív [ˈmɛghiːv] einladen
meghosszabbít [ˈmɛghosːɔbːiːt] verlängern *(zeitlich)*
megígér [ˈmɛgiːgeːr] versprechen
megijeszt [ˈmɛgijɛst] erschrecken
megint [ˈmɛgint] wieder
mégis [ˈmeːgiʃ] doch; trotzdem
megismer [ˈmɛgiʃmɛr] kennen lernen
megismétel [ˈmɛgiʃmeːtɛl] wiederholen
(meg)javít [ˈ(mɛg)jɔviːt] reparieren
megjegyez [ˈmɛgjɛɟɛz] bemerken *(einflechten)*, merken *(ins Gedächtnis einprägen)*
megkap [ˈmɛkːɔp] erhalten
megkísérel [ˈmɛkːiːʃeːrɛl] versuchen
megköszön (nak/nek) [ˈmɛkːøsøn (ˈnɔk/ˈnɛk)] danken (jdm)
meglátogat valakit [ˈmɛglaːtogɔt ˈvɔlɔkit] jdn besuchen
meglehetősen [ˈmɛglɛhɛtøːʃɛn] ziemlich
meglepődött [ˈmɛglɛpøːdøtː] überrascht *(adv.)*
megmagyaráz [ˈmɛgmɔɟɔraːz] erklären
megmarad [ˈmɛgmɔrɔd] übrig bleiben
(meg)ment [ˈ(mɛg)mɛnt] retten
megmér [ˈmɛgmeːr] wiegen
(meg)mutat [ˈ(mɛg)mutɔt] zeigen
megnéz [ˈmɛgneːz] ansehen, besichtigen
megnyugszik [ˈmɛgɲuksik] s. beruhigen
megold [ˈmɛgold] lösen
megőriz [ˈmɛgøːriz] aufbewahren
megpróbál [ˈmɛkproːbaːl] versuchen
megrongál [ˈmɛgrongaːl] beschädigen
megsért [ˈmɛkʃeːrt] beschädigen
megsérül [ˈmɛkʃeːryl] verletzen
megszakít [ˈmɛksɔkiːt] unterbrechen
megszokta [ˈmɛksoktɔ] gewohnt sein
(meg)támadás [ˈ(mek)taːmɔdaːʃ] Überfall

megtart [ˈmɛktɔrt] behalten
megtekint [ˈmɛktɛkint] besichtigen
megtekintés [ˈmɛktɛkinte:ʃ] Besichtigung
megtérít [ˈmɛkte:ri:t] ersetzen *(Geld)*
megtéveszt [ˈmekte:vɛst] täuschen *(jemanden)*
megtilt [ˈmɛktilt] verbieten
(meg)tisztít [ˈ(mɛk)tisti:t] putzen
(meg)vár [ˈ(mɛg)va:r] warten
(meg)vizsgál [ˈ(mɛg)viʒga:l] untersuchen
megy [ˈmɛɟ] gehen
méh [me:h] Biene
meleg [ˈmɛlɛg] warm
meleg víz [ˈmɛlɛg ˈvi:z] warmes Wasser
melír [ˈmɛli:r] Strähnchen
mell [mɛl:] Brust
mellékköltségek [ˈmɛl:e:k:øltʃ:e:gɛk] Nebenkosten
mellékutca [ˈmɛl:e:kuts:ɔ] Nebenstraße
mellény [ˈmɛl:e:ɲ] Weste
mellett [ˈmɛl:ɛt:] neben
mellette [ˈmɛl:ɛt:ɛ] vorüber *(räumlich)*
mellette van [ˈmɛl:ɛt:ɛ vɔn] dafür sein
melltartó [ˈmɛltɔrto:] BH
mély [ˈme:j] tief
menedékház [ˈmɛnɛde:kha:z] Schutzhütte
menet [ˈmɛnɛt] Gang
menetdíj [ˈmɛnɛd:i:j] Fahrpreis
menetjegy [ˈmɛnɛtjɛɟ] Fahrkarte
menetrend [ˈmɛnɛtrɛnd] Fahrplan
mennydörgés [ˈmɛɲ:dørge:ʃ] Donner
mennyezet [ˈmɛɲ:ɛzɛt] Decke
mennyiség [ˈmɛɲ:iʃe:g] Menge
menstruáció [ˈmɛnʃtrua:tsio:] Menstruation
mentő(autó) [ˈmɛntø:(ɔuto:)] Krankenwagen
mentőcsónak [ˈmɛntø:tʃo:nɔk] Rettungsboot
mentőöv [ˈmɛntø:øv] Rettungsring
menü [ˈmɛny] Menü
menyasszony [ˈmɛɲɔs:oɲ] die Verlobte
menyasszony [ˈmɛɲɔʃ:oɲ] Braut
meredek [ˈmɛrɛdɛk] steil
méreg [ˈme:rɛg] Gift
méregtelenít [ˈme:rɛktɛlɛni:t] entschlacken
méret [ˈme:rɛt] (Konfektions) Größe
mérges [ˈme:rgɛʃ] böse
mérgezés [ˈme:rgɛze:ʃ] Vergiftung
mérgező [ˈme:rgɛzø:] giftig
mérkőzés [ˈme:rkø:ze:ʃ] Wettkampf
mert [mɛrt] denn, weil
messze [ˈmɛs:ɛ] weit *(entfernt)*
metélőhagyma [mɛte:lø:hɔɟmɔ] Schnittlauch
metélt tészta [ˈmɛte:lt ˈte:stɔ] Nudeln

méter ['me:tɛr] Meter
metró ['mɛtro:] U-Bahn
méz ['me:z] Honig
mező ['mɛzø:] Feld
meztelen ['mɛstɛlɛn] nackt
mi [mi] was, wir
miatt ['miɔt:] wegen
miattam ['miɔt:ɔm] meinetwegen
mielőtt ['miɛlø:t:] bevor
mienk ['miɛnk] unser, unsere
migrén ['migre:n] Migräne
mikrohullámú sütő ['mikrohul:a:mu: 'ʃytø:] Mikrowelle
milliméter ['mil:ime:tɛr] Millimeter
milyen ['mijɛn] was für eine, wie
minden ['mindɛn] alles
minden nap ['mindɛn:ɔp] jeden Tag
mindenhol ['mindɛnhol] überall
mindenki *(adj.)* ['mindɛnki] alle, jeder
mindenkit *(Akk.)* ['mindɛnkit] alle
mindent *(Akk.)* ['mindɛnt] alles
mindig ['mindig] immer
mindkét ['mintke:t] beide
mindkettő ['mintkɛt:ø:] beide
minibár ['miniba:r] Minibar
minigolf ['minigolf] Minigolf
minket/bennünket *(Akk.)* ['minkɛt/'bɛn:ynkɛt] uns
minőség ['minø:ʃe:g] Qualität
mise ['miʃɛ] Messe *(relig.)*
mit *(Akk.)* [mit] was
mobil ['mobil] Handy, Mobiltelefon
mocsár ['motʃa:r] Sumpf
mód ['mo:d] die einfachste Art
modell ['modɛl:] Modell
modern ['modɛrn] modern
mögött ['møgøt:] hinter
mogyoró ['moɖoro:] Haselnuss
molesztál ['molɛsta:l] belästigen
móló ['mo:lo:] Mole
mond [mond] sagen
mondat ['mondɔt] Satz
mos [moʃ] waschen
mosdó ['moʒdo:] Waschraum
mosdókagyló ['moʒdo:kɔɖlo:] Waschbecken
mosdókesztyű ['moʃdo:kɛsʈy:] Waschlappen
mosnivaló ['moʃnivɔlo:] Wäsche
mosoda ['moʃodɔ] Wäscherei
mosogató ['moʃogɔto:] Geschirrspülbecken
mosogatógép ['moʃogɔto:ge:p] Geschirrspülmaschine
mosogatókefe ['moʃogɔto:kɛfɛ] Spülbürste
mosogatórongy ['moʃogɔto:ronɖ] Spültuch
mosogatószer ['moʃogɔto:sɛr] Spülmittel
mosógép ['moʃo:ge:p] Waschmaschine
mosószalon ['moʃo:sɔlon] Waschsalon
mosószer ['moʃo:sɛr] Waschmittel
most [moʃt] jetzt
motel ['motɛl] Motel

motor ['motor] Motor
motorcsónak ['motortʃo:nɔk] Motorboot
motorháztető ['motorha:stɛtø:] Motorhaube
mozaik ['mozɔik] Mosaik
mozgáskorlátozott ['mosga:ʃkorla:tozot:] Mobilitätsbehinderte/r
mozgáskorlátozottak számára fenntartott parkolóhely ['mosga:ʃkorla:tozot:ɔk 'sa:ma:rɔ 'fɛn:tɔrtot: 'pɔrkolo:hɛj] Behindertenparkplatz
mozgáskorlátozottaknak/ rokkantaknak megfelelő ['mosga:ʃkorla:tosot:ɔknɔk/ 'rok:ɔntɔknɔk 'mɛgfɛlɛlø:] behindertengerecht
mozi ['mozi] Kino
műanyag ['my:ɔɲɔg] Plastik *(Material)*
műemlék ['my:ɛmle:k] Denkmal
műemlékvédelem ['my:ɛmle:kve:dɛlɛm] Denkmalschutz
műkereskedés ['mykɛrɛʃkɛde:ʃ] Kunsthändler
működik ['my:kødik] funktionieren
mullpólya ['mul:po:jɔ] Mullbinde
múlt [mu:lt] Vergangenheit
mumpsz [mumps] Mumps
munka ['munkɔ] Arbeit
munkanap ['munkɔnɔp] Werktag
munkanélküli ['munkɔne:lkyli] arbeitslos
musical ['mjuzikɛl] Musical
műsor ['my:ʃor] Programm
műsor(terv) ['my:ʃor(tɛrv)] Spielplan
műsorfüzet ['my:ʃorfyzɛt] Programmheft
mustár ['muʃta:r] Senf
muszáj ['musa:j] müssen
műtét ['my:te:t] Operation
művészet ['my:ve:sɛt] Kunst
múzeum ['mu:zɛum] Museum
müzli ['myzli] Müsli
muzulmán ['muzulma:n] Moslem

N

nadrág ['nɔdra:g] Hose
nagy ['nɔɟ] groß
nagycsütörtök ['nɔtʃ:ytørtøk] Gründonnerstag
nagymama ['nɔɟmɔmɔ] Großmutter
nagyon ['nɔɟon] sehr
nagyothalló ['nɔɟothɔl:o:] hörgeschädigt
nagyothalló készülék ['nɔɟothɔl:o: 'ke:syle:k] Hörgerät
nagypapa ['nɔɟpɔpɔ] Großvater
nagypéntek ['nɔtpe:ntɛk] Karfreitag
nagyság ['nɔtʃ:a:g] Größe *(Ausdehnung)*
-nak/nek ['nɔk/'nɛk] für

nap [nɔp] Sonne, Tag
napégésre való kenőcs ['nɔpe:ge:ʃrɛ 'vɔlo: 'kɛnø:tʃ] Sonnenbrandsalbe
napellenző ['nɔpɛl:ɛnsø:] Sonnenschutz
napernyő ['nɒpɛrɲø:] Sonnenschirm
napi ajánlat ['nɔpi 'ɔja:nlɔt] Tagesgericht
napi jegy ['nɔpi 'jɛɖ] Tageskarte
napi túra ['napi 'tu:rɔ] Tagestour
napközben ['nɔpkøzbɛn] tagsüber
napolaj ['nɔpolɔj] Sonnenöl
naponta ['nɔpontɔ] täglich
napos ['nɔpoʃ] sonnig
napozóágy ['nɒpozo:a:ɟ] Sonnenliege
napozókrém ['nɔpozo:kre:m] Sonnencreme
napozópark ['nɔpozo:pɔrk] Liegewiese
napszúrás ['nɔpsu:ra:ʃ] Sonnenstich
naptej ['nɔptɛj] Sonnenmilch
napvédő kalap ['nɔpve:dø: 'kɔlɔp] Sonnenhut
narancs ['nɔrɔntʃ] Apfelsinen
narancslé ['nɔrɔntʃle:] Orangensaft
narancssárga ['nɔrɔntʃ:a:rgɔ] orange
narkózis ['nɔrko:ziʃ] Narkose
nátha ['na:thɔ] Schnupfen
nedves ['nɛdvɛʃ] feucht, nass
negatív ['nɛgɔti:v] negativ
negyed ['nɛɖɛd] viertel, Viertel
négyzetméter ['ne:ts:ɛtme:tɛr] Quadratmeter
néha ['ne:hɔ] manchmal
néhány ['ne:ha:ɲ] einige, ein paar
nehéz ['nɛhe:z] schwer, schwierig
nejlonzacskó ['nɛjlonzɔtʃko:] Plastikbeutel
neked ['nɛkɛd] dir
nekem ['nɛkɛm] mir
nektek *(Dat.)* ['nɛktɛk] euch
nekünk *(Dat.)* [nɛkynk] uns
nélkül ['ne:lkyl] ohne
nem [nɛm] nicht
nem/nincs [nɛm/nintʃ] kein
néma ['ne:mɔ] stumm
nemdohányzó szakasz ['nɛmdoha:ɲzo: 'sɔkɔs] Nichtraucherabteil
német *(adj.)* ['ne:mɛt] deutsch
német (ember)/nő ['ne:mɛt ('ɛmbɛr)/nø:] der/die Deutsche
Németország ['ne:mɛtorsa:g] Deutschland
németül *(adv.)* ['ne:mɛtyl] deutsch
nemi erőszak ['nɛmi 'ɛrø:sɔk] Vergewaltigung
nemrég ['nemre:g] kürzlich
nemzeti park ['nɛmzɛti 'pɔrk] Nationalpark
nemzetközi ['nɛmzɛtkøzi] international
neoprén öltöny/ruha ['nɛopre:n 'øltøɲ/'ruhɔ] Neoprenanzug
nép [ne:p] Volk

néprajzi múzeum [ˈneːprɔjzi ˈmuːzɛum] Völkerkundemuseum
népszínmű [ˈneːpsiːnmyː] Volksstück
népviseleti baba [ˈneːpviʃɛlɛti ˈbɔbɔ] Trachtenpuppe
népzene [ˈnɛːpzɛnɛ] Volksmusik
név [neːv] Name
nevelés [ˈnɛvɛleːʃ] Erziehung
nevet [ˈnɛvɛt] lachen
nevetséges [ˈnɛvɛtʃːeːgɛʃ] lächerlich
nevez [ˈnɛvɛz] nennen
néz [neːz] schauen, zuschauen
néző [ˈneːzøː] Zuschauer/in
nő [ˈnøː] wachsen *(Pflanzen)*
nő, -né [ˈnøː, ˈneː] Frau
női(es) [ˈnøːi(ɛʃ)] weiblich
(női) ruha [ˈ(nøːi) ruhɔ] Kleid
normális [ˈnormaːliʃ] normal
nős [ˈnøːʃ] *(Mann)* verheiratet
notebook [ˈnoːtbuk] Notebook
notesz [ˈnotɛs] Notizbuch
nőtlen [ˈnøːtlɛn] *(Mann)* ledig
november [ˈnovɛmbɛr] November
növény [ˈnøveːɲ] Pflanze
nővér [ˈnøːveːr] Krankenschwester, Schwester *(älter)*
nudistastrand [ˈnudiʃtɔʃtrɔnd] FKK-Strand
nulla [ˈnulːɔ] null
nyak [ɲɔk] Hals
nyakkendő [ˈɲɔkːɛndøː] Krawatte
nyár [ɲaːr] Sommer
nyaralás [ɲɔrɔlaːʃ] Ferien *(Beruf)*
nyaraló [ˈɲɔrɔloː] Ferienhaus, Ferienwohnung
nyelőcső [ˈɲɛløːtʃøː] Speiseröhre
nyelv [ˈɲɛlv] Sprache; Zunge
nyelvtanfolyam [ˈɲɛlftɔnfojɔm] Sprachkurs
nyer [ɲɛr] gewinnen
nyereg [ˈɲɛrɛg] Sattel
nyereség [ˈɲɛrɛʃeːg] Gewinn
nyers [ɲɛrʃ] roh
nyílt [ˈɲiːlt] offen
nyilvános [ˈɲilvaːnoʃ] öffentlich
nyitott [ˈɲiːtotː] offen
nyitva [ˈɲidvɔ] geöffnet, offen *(geöffnet)*
nyitvatartási idő [ˈɲitvɔtɔrtaːʃi ˈidøː] Öffnungszeiten
nyomtatvány [ˈɲomtɔdvaːɲ] Vordruck
nyugalom [ˈɲugɔlom] Ruhe
nyugatra (tól/től) [ˈɲugɔtrɔ (ˈtoːl/ ˈtøːl)] westlich (von)
nyugodt [ˈɲugotː] ruhig
nyugta [ˈɲuktɔ] Quittung
nyugtalankodik [ˈɲuktɔlɔnkodik] s. beunruhigen
nyugtató [ˈɲuktɔtoː] Beruhigungsmittel
nyúl [ɲuːl] Kaninchen

O

ő [øː] er, sie
objektív ['objɛktiːv] Objektiv
öböl ['øbøl] Bucht
öcs [øtʃː] Bruder *(jünger)*
ofotért ['ofoteːrt] Fotogeschäft
ők [øːk] sie *(pl.)*
ok [ok] Grund
okos ['okoʃ] klug
okostelefon ['okoʃtɛlɛfon] Smartphone
okoz ['okoz] verursachen
október ['oktoːbɛr] Oktober
olaj ['olɔj] Öl
olajbogyó ['olɔjboɖoː] Oliven
olajcsere ['olɔjtʃɛrɛ] Ölwechsel
olajfestészet ['olɔjfɛʃteːsɛt] Ölmalerei
olcsó ['oltʃoː] billig
oldal ['oldɔl] Seite
olívaolaj ['oliːvɔolɔj] Olivenöl
olló ['olːoː] Schere
oltár ['oltaːr] Altar
oltás ['oltaːʃ] Impfung
oltási lap ['oltaːʃi 'lɔp] Impfpass
öltöny ['øltøɲ] Anzug
öltözék ['øltøzeːk] Kleidung
olvas ['olvɔʃ] lesen
omlós ['omloːʃ] zart
Ön [øn] Sie *(Anrede)*
öngyújtó ['øɲɖuːjtoː] Feuerzeug
önindító ['ønindiːtoː] Anlasser
önkioldó ['ønkioldoː] Selbstauslöser
önkiszolgálás ['ønkisolgaːlaːʃ] Selbstbedienung
(ön)maga ['(øn)mɔgɔ] selbst
opera ['opɛrɔ] Oper
operáció ['opɛraːtsioː] Operation
operett ['opɛrɛtː] Operette
óra ['oːrɔ] Stunde
óránként ['oːraːnkeːnt] stündlich
órás ['oːraːʃ] Uhrmacher
öreg ['ørɛg] alt *(Mensch)*
őriz ['øːriz] bewachen
öröm ['ørøm] Freude
orr [orː] Nase
orrvérzés ['orːveːrzeːʃ] Nasenbluten
ország ['orsaːg] Land
országút ['orsaːguːt] Landstraße
örül (nak/nek) ['øryl ('nɔk/'nɛk)] erfreut (über), s. freuen (über)
orvosi igazolás ['orvoʃi 'igɔzolaːʃ] Attest
orvosság ['orvoʃːaːg] Medikament
összecsukható tolókocsi ['øsːɛtʃukhɔtoː 'toloːkotʃi] Faltrollstuhl
összeg ['øsːɛg] Betrag, Summe
összehasonlít ['øsːɛhɔʃonliːt] vergleichen
összeköttetés ['øsːɛkøtːɛteːʃ] Verbindung
összetéveszt ['øsːɛteːvɛst] verwechseln
összeütközés ['øsːɛytkøzeːʃ] Zusammenstoß

összever [ˈøsːɛvɛr] zusammenschlagen
őstörténeti [øːʃtørteːnɛti] vorgeschichtlich
ösvény [ˈøʒveːɲ] Pfad
ősz [øːs] Herbst; grau *(Haare)*
ószeres [ˈoːsɛrɛʃ] Trödler
őszibarack [ˈøːsibɔrɔtsk] Pfirsiche
oszlop [ˈoslop] Säule
osztály [ˈostaːj] Klasse, Station
osztrák (ember)/nő [ˈostraːk (ˈɛmbɛr)/ˈnøː] Österreicher/in
osztrák [ˈostraːk] Österreichisch
osztrák-magyar [ˈostraːk-ˈmɔɗɔr] österreichisch-ungarisch
Osztrák-Magyar Monarchia [ˈostraːk-ˈmɔɗɔr ˈmonɔrhiɔ] österreichisch-ungarische Monarchie
osztriga [ˈostrigɔ] Austern
óta [oːtɔ] seit
ötlet [ˈøtlɛt] Idee
ott [otː] da *(dort)*
otthon [ˈotːhon] daheim
öv [øv] Gürtel
óvadék [ˈoːvɔdeːk] Kaution
óváros [ˈoːvaːroʃ] Altstadt
óvatos [ˈoːvɔtoʃ] vorsichtig
övé [ˈøveː] ihr *(poss. pron.) f*, sein *(poss. pron.)*
óvszer [ˈoːfsɛr] Kondom, Präservativ
oxigénpalack [ˈoksigeːnpɔlɔtsk] Sauerstoffgerät
özvegy [ˈøzvɛɗ] verwitwet

P

padlizsán [ˈpɔdliʒaːn] Auberginen
padló [ˈpɔdloː] Boden
páholy [ˈpaːhoj] Loge
pakolás [ˈpɔkolaːʃ] Packung *(Kosmetik)*
palota [ˈpɔlotɔ] Palast
pályaudvar [ˈpaːjɔudvɔr] Bahnhof
pamut [ˈpɔmut] Baumwolle
panasz [ˈpɔnɔs] Beanstandung
panaszkodik [ˈpɔnɔskodik] s. beklagen (über), s. beschweren (über)
pancsolómedence [ˈpɔntʃoloːmɛdɛntsɛ] Planschbecken
panoráma [ˈpɔnoraːmɔ] Panorama
panzió [ˈpɔnzioː] Pension
pap [pɔp] Priester
papír/ok [ˈpɔpiːr/ok] Papier/e
papírszalvéta [ˈpɔpirsɔlveːtɔ] Papierservietten
papírzsebkendő [ˈpɔpiːrʒɛpkɛndøː] Papiertaschentücher
paprika(mag) [ˈpɔprikɔ(mɔg)] Paprika(schote)
pár [paːr] Paar
paradicsom [ˈpɔrɔditʃom] Tomaten
parfüm [ˈpɔrfym] Parfüm
park [pɔrk] Park
parkol [ˈpɔrkol] parken
parkolni tilos [ˈpɒrkolni ˈtiloʃ] parken verboten

parkoló(hely) ['pɔrkolo:(hɛj)] Parkplatz
paróka ['pɔro:kɔ] Perücke
párolt ['pa:rolt] gedämpft, gedünstet
páros ['pa:roʃ] Doppel, doppelt
part [pɔrt] Ufer *(Fluss)*
parti ['pɔrti] Party
parti őrség ['pɔrti 'ø:rʃe:g] Hafenmeisterei
(parti) sétány ['(pɔrti) 'ʃe:ta:ɲ] Uferpromenade
partiszervíz ['pɔrtisɛrvi:z] Partyservice
patyolat ['pɔɟolɔt] Reinigung *(Betrieb)*, Wäscherei
pázsit ['pa:ʒit] Rasen
Pécs ['pe:tʃ] Fünfkirchen
pékség ['pe:kʃe:g] Bäckerei
péksütemény ['pɛ:kʃytɛme:ɲ] Gebäck
példa ['pe:ldɔ] Beispiel
pelenka ['pɛlɛnkɔ] Windeln
pelenkázóasztal ['pɛlɛnka:so:ɔstɔl] Wickeltisch
péntek ['pe:ntɛk] Freitag
pénz [pe:nz] Geld
pénzautomata ['pe:nzɔutomɔtɔ] Geldautomat
pénztár ['pe:nsta:r] Kasse
pénztárca ['pe:nsta:rtsɔ] Geldbörse
pénzutalvány ['pe:nzutɔlva:ɲ] Geldanweisung
pénzváltás ['pe:nzva:lta:ʃ] Geldwechsel
pénzváltó(hely) ['pe:nzva:lto:(hɛj)] Wechselstube
perc [pɛrts] Minute
peron ['pɛron] Bahnsteig
petrezselyem ['pɛtrɛʒɛjɛm] Petersilie
petróleum ['pɛtro:lɛum] Petroleum
pezsgő ['pɛʒgø:] Champagner
pezsgőmedence ['pɛʒgø:mɛdɛntsɛ] Whirlpool
piac ['piɔts] Markt
pihenőhely ['pihɛnø:hɛj] Rastplatz, Raststätte
pillanat ['pil:ɔnɔt] Augenblick
pillanatfelvétel ['pil:ɔnɔtfɛlve:tɛl] Schnappschuss
pillantás ['pil:ɔnta:ʃ] Blick
pilóta ['pilo:tɔ] Pilot/in
pincér/nő ['pintse:r/nø:] Kellner/in
pingpong ['pingpong] Tischtennis
pipa ['pipɔ] Pfeife
pirítós ['piri:to:ʃ] Toast
pirított ['piri:tot:] geröstet
piros ['piroʃ] rot
Piros Arany ['piroʃɔrɔɲ] Paprikacreme
(piros)paprika ['(piroʃ)pɔprikɔ] Paprika(pulver)
pissoir ['pisoa:r] Stehklosett
piszkos ['piskoʃ] schmutzig
piszok ['pisok] Schmutz
plakát ['plɔka:t] Plakat
plasztik ['plɔstik] Plastik

pofaszakáll ['pofɔsɔka:l:] Koteletten
pogácsa ['poga:tʃɔ] Rundes Salzgebäck
poggyász [poɖ:a:s] Gepäck
poggyászfeladás ['poɖ:a:sfɛlɔda:ʃ] Gepäckabfertigung
poggyászkiadás ['poɖ:a:skiɔda:ʃ] Gepäckausgabe
poggyászkuli ['poɖ:a:skuli] Gepäckwagen
pohár ['poha:r] Glas
polaroid kamera ['polɔroid 'kɔmerɔ] Sofortbildkamera
póló(ing) ['po:lo:(ing)] T-Shirt
pompás ['pompa:ʃ] herrlich
pontos *(adj.)* ['pontoʃ] genau, pünktlich
pontosan *(adv.)* ['pontoʃɔn] genau, pünktlich
por [por] Staub
porcelán ['portsɛla:n] Porzellan
póréhagyma ['po:re:hɔɖmɔ] Lauch
porhó ['porho:] Pulverschnee
pörkölt ['pørkølt] Gulasch
portál ['porta:l] Portal
portás ['porta:ʃ] Portier
portó ['porto:] Porto
portré ['portre:] Porträt
posta(hivatal) ['poʃtɔ(hivɔtɔl)] Post
postaláda ['poʃtɔla:dɔ] Briefkasten
postán maradó ['poʃta:n 'mɔrɔdo:] postlagernd
pótdíj ['po:d:i:j] Zuschlag
pótkerék ['po:tkɛre:k] Ersatzrad
pótol ['po:tol] ersetzen
praktikus ['prɔktikuʃ] praktisch
premier ['prømiɛr] Premiere
próba ['pro:bɔ] Probe
probléma ['proble:mɔ] Problem
program ['progrɔm] Programm
prospektus ['proʃpɛktuʃ] Prospekt
protézis ['prote:ziʃ] Prothese
púder ['pu:dɛr] (Gesichts)Puder
puha ['puhɔ] gar, weich, zart
pulóver ['pulo:vɛr] Pullover
pulzus ['pulzuʃ] Puls
pünkösd ['pynkøʒd] Pfingsten
puszta ['pustɔ] Heide

R

ráadásul ['ra:ɔda:ʃul] zusätzlich
rábeszél ['ra:bɛse:l] überreden
rablás ['rɔbla:ʃ] Überfall
radarellenőrzés ['rɔdɔrɛl:ɛnø:rze:ʃ] Radarkontrolle
rádió ['ra:dio:] Radio
rágógumi ['ra:go:gumi] Kaugummi
rágós ['ra:go:ʃ] zäh
rajz [rɔjz] Zeichnung
rajzfilm ['rɔjsfilm] Zeichentrickfilm
rajzol ['rɔjzol] zeichnen
rák [ra:k] Krabben, Krebs *(Tier, Medizin)*
rakpart ['rɔkpɔrt] Kai
rámpa ['ra:mpɔ] Rampe
randevú ['rɔndɛvu:] Verabredung
rándulás ['ra:ndula:ʃ] Zerrung
ravasz ['rɔvɔs] schlau

R-beszélgetés [ˈɛrbɛseːlgɛteːʃ] R-Gespräch
recepció [ˈrɛtsɛptsioː] Rezeption
recept [ˈrɛtsɛpt] Rezept
regény [ˈrɛgeːɲ] Roman
régészet [ˈreːgeːsɛt] Archäologie
reggel [ˈrɛgːɛl] morgen, Morgen, morgens
reggeli [ˈrɛgːɛli] Frühstück
reggelizik [ˈrɛgːɛlizik] frühstücken
reggelizőhelyiség [ˈrɛgːɛlizøːhɛjiʃeːg] Frühstücksraum
régi [ˈreːgi] alt *(Gegenstand)*
régió [ˈreːgio] Region
régiségkereskedés [ˈreːgiʃeːkːɛrɛʃkɛdɛːʃ] Antiquitätengeschäft
rekedt [ˈrɛkɛtː] heiser
reklamál [ˈrɛklɔmaːl] reklamieren
remél [ˈrɛmeːl] hoffen
remélhetőleg [ˈrɛmeːlhɛtøːlɛg] hoffentlich
rendben van [ˈrɛndbɛn vɔn] stimmen
rendelés [rɛndɛleːʃ] Bestellung
rendelési idő [ˈrɛndɛleːʃi ˈidøː] Sprechstunde
rendezés [ˈrɛndɛzeːʃ] Inszenierung, Regie
rendezvény [ˈrɛndɛzveːɲ] Veranstaltung
rendkívüli [ˈrɛntkiːvyli] außergewöhnlich, ungewöhnlich
rendőr/nő [ˈrɛndøːr/nøː] Polizist/in
rendőrség [ˈrɛndøːrʃeːg] Polizei
rendőrségi autó [ˈrɛndøːrʃeːgi ˈɔutoː] Polizeiwagen
rendszámtábla [ˈrɛntsaːmtaːblɔ] Nummernschild
rendszeres *(adj.)* [ˈrɛntsɛrɛʃ] regelmäßig
rendszeresen *(adv.)* [ˈrɛntsɛrɛʃɛn] regelmäßig
reneszánsz [ˈrɛnɛsaːns] Renaissance
repül [ˈrɛpyl] fliegen
repülés [ˈrɛpyleːʃ] Flug
repülőtér [ˈrɛpyløːteːr] Flughafen
repülőtéri busz [ˈrɛpyløːteːri ˈbus] Flughafenbus
repülőtéri illeték [ˈrɛpyløːteːriˈilːɛteːk] Flughafengebühr
rész [reːs] Teil
részeg [ˈreːsɛg] betrunken
részkaszkó [ˈreːskɔskoː] Teilkasko
részt vesz [reːst vɛs] teilnehmen
részvét [ˈreːzveːt] Mitleid
rét [reːt] Wiese
retteg (valamitől) [ˈrɛtːɛg (ˈvɔlɔmitøːl)] fürchten
rettenetes [ˈrɛtːɛnɛtɛʃ] fürchterlich
retúrjegy [ˈrɛtuːrjɛɟ] Rückfahrkarte
reuma [ˈrɛumɔ] Rheuma
(réz)karc [ˈ(reːz)kɔrts] Radierung

riasztóberendezés [ˈriɔstoːbɛrɛndɛzeːʃ] Alarmanlage
ritkán [ˈritkaːn] ab und zu, selten
rizs [riʒ] Reis
robogó [ˈrobogoː] Roller
rock(zene) [ˈrok(zɛnɛ)] Rock *(Musik)*
rögtön [ˈrøktøn] gleich *(sofort)*
rohan [ˈrohɔn] Rennen *(rasen)*
rokkant [ˈrokːɔnt] Schwerbehinderte/r, Schwerbehinderte
rokkantkocsis [ˈrokːɔntkotʃiʃ] Rollstuhlfahrer/in
rokkantsági igazolvány [ˈrokːɔntʃːaːgi ˈigɔzolvaːɲ] Behindertenausweis
rokon [ˈrokon] verwandt
rom [rom] Ruine
római [ˈroːmɔi] Römer, römisch
romlott [ˈromlotː] verdorben
röntgen [ˈrøngɛn] röntgen
röntgenkép [ˈrøngɛnkeːp] Röntgenaufnahme
röplabda [ˈrøplɔbdɔ] Volleyball
rossz *(adj.)* [rosː] schlecht; falsch; schlimm
rossz [ˈrosː] kaputt
rosszul *(adv.)* [ˈrosːul] schlecht
rovar [ˈrovɔr] Insekt
rovarcsípés [ˈrovɔrtʃiːpeːʃ] Insektenstich
rovarirtó (szer) [ˈrovɔrirtoː (ˈsɛr)] Insektenmittel
rövid [ˈrøvid] kurz
rövid ideig tartó [ˈrøvid ˈidɛig ˈtɔrtoː] kurzfristig
rövidfilm [ˈrøvidfilm] Kurzfilm
rövidítés [ˈrøvidiːteːʃ] Abkürzung
rövidnadrág [ˈrøvidnɔdraːg] Shorts
rövidzárlat [ˈrøvidzaːrlɔt] Kurzschluss
rozé bor [ˈrozeː ˈbor] Rosé
rozmaring [ˈrozmɔring] Rosmarin
rózsaszín [ˈroːʒɔsiːn] rosa
rubeola [ˈrubɛolɔ] Röteln
rugalmas betét [ˈrugɔlmɔʃ ˈbɛteːt] Elastikbinde
ruhaakasztó [ˈruhɔɔkɔstoː] Kleiderbügel
ruhacsipesz [ˈruhɔtʃipɛs] Wäscheklammern
ruhaszárító [ˈruhɔsaːriːtoː] Wäschetrockner
ruhatár [ˈruhɔtaːr] Garderobe
ruházat [ˈruhaːzɔt] Kleidung
rúzs [ruːʒ] Lippenstift

S

sáfrány [ˈʃaːfraːɲ] Safran
saját [ˈʃɔjaːt] eigen *(mit poss. pron.)*
sajnál [ˈʃɔjnaːl] bedauern
sajnos [ˈʃɔjnoʃ] leider
sajt [ʃɔjt] Käse
sál [ʃaːl] Schal
saláta [ˈʃɔlaːtɔ] Salat
salátabár [ˈʃɔlaːtɔbaːr] Salatbüfett
salátaöntet [ˈʃɔlaːtɔøntɛt] Dressing

sampon ['ʃɔmpon] Shampoo
sápadt ['ʃa:pɔt:] bleich
sapka ['ʃɔpkɔ] Mütze
sár ['ʃa:r] Schlamm
sárga ['ʃa:rgɔ] gelb
sárgabarack ['ʃa:rgɔbɔrɔtsk] Aprikosen
sárgadinnye ['ʃargɔdiɲ:ɛ] Honigmelone
sárgaláz ['ʃa:rgɔla:z] Gelbfieber
sárgarépa ['ʃa:rgɔre:pɔ] Karotten
sárkányrepülés ['ʃa:rka:ɲrɛpyle:ʃ] Drachenfliegen
sarok ['ʃɔrok] Ecke
sátor ['ʃa:tor] Zelt
sátorcövek ['ʃa:tortsøvɛk] Hering
sátorozik ['ʃa:torozik] zelten
sátorrúd ['ʃa:tor:u:d] Zeltstange
sátorzsinór ['ʃa:torʒino:r] Zeltschnur
savanyú ['ʃɔvɔɲu:] sauer
seb [ʃɛb] Narbe, Wunde
sebesség ['ʃɛbɛʃ:e:g] Gang, Geschwindigkeit
sebességmérő ['ʃɛbɛʃ:e:gme:rø:] Tachometer
sebességváltó ['ʃɛbeʃ:e:gva:lto:] Gangschaltung, Getriebe
sebész ['ʃɛbe:s] Chirurg/in
segélykérő telefon ['ʃɛge:jke:rø: 'tɛlɛfon] Notrufsäule
segít (nak/nek) ['ʃɛgi:t ('nɔk/'nɛk)] (jdm) helfen
segítség ['ʃɛgi:tʃ:e:g] Hilfe
sehol ['ʃɛhol] nirgends
selfibot ['sɛlfibot] Selfiestick
selyem ['ʃɛjɛm] Seide
selyemfestés ['ʃɛjɛmfɛʃte:ʃ] Seidenmalerei
semmi ['ʃɛm:i] nichts
semmit *(Akk.)* ['ʃɛm:it] nichts
senki ['ʃɛnki] keiner, niemand
sértés ['ʃe:rte:ʃ] Beleidigung
sertéshús [ʃɛrte:ʃhu:ʃ] Schweinefleisch
sérülés ['ʃe:ryle:ʃ] Verletzung
sérült ['ʃe:rylt] der/die Verletzte
séta ['ʃe:tɔ] Spaziergang
sétahajókázás ['ɔe:tɔhɔjo:ka:za:ʃ] Schifffahrt
sétál ['ʃe:ta:l] spazieren gehen
sétálóutca ['ʃe:ta:lo:uts:ɔ] Fußgängerzone
show-műsor ['ʃo:my:ʃor] Show
sí [ʃi:] Ski
síbot ['ʃsi:bot] Skistöcke
sícsizma ['ʃi:tʃizmɔ] Skistiefel
síelés ['ʃi:ɛle:ʃ] Ski laufen
siet ['ʃiɛt] s. beeilen
sífutás ['ʃi:futa:ʃ] Langlaufski
sífutópálya ['ʃi:futo:pa:jɔ] Loipe
sík [ʃi:k] flach *(Land)*
siklóernyő ['ʃiklo:ɛrɲø:] Gleitschirm
siklórepülés ['ʃiklo:rɛpyle:ʃ] Paragliding
síkötés['ʃi:køte:ʃ] Skibindung
síkság ['ʃi:kʃa:g] Ebene
sín [ʃi:n] Schiene
sínadrág ['si:nɔdra:g] Skihose

síoktató/nő [ˈʃi:oktɔto:/nø:] Skilehrer/in
sípcsont [ˈʃi:ptʃont] Schienbein
sír [ʃi:r] Grab, weinen
sirály [ˈʃira:j] Möwe
síremlék [ˈʃi:rɛmle:k] Grabmal
síszemüveg [ˈʃi:sɛmyvɛg] Skibrille
sítanfolyam [ˈʃi:tɔnfojɔm] Skikurs
sízés [ˈʃi:ze:ʃ] Ski laufen
skanzen [ˈʃkɔnzɛn] Freilichtmuseum
snidling [ˈʃnidling] Schnittlauch
só [ʃo:] Salz
sógor [ˈʃo:gor] Schwager
sógornő [ˈʃo:gornø:] Schwägerin
soha [ˈʃohɔ] nie
sok [ʃok] viel
sokat *(Akk.)* [ˈʃokɔt] viel
sonka [ˈʃonkɔ] Schinken
sör [ʃør] Bier
sörnyitó [ˈʃørɲito:] Flaschenöffner
sort [ʃort] Shorts
sótartó [ˈʃo:tɔrto:] Salzstreuer
sötét [ˈʃøte:t] dunkel
sötétkék [ˈʃøte:t ke:k]**/sötétzöld** [ˈʃøte:t zøld] dunkelblau/ dunkelgrün
sovány [ˈʃova:ɲ] mager
spárga [ˈʃpa:rgɔ] Spargel
speciális [ˈʃpɛtsia:liʃ] speziell
specialitás [ˈʃpɛtsiɔlita:ʃ] Spezialität
spenót [ˈʃpɛno:t] Spinat
spiritusz [ˈʃpiritus] Brennspiritus
sport [ʃport] Sport
sportoló [ˈʃportolo:] Sportler/in
sportpálya [ˈʃportpa:jɔ] Sportplatz
sportszerek [ˈʃports:ɛrɛk] Sportartikel
stadion [ˈʃtɔdion] Stadion
stég [ʃte:g] Steg
steward(ess) [ˈs uard(ɛs:)] Steward/ess
stílus [ˈʃti:luʃ] Stil
stimmel [ˈʃtim:ɛl] stimmen
stoppol [ˈʃtop:ol] trampen
strand [ʃtrɔnd] Strand
strandcipő [ˈʃtrɔntsipø:] Strandschuhe
strandröplabda [ˈʃtrɔndrøplɔbdɔ] Beach-Volleyball
stúdió [ˈʃtu:dio:] Studio
sügér [ˈʃyge:r] Barsch
süket [ˈʃykɛt] gehörlos, Gehörlose/r, taub
süketnéma [ˈʃykɛtne:mɔ] Taubstumme(r), taubstumm
sült [ʃylt] gebacken, gebraten
súly [ˈʃu:j] Gewicht
súlyosan fogyatékos [ˈʃu:joʃ:ɔn ˈfoɖɔte:koʃ] Schwerbehinderte/r
sürgős *(adj.)* [ˈʃyrgø:ʃ] dringend, eilig
sürgősen *(adv.)* [ˈʃyrgø:ʃɛn] dringend
sütemény [ˈsytɛme:ɲ] Kuchen
Svájc [ˈʃva:jts] Schweiz
svájci (ember)/nő [ˈʃva:jtsi (ˈɛmbɛr)/ˈnø:] Schweizer/in

svájci frank [ˈʃva:jtsi ˈfrɔnk] Schweizer Franken
svédasztal [ˈʃve:dɔstɔl] Frühstücksbüfett
szabad [ˈsɔbɔd] dürfen, frei
szabad! [ˈsɔbɔd] herein!
szabadság [ˈsɔbɔtʃ:a:g] Ferien, Urlaub
szabadtéri mozi [ˈsɔbɔt:e:ri ˈmozi] Freilichtkino
szabadtéri múzeum [ˈsɔbɔt:e:ri ˈmu:zɛum] Freilichtmuseum
szabadtéri színpad [ˈsɔbɔt:e:ri ˈsi:npɔd] Freilufttheater
szabályoz [ˈsɔba:joz] regeln
szabó/varró/nő [ˈsɔbo:/vɔr:o:/nø:] Schneider/in
szaftos [ˈsɔftoʃ] saftig
szag [sɔg] Geruch
szaglik [ˈsɔglik] riechen, es riecht (nach) ...
szaharin [ˈsɔhɔrin] Süßstoff
száj [sa:j] Mund
szakács/nő [ˈsɔka:tʃ/nø:] Koch/Köchin
szakácskönyv [ˈsɔka:tʃkøɲv] Kochbuch
szakadék [ˈsɔkɔde:k] Schlucht
szakáll [ˈsɔka:l:] Bart
szakasz [ˈsɔkɔs] Abteil
szakorvos [ˈsɔkorvoʃ] Facharzt/ärztin
szalag [ˈsɔlɔg] Haarband
szalagszakadás [ˈsɔlɔksɔkɔda:ʃ] Bänderriss
szalámi [ˈsɔla:mi] Salami
szálka [ˈsa:lkɔ] Gräte
szállás [ˈsa:l:a:ʃ] Unterkunft
szállító szolgálat [ˈsa:l:i:to: ˈsolga:lɔt] Fahrdienst
szálló, szálloda [ˈsa:l:odɒ] Hotel
szalmaszál [ˈsɔlmɔsa:l] Strohhalm
szalvéta [ˈsɔlve:tɔ] Serviette
szám [sa:m] Zahl, Nummer
szamár [ˈsɔma:r] Esel
szamárköhögés [ˈsɔma:rkøhøge:ʃ] Keuchhusten
számla [ˈsa:mlɔ] Rechnung
számol [ˈsa:mol] zahlen *(rechnen)*, zählen
számológép [ˈsa:molo:ge:p] Taschenrechner
szandál [ˈsɔnda:l] Sandalen
szándékozik [ˈsa:nde:kozik] beabsichtigen
szánkó [ˈsa:nko:] Schlitten
szánkózik [ˈsa:nko:zik] Schlitten fahren
szappan [ˈsɔp:ɔn] Seife
száraz [ˈsa:rɔz] trocken
száraz haj [ˈsa:rɔz ˈhɔj] trockenes Haar
szárazföld [ˈsa:rɔsføld] Festland
(szárazparti) kirándulás [ˈ(sa:rɔspɔrti) ˈkira:ndula:ʃ] Landausflug
szárít [ˈsa:ri:t] föhnen, trocknen
szárítókötél [ˈsa:ri:to:køte:l] Wäscheleine

származik [ˈsaːrmɔzik] stammen (aus)
szárny [ˈsaːrɲ] Flügel
szauna [ˈsaunɔ] Sauna
száz [saːz] hundert
százalék [ˈsaːzɔleːk] Prozent
százegy [ˈsaːzɛɖː] hunderteins
szecesszió [ˈsɛtsɛsːioː] Jugendstil
szed [sɛd] pflücken
szeder [ˈsɛdɛr] Brombeeren
szédül [ˈseːdyl] schwindlig werden
szédülés [ˈseːdyleːʃ] Schwindel
széf [seːf] Safe
szegény [ˈsɛgeːɲ] arm
szék [seːk] Stuhl
székesegyház [ˈseːkɛʃɛɖhaːz] Dom, Kathedrale
széklet [ˈseːklɛt] Stuhlgang
szekrény [ˈsɛkreːɲ] Schrank
szél [ˈseːl] Wind
szélcsend [ˈseːltʃɛnd] Flaute
szélerősség [ˈseːlɛrøːsːeːg] Windstärke
széles [ˈseːlɛʃ] breit
szélesség [ˈseːlɛʃːeːg] Breite
szelet [ˈsɛlɛt] Scheibe
szélhámosság [seːlhaːmoʃːaːg] Betrug
szélirány [ˈseːliraːɲ] Windrichtung
szellemi fogyatékos [ˈsɛlːɛmi ˈfoɖɔteːkoʃ] geistig behindert
széllovas [ˈseːlːovɔʃ] Windsurfer
szeltelt/szeletelhető sajt [ˈsɛlɛtɛlt/ ˈsɛlɛtɛlhɛtøː ʃɔjt] Schnittkäse
szélvédő (üveg) [ˈseːlveːdø (ˈyvɛg)] Windschutzscheibe
szemben [ˈsɛmbɛn] gegenüber
szemcsepp [ˈsɛmtʃɛpː] Augentropfen
szemek [ˈsɛmɛk] Augen
személy [ˈsɛmeːj] Person
személyes *(adj.)* [ˈsɛmeːjɛʃ] persönlich
személyesen *(adv.)* [ˈsɛmeːjɛʃɛn] persönlich
személyi adatok [ˈsɛmeːjːi ˈɔdɔtok] Personalien
személyi igazolvány [ˈsɛmeːji ˈigɔzolvaːɲ] Personalausweis
személyzet [ˈsɛmeːjzɛt] Personal
szemét [ˈsɛmeːt] Abfall, Müll
szemetes zacskó [ˈsɛmɛtɛʒ ˈzɔtʃkoː] Abfallbeutel
szemetesvödör [ˈsɛmeːtɛʃvødør] Abfalleimer
széméttartály [ˈsɛmeːtːɔrtaːj] Mülltonne
szempillafesték [ˈsɛmpilːɔfɛʃteːk] Wimperntusche
szempillatus [ˈsɛmpilːɔtuʃ] Wimperntusche
szemtelen [ˈsɛmtɛlɛn] unverschämt
szénanátha [ˈseːnɔnaːthɔ] Heuschnupfen
szennyes [ˈsɛɲːɛʃ] Wäsche
szent [sɛnt] heilig
szenteste [ˈsɛntɛʃtɛ] Heiliger Abend

szép [se:p] schön
szeptember ['sɛptɛmbɛr] September
szer [sɛr] Mittel
szerda ['sɛrdɔ] Mittwoch
szerecsendió ['sɛrɛtʃɛndio:] Muskatnuss
szerelem ['sɛrɛlɛm] Liebe
szerencse ['sɛrɛntʃɛ] Glück
szerencsés ['sɛrɛntʃe:ʃ] glücklich *(Glück haben)*
szerencsétlenség ['sɛrɛntʃe:tlɛnʃe:g] Unglück
szeret ['sɛrɛt] lieben, mögen *(gern haben)*
szerszám ['sɛrsa:m] Werkzeug
szervíz ['sɛrvi:z] Werkstatt
(szerzetes)rend [('sɛrzɛtɛʃ)rɛnd] Orden *(relig.)*
szerződés ['sɛrzø:de:ʃ] Vertrag
szeszesitalok boltja ['sɛsɛʃitɔlok 'boltja] Spirituosengeschäft
szex [sɛks] Sex
szexuális molesztálás ['sɛksua:liʃ 'molɛsta:la:ʃ] sexuelle Belästigung
szezon ['sɛzon] Saison
szid [sid] schimpfen
sziget ['sigɛt] Insel
szikla ['siklɔ] Fels
(szikla)barlang ['(siklɔ)bɔrlɔng] Grotte
sziklafal ['siklɔfɔl] Felswand
szilva ['silvɔ] Pflaumen
szilveszter ['silvɛstɛr] Silvester
szimfónikus hangverseny ['simfo:nikuʃ 'hɔngvɛrʃɛɲ] Sinfoniekonzert
szimpatikus ['simpɔtikuʃ] sympathisch
színdarab ['si:ndɔrɔb] Theaterstück
színes ['si:nɛʃ] farbig
színes ceruza ['si:nɛʃ 'tsɛruzɔ] Farbstift
színész/nő ['si:ne:s/nø:] Schauspieler/in
színez ['si:nez] tönen
színház ['si:nha:z] Theater
színházi társulat ['si:nha:zi 'ta:rʃulɔt] Theatergruppe
színjáték ['si:nja:te:k] Schauspiel
szinkronfelirat ['sinkronfɛlirɔt] Untertitel
szív [si:v] Herz
szivar ['sivɔr] Zigarre
szívélyes *(adj.)* ['si:ve:jɛʃ] herzlich
szívélyes ['si:ve:jɛʃ] liebenswürdig
szívélyesen *(adv.)* ['si:ve:jɛʃɛn] herzlich
szívesebben ['si:vɛʃɛb:ɛn] lieber
szívesen ['si:vɛʃɛn] gern
szívinfarktus ['si:vinfɔrktuʃ] Herzinfarkt
szívpanaszok ['si:fpɔnɔsok] Herzbeschwerden
szívritmusszabályzó ['si:vritmuʃsɔba:jzo:] Herzschrittmacher
szívroham ['si:vrohɔm] Herzanfall

szó [so:] Wort
szoba ['sobɔ] Raum, Zimmer
szobalány ['sobɔla:ɲ] Zimmermädchen
szobatelefon ['sobɔtɛlɛfon] Zimmertelefon
szobor ['sobor] Plastik *(Kunst)*, Skulptur, Statue
szobrász ['sobra:s] Bildhauer
szokás ['soka:ʃ] gebräuchlich
szokásos ['soka:ʃoʃ] gewöhnlich, üblich
szokatlan ['sokɔtlɔn] ungewöhnlich
szőke ['sø:kɛ] blond
szoknya ['sokɲɔ] Rock
szolárium ['sola:rium] Solarium
szólista ['so:liʃtɔ] Solist/in
szőlő ['sø:lø:] Trauben, Weintrauben
szőlőcukor ['sø:lø:tsukor] Traubenzucker
szőlőhegy ['sø:lø:hɛɖ] Weinberg
(szőlő)szüret ['(søl:ø:)syrɛt] Weinlese
szombat ['sombɔt] Samstag
szomjas ['somjɔʃ] Durst haben
szomorú ['somoru:] traurig
szomszéd/szomszédasszony ['somse:d/'somse:dɔs:oɲ] Nachbar/in
szórakozás ['so:rɔkoza:ʃ] Vergnügen
szórakozik ['so:rɔkozik] s. amüsieren
szórakozni megy ['so:rɔkozni 'mɛɖ] ausgehen
szörfdeszka ['sørfdɛskɔ] Surfbrett
szörfözik ['sørføzik] surfen, windsurfen
szőrme ['sø:rmɛ] Fell
szoros ['soroʃ] Pass
szorulás ['sorula:ʃ] Verstopfung
szűk [sy:k] eng
szüksége van (-ra/-re) ['sykʃe:gɛ vɔn (-'rɔ/-'rɛ)] benötigen
szüksége van ['sykʃe:gɛ vɔn] brauchen
szükséges ['sykʃe:gɛʃ] notwendig
szükséghelyzet ['sykʃe:ghɛjzɛt] Notfall
születési hely ['sylɛte:ʃi 'hɛj] Geburtsort
születési idő ['sylɛte:ʃi 'idø:] Geburtsdatum
születésnap ['sylɛte:ʃnɔp] Geburtstag
született ['sylɛtɛt:] geboren
szülők ['syløːk] Eltern
szünet ['synɛt] Ferien *(Schule)*, Pause
szúnyog ['su:ɲog] Mücke
szupermarkt ['supɛrmɔrkt] Supermarkt
szúr [su:r] stechen
szúrás ['su:ra:ʃ] Stich
szürke ['syrkɛ] grau

T

tábla [ˈtaːblɔ] Schild
tabletta [ˈtɔblɛtːɔ] Tablette
táj [taːj] Landschaft
tájékoztat [ˈtaːjeːkostɔt] informieren
tál [taːl] Schüssel
talál [ˈtɔlaːl] finden
található [ˈtɔlaːlhɔtoː] s. befinden
találkozik [ˈtɔlaːlkozik] begegnen, treffen
talált tárgyak osztálya [ˈtɔlaːlt ˈtaːrɟɔk ˈostaːjɔ] Fundbüro
talán [ˈtɔlaːn] vielleicht
talp [ˈtɔlp] Sohle
tályog [ˈtaːjog] Abszess
tampon [ˈtɔmpon] Tampon
tanács [ˈtɔnaːtʃ] Rat
tanácsháza [ˈtɔnaːtʃhaːzɔ] Rathaus
tanácsol [ˈtɔnaːtʃol] raten
tánc [taːnts] Tanz
táncol [ˈtaːntsol] tanzen
táncos/nő [ˈtaːntsoʃ/nøː] Tänzer/in
táncszínház [ˈtaːntssiːnhaːz] Tanztheater
tánczenekar [ˈtaːntszɛnɛkɔr] Tanzkapelle
tanfolyam [ˈtɔnfojɔm] Kurs
tanít [ˈtɔniːt] lehren, unterrichten
tank [ˈtɔnk] Tank
tankol [ˈtɔnkol] tanken
tanu [ˈtɔnu] Zeuge/Zeugin
tanul [ˈtɔnul] lernen, studieren
tanya [ˈtɔɲɔ] Bauernhof
tányér [ˈtaːɲeːr] Teller
tapasz [ˈtɔpɔs] Pflaster
tapasztalt [ˈtɔpɔstɔlt] erfahren *(adj.)*
tapogatóbot [ˈtɔpogɔtoːbot] Taststock
taps [tɔpʃ] Beifall *(klatschen)*
tárcsáz [ˈtaːrtʃaːz] wählen *(Telefon)*
tárgy [ˈtaːrɟ] Gegenstand
tarka [ˈtɔrkɔ] bunt
társalgó [ˈtaːrʃɔlgoː] Aufenthaltsraum
tart [tɔrt] halten; dauern
tart valamitől [ˈtɔrt ˈvɔlɔmitøːl] befürchten
tartalmaz [ˈtɔrtɔlmɔz] enthalten
tartalom [ˈtɔrtɔlom] Inhalt
tartály [ˈtɔrtaːj] Behälter
tartós [ˈtɔrtoːʃ] haltbar
tartóshullám [ˈtɔtroːʃhulːaːm] Dauerwelle
tartozik [ˈtɔrtozik] gehören
tartózkodás [ˈtɔrtoːskodaːʃ] Aufenthalt
tartózkodik [ˈtɔrtoːskodik] s. aufhalten
táska [ˈtaːʃkɔ] Tasche
tatárok [ˈtɔtaːrok] Tataren
táv(olsági) beszélgetés [ˈtaːv(olʃaːgi) ˈbɛseːlgɛteːʃ] Ferngespräch
tavasz [ˈtɔvɔs] Frühling
távfény [ˈtaːfːeːɲ] Fernlicht
távirat [ˈtaːvirɔt] Telegramm

távolság [ˈtaːvolʃaːg] Entfernung
távolsági autóbusz [ˈtaːvolʃaːgi ˈɔutoːbus] Überlandbus
taxiállomás [ˈtɔksiaːlːomaːʃ] Taxistand
taxisofőr [ˈtɔksiʃoføːr] Taxifahrer/in
T-dugó [ˈteːdugoː] Zwischenstecker
te [tɛ] du
tea [ˈtɛɔ] Tee
teáskanál [ˈtɛaːʃkɔnaːl] Teelöffel
téged [ˈteːgɛd] dich
tegnap [ˈtɛgnɔp] gestern
tegnapelőtt [ˈtɛgnɔpɛløːtː] vorgestern
tehát [ˈtɛhaːt] also
teherautó [ˈtɛhɛrɔutoː] Lastwagen
tej [tɛj] Milch
tejföl [ˈtɛjføl] saure Sahne
tejszín [ˈtɛjsiːn] Sahne
tejszínhab [ˈtɛjsiːnhɔb] Schlagsahne
tél [teːl] Winter
tele [ˈtɛlɛ] voll
telefon [ˈtɛlɛfon] Telefon
telefonál [ˈtɛlɛfonaːl] telefonieren
telefonfülke [ˈtɛlɛfonfylkɛ] Telefonzelle
telefonhívás [ˈtɛlɛfonhiːvaːʃ] Anruf
telefonkártya [ˈtɛlɛfonkaːrtɔ] Telefonkarte
telefonkönyv [ˈtɛlɛfonkøɲv] Telefonbuch
telefonszám [ˈtɛlɛfonsaːm] Telefonnummer
teleobjektiv [ˈtɛlɛobjɛktiːv] Teleobjektiv
televízió [ˈtɛlɛviːzioː] Fernseher
telex [ˈtɛlɛks] Telex
téli gumi [ˈteːli ˈgumi] Winterreifen
teljes kaszkó [ˈtɛjːɛʃ ˈkɔskoː] Vollkasko
teljes panzió [ˈtɛjːɛʃ ˈpɔnzioː] Vollpension
telt [ˈtɛlt] voll
temető [ˈtɛmɛtøː] Friedhof
templom [ˈtɛmplom] Kirche, Tempel
templomtorony [ˈtɛmplomtoroɲ] Kirchturm
tenger [tɛngɛr] Meer, See *(die)*
tengeri beteg [ˈtɛngɛri ˈbɛtɛg] seekrank sein
(tengeri) hullámzás [ˈ(tɛngɛri) ˈhulːaːmzaːʃ] Seegang
(tenger)part [ˈ(tɛngɛr)pɔrt] Küste
tenisz [ˈtɛnis] Tennis
teniszütő [ˈtɛnisytøː] Tennisschläger
tény [teːɲ] Tatsache
tér [ˈteːr] Platz *(Ort)*
terápia [ˈtɛraːpiɔ] Therapie
terasz [ˈtɛrɔs] Terrasse
térd [teːrd] Knie
terelőút [ˈtɛrɛløːuːt] Umleitung
terem [ˈtɛrɛm] Saal
terep [ˈtɛrɛp] Gelände *(Erdboden)*

terepjáró kerékpár [ˈtɛrɛpjaːroː ˈkɛreːkpaːr] Mountainbike
terhes [ˈtɛrhɛʃ] lästig
terhesség [ˈtɛrhɛʃːeːg] Schwangerschaft
teríték [ˈtɛriːteːk] Gedeck
térkép [ˈteːrkeːp] Landkarte
termék [ˈtɛrmeːk] Produkt
természet [ˈtɛrmeːsɛt] Natur
természetes *(adj.)* [ˈtɛrmeːsɛtɛʃ] natürlich
természetesen *(adv.)* [ˈtɛrmeːsɛtɛʃɛn] natürlich
természetvédelmi terület [ˈtɛrmeːsɛdveːdɛlmi ˈtɛrylɛt] Naturschutzgebiet
terminál [ˈtɛrminaːl] Terminal
termosz [ˈtɛrmos] Thermosflasche®
terület [ˈtɛrylɛt] Gelände *(Gebiet)*, Region
terv [tɛrv] Plan
tessék! [ˈtɛʃːeːk] herein!
test [tɛʃt] Körper
testi fogyatékosság [ˈtɛʃti ˈfoɖɔteːkoʃːaːg] Körperbehinderung
testpakolás [ˈtɛʃtpɔkolaːʃ] Körperpackung
tesz [tɛs] tun
tetanusz [ˈtɛtɔnus] Tetanus
tető [ˈtɛtøː] Dach
tetőpont [ˈtɛtøːpont] Höhepunkt
tetszik [ˈtɛtsːik] gefallen
tévé [ˈteːveː] Fernseher
téved [ˈteːvɛd] s. täuschen, s. verrechnen
tévedés [ˈteːvɛdeːʃ] Irrtum
tévészoba [ˈteːveːsobɔ] Fernsehraum
thriller [ˈtrilːɛr] Thriller
tied [ˈtiɛd] dein, euer
tífusz [ˈtiːfus] Typhus
tilalmi idő [ˈtilɔlmi ˈidøː] Schonzeiten
tilalom [ˈtilɔlom] Verbot
tilos [ˈtiloʃ] verboten
tiltakozik [ˈtiltɔkozik] protestieren, s. weigern
tintahal [ˈtintɔhɔl] Tintenfisch
tipikus [ˈtipikuʃ] typisch
tipp [tipː] Tipp
Tisza [ˈtiːsɔ] Theiß
tiszta [ˈtistɔ] sauber
tisztít [ˈtistiːt] reinigen
tisztítás [ˈtistiːtaːʃ] Reinigung
titeket *(Akk.)* [titɛkɛt] euch
titkos [ˈtitkoʃ] geheim
titkos szám [ˈtitkoʃ ˈsaːm] Geheimzahl
titokban [ˈtitogbɔn] heimlich
tíz [tiːz] zehn
tíz perccel ezelőtt [ˈtiːz ˈpɛrtsːɛl ˈɛzɛløːtː] vor zehn Minuten
tizenegy [ˈtizɛnɛɖː] elf
tó [toː] See, der
toalett mozgáskorlátozottak részére [ˈtoɔlɛtː ˈmosgaːʃkorlaːtozotːɔk ˈreːseːrɛ] Behindertentoilette

több [ˈtøb:] mehr
több mint [ˈtøb: ˈmint] über *(mehr als)*
többet *(Akk.)* [ˈtøb:ɛt] mehr
tojás [ˈtoja:ʃ] Eier
tök [tøk] Kürbis
tőlem [ˈtø:lɛm] meinetwegen
tollaslabda [ˈtol:ɔʃlɔbdɔ] Badminton, Federball
tolókocsi/rokkantkocsi [ˈtolo:kotʃi/ˈrok:ɔntkotʃi] Rollstuhl
tolókocsi/rokkantkocsi használatára alkalmas [ˈtolo:kotʃi/ˈrok:ɔntkotʃi ˈhɔsna:lɔta:rɔ ˈɔlkɔlmɔʃ] rollstuhlgerecht
tolótető [ˈtolo:tɛtø:] Schiebedach
töltőkészülék [ˈtøltø:ke:syle:k] Ladegerät
töltött [ˈtøltøt:] gefüllt
tolvaj [ˈtolvɔj] Dieb
tömb [ˈtømb] Block
tömés [ˈtøme:ʃ] Plombe
tömlő [ˈtømlø:] Schlauch *(Leitung)*
tompított fény [ˈtompi:tot: ˈfe:ɲ] Abblendlicht
tonhal [ˈtonhɔl] Thunfisch
törés [ˈtøre:ʃ] Bruch
torkolat [ˈtorkolɔt] Mündung
torna [ˈtornɔ] Gymnastik
tornacipő [ˈtornɔtsipø:] Turnschuhe
törődik (val/vel) [ˈtørø:dik (ˈvɔl/ˈvɛl)] s. kümmern (um)
torok [ˈtorok] Hals
török [ˈtørøk] türkisch
torokfájás [ˈtorokfa:ja:ʃ] Halsschmerzen
torokfájás elleni tabletta [ˈtokfa:ja:ʃ ˈɛl:ɛni ˈtɔblɛt:ɔ] Halstabletten
torokgyulladás [ˈtorogɖul:ɔda:ʃ] Angina
törökök [ˈtørøkøk] Türken
torony [ˈtoroɲ] Turm
történelem [ˈtørte:nɛlɛm] Geschichte
törülköző [ˈtørylkøzø:] Handtuch
további hét [ˈtova:b:i ˈhe:t] Verlängerungswoche
továbbít [ˈtova:b:i:t] nachsenden
trafik [ˈtrɔfik] Tabakladen
tragédia [ˈtrɔge:diɔ] Tragödie
transzferbusz [ˈtrɔnsfɛrbus] Transferbus
tréfa [ˈtre:fɔ] Spaß *(Scherz)*
trekking bicikli [ˈtrɛk:ing ˈbitsikli] Trekkingrad
tréningnadrág [ˈtre:ningnɔdra:g] Jogginghose
trolibusz [ˈtrolibus] Obus
tű [ty:] Nadel
tud [tud] können, wissen
tudakozó [ˈtudɔkozo:] Auskunft *(Telefon)*
tüdő [ˈtydø:] Lunge
tüdőgyulladás [ˈtydø:ɖul:ɔda:ʃ] Lungenentzündung
tükör [ˈtykør] Spiegel
tulajdonképpen [ˈtulɔjdɔnke:p:ɛn] eigentlich

tulajdonos [ˈtulɔjdonoʃ] Eigentümer/in
tulajdonos/nő [ˈtulɔjdonoʃ/nøː] Besitzer/in
tulajdonság [ˈtulɔjdonʃaːg] Eigenschaft
túlsúj [ˈtuːlʃuːj] Übergewicht
túlzott *(adj.)* [ˈtuːlzotː] übertrieben
túlzottan *(adv.)* [ˈtuːlzotːɔn] übertrieben
túra [ˈtuːrɔ] Tour *(Sport)*
türelem [ˈtyrɛlɛm] Geduld
turista [ˈturiʃtɔ] Tourist/in
turistacsoport [ˈturiʃtɔtʃoport] Reisegesellschaft
turistatérkép [ˈturiʃtɔteːrkeːp] Wanderkarte
turistaút [ˈturiʃtɔuːt] Wanderweg
türkiz(kék) [ˈtyrkis(keːk)] türkis(blau)
túró [ˈtuːroː] Quark
Túró Rudi [ˈtuːroː ˈrudi] Quarkröllchen
tusfürdő [ˈtuʃfyrdøː] Duschgel
tusolóülőke [ˈtuʃoloːyløːkɛ] Duschsitz
tüsszent [ˈtysːɛnt] niesen
tűz [tyːz] Feuer
tűzhely [ˈtyːshɛj] Herd
tüzijáték [ˈtyzijaːteːk] Feuerwerk
tűzjelző [ˈtyːzjɛlzøː] Feuermelder
tűzoltókészülék [ˈtyːzoltoːkeːsyleːk] Feuerlöscher
tűzoltóság [ˈtyːzoltoːʃaːg] Feuerwehr
tűzveszélyes [ˈtyːzvɛseːjɛʃ] feuergefährlich

U

uborka [ˈuborkɔ] Gurke
üdülő [ˈydyløː] Ferienwohnung
üdülőtelep [ˈydyløːtɛlɛp] Ferienanlage
udvar [ˈudvɔr] Hof
udvarias [ˈudvɔriɔʃ] höflich
üdvözöl [ˈydvøzøl] begrüßen
üdvözöljük! [ˈytvøzøljyk] willkommen!
ugrik [ˈugrik] springen
ügy [yɟ] Sache *(Angelegenheit)*
ugyanakkor [ˈuɟɔnɔkːor] gleichzeitig
ugyanaz [ˈuɟɔnɔz] dasselbe
ügykezelés [ˈyɟkɛzɛleːʃ] Verwaltung *(Firma)*
ügynökség [ˈyɟnøkʃeːg] Agentur
ügyvéd/nő [ˈyɟveːd/nøː] Rechtsanwalt/anwältin
új [ˈuːj] neu
Újév [ˈuːjeːv] Neujahr
ujj [ujː] Finger
ujja [ˈujːɔ] Ärmel
újra [ˈuːjrɔ] wieder
újság [ˈuːjʃaːg] Neuigkeit, Zeitung
újságárus [ˈuːjʃaːgaːruʃ] Zeitungshändler
ül [yl] sitzen
ülés [ˈyleːʃ] Sitz
unalmas [ˈunɔlmɔʃ] langweilig

ünnep [ˈynːɛp] Fest
unoka [ˈunokɔ] Enkel/in
unokabáty [ˈunokɔbaːt] älterer Cousin
unokahug [ˈunokɔhug] jüngere Cousine
unokanővér [ˈunokɔnøːveːr] ältere Cousine
unokaöcs [ˈunokɔøtʃː] jüngerer Cousin
unokatestvér [ˈunokɔtɛʃtveːr] Cousin/e
úr [uːr] Herr
üres [ˈyrɛʃ] leer
üresjárat [ˈyrɛʃjaːrɔt] Leerlauf
ürítés [ˈyriːteːʃ] Leerung
űrlap [ˈyːrlɔp] Formular
úrnapja [ˈuːrnɔpjɔ] Fronleichnam
ürühús [ˈyryhuːʃ] Hammelfleisch
úszik [ˈuːsik] schwimmen
úszó [ˈuːsoː] Schwimmer/in
úszómedence [ˈuːsoːmɛdɛntsɛ] Swimmingpool
úszómellény [ˈuːsoːmɛlːeːɲ] Schwimmweste
úszómester [ˈuːsoːmɛʃtɛr] Bademeister
úszóöv/úszógumi [ˈuːsoːøv/ˈuːsoːgumi] Schwimmring
úszótanfolyam [ˈuːsoːtɔnfojɔm] Schwimmkurs
út [uːt] Fahrt, Straße, Weg
üt [ˈyt] schlagen
utalvány [ˈutɔlvaːɲ] Gutschein
után [ˈutaːn] nach *(zeitlich)*
utána [ˈutaːnɔ] danach
utas [ˈutɔʃ] Fahrgast, Passagier
utaslépcső [ˈutɔʃleːptʃøː] Flugsteig
utazás [ˈutɔzaːʃ] Fahrt, Reise
utazási iroda [ˈutɔzaːʃi ˈirodɔ] Reisebüro
utazik [ˈutɔzik] reisen
utazótáska [ˈutɔzoːtaːʃkɔ] Reisetasche
utca [ˈutsːɔ] Gasse, Straße
úthasználati díj [ˈuːthɔsnaːlɔti ˈdiːj] Straßenbenutzungsgebühr
úticsekk [ˈuːtitʃɛkː] Reisescheck
útikalauz [ˈuːtikɔlɔuz] Reiseführer *(Buch)*
útjelző [ˈuːtjɛlzøː] Wegweiser
útközben [ˈuːtkøzbɛn] unterwegs
útlevél [ˈuːtlɛveːl] Reisepass
útlevélellenőrzés [ˈuːtlɛveːlɛlːɛnøːrzeːʃ] Passkontrolle
ütő [ˈytøː] Schläger
ütődés [ˈytøːdeːʃ] Prellung
utolsó [ˈutolʃoː] letzte(r, -s)
utolsó előtti [ˈutolʃoː ˈɛløːtːi] vorletzte(r, -s)
úton [ˈuːton] unterwegs
utószezon [ˈutoːsɛzon] Nachsaison
(út)szakasz [ˈ(uːt)sɔkɔs] Strecke *(Abschnitt)*
útvonal [ˈuːdvonɔl] Route, Strecke *(Route)*
üveg [ˈyvɛg] Flasche
üvegfestészet [ˈyvɛkfɛʃteːsɛt] Glasmalerei

üzenetrögzítő [ˈyzɛnɛtrøgziːtøː] Anrufbeantworter

V

vacsora [ˈvɔtʃorɔ] Abendessen
vad [vɔd] wild
vadaspark [ˈvɔdɔʃpɔrk] Wildpark
vadászat [ˈvɔdaːsɔt] Jagd
vadvízi evezés [ˈvɔdvizi ˈɛvɛzeːʃ] Rafting
vág [vaːg] schneiden
vágány [ˈvaːgaːɲ] Gleis
vagdalt hús [ˈvɔgdɔlt ˈhuːʃ] Hackfleisch
vágott seb [ˈvaːgot: ˈʃɛb] Schnittwunde
vagy [ˈvɔɟ] oder
vagy ... vagy [ˈvɔɟ ... ˈvɔɟ] entweder ... oder
vaj [vɔj] Butter
vajon ... -e [ˈvɔjon ˈɛ] ob
vak [ˈvɔk] blind, Blinde/r
vakbél [ˈvɔgbeːl] Blinddarm
vakbélgyulladás [ˈvɔgbeːlɟulːɔdaːʃ] Blinddarmentzündung
vaku [ˈvɔku] Blitzgerät
vakvezető kutya [ˈvɔkvɛzɛtøː ˈkucɔ] Blindenhund
valaki [ˈvɔlɔki] irgendjemand
valami [ˈvɔlɔmi] etwas
valamit *(Akk.)* [ˈvɔlɔmit] etwas
válaszol [ˈvaːlɔsol] antworten, beantworten
választ [ˈvaːlɔst] wählen *(auswählen)*
választék [ˈvaːlɔsteːk] Auswahl, Scheitel
váll [vaːlː] Schulter
vallás [ˈvɔlːaːʃ] Konfession, Religion
vállra akasztható táska [ˈvaːlːrɔ ˈɔkɔsthɔtoː ˈtaːʃkɔ] Umhängetasche
valóban [ˈvɔloːbɔn] wirklich
valódi [ˈvɔloːdi] echt
valószínű [ˈvɔloːsiːnyː] wahrscheinlich
valószínűtlen [ˈvɔloːsiːnyːtlɛn] unwahrscheinlich
(váltási) árfolyam [(ˈvaːltaːʃi) ˈaːrfojɔm] Wechselkurs
változ(tat)ás [ˈvaːltoz(tɔt)aːʃ] Veränderung
változás [ˈvaːltozaːʃ] Wechsel *(Veränderung)*
változékony [ˈvaːltozeːkoɲ] wechselhaft
valuta [ˈvɔlutɔ] Währung
vám [vaːm] Zoll
vámdíj [ˈvaːmdiːj] Zollgebühren
vámköteles [ˈvaːmkøtɛlɛʃ] zollpflichtig
vámmentes [ˈvaːmːɛntɛʃ] zollfrei
vámmentes árúk boltja [ˈvaːmːɛntɛʃ ˈaːruk ˈboltjɔ] zollfreier Laden
vámnyilatkozat [ˈvaːmɲilɔtkozɔt] Zollerklärung

van [vɔn] es gibt, haben, stattfinden
vánkos [ˈvaːnkoʃ] Kopfkissen
vár [vaːr] Burg, erwarten
varieté [ˈvariɛteː] Varietee
várjátékok [ˈvaːrjaːteːkok] Burgspiele
váróhelyiség [ˈvaːroːhɛjiʃeːg] Wartezimmer
város [ˈvaːroʃ] Stadt
városfal [ˈvaːroʃfɔl] Stadtmauer
városközpont [ˈvaːroʃkøspont] Stadtzentrum, Zentrum *(Stadt)*
városnézés [ˈvaːroʃneːzeːʃ] Stadtrundfahrt
városrész [ˈvaːroʃreːs] Stadtteil
várostérkép [ˈvaːroʃteːrkeːp] Stadtplan
váróterem [ˈvaːroːtɛrɛm] Wartesaal
varr [vɔrː] nähen
vasal [ˈvɔʃɔl] bügeln
vásár [ˈvaːʃaːr] Markt
vásárcsarnok [ˈvaːʃaːrtʃɔrnok] Markthalle
vásárló [ˈvaːʃaːrloː] Kunde/Kundin
vasárnap [ˈvɔʃaːrnɔp] Sonntag
vásárol [ˈvaːʃaːrol] kaufen
vasedény [ˈvɔʃɛdeːɲ] Eisenwarengeschäft
vastag [ˈvɔʃtɔg] dick *(Schicht)*
vatta [ˈvɔːtːɔ] Watte
váza [ˈvaːzɔ] Vase
vécépapír [ˈveːtseːpɔpiːr] Toilettenpapier
vég [veːg] Spitze *(Haar)*
végállomás [ˈveːgaːlːomaːʃ] Endstation
vegán [ˈvɛgaːn] Veganer/in
vége [veːgɛ] vorüber
vége [ˈveːgɛ] Ende
vegetáriánus [ˈvɛgɛtaːriaːnuʃ] vegetarisch, Vegetarier/in
végleges *(adj.)* [ˈveːglɛgɛʃ] endgültig
véglegesen *(adv.)* [ˈveːglɛgɛʃɛn] endgültig
végre [ˈveːgrɛ] endlich
végül [ˈveːgyl] zuletzt
vegyes [ˈvɛɟɛʃ] gemischt
vegyileg tisztít [ˈvɛɟilɛg ˈtistiːt] chemisch reinigen
vegytisztító [ˈvɛctistiːtoː] Reinigung
végzettség [ˈveːgzɛtʃːeːg] Ausbildung
végződik [ˈveːgzøːdik] enden
vekker [ˈvɛkːɛr] Wecker
vékony [ˈveːkoɲ] dünn, fein *(dünn)*, schlank
vélemény [ˈveːlɛmeːɲ] Meinung
véletlenül [ˈveːlɛtlɛnyl] zufällig
vendég [ˈvɛndeːg] Gast
vendéglő [ˈvɛndeːgløː] Kneipe
vendégszeretet [ˈvɛndeːksɛrɛtɛt] Gastfreundschaft
ventillátor [ˈvɛntilːaːtor] Ventilator
vér [veːr] Blut
ver [vɛr] schlagen
vércsoport [ˈveːrtʃoport] Blutgruppe

vereség [ˈvɛrɛʃeːg] Niederlage
vérkeringési zavar [ˈveːrkɛringeːʃi ˈzɔvɔr] Kreislaufstörung
vérkeringést szabályozó gyógyszer [ˈveːrkɛringeːʃt ˈsɔbaːjozoːˈɟoːtsːɛr] Kreislaufmittel
vérmérgezés [ˈveːrmeːrgɛzeːʃ] Blutvergiftung
vérnyomás [ˈveːrɲomaːʃ] Blutdruck
verseny [ˈvɛrʃɛɲ] Wettkampf
versenybicikli [ˈvɛrʃɛɲbitsikli] Rennrad
versenyez [ˈvɛrʃɛɲɛz] Rennen *(Sport)*
versenykerékpár [ˈvɛrʃɛɲkɛreːkpaːr] Rennrad
vérzés [ˈveːrzeːʃ] Blutung
vérzik [ˈveːrzik] bluten
vese [ˈvɛʃɛ] Niere
vesegyulladás [ˈvɛʃɛɟulːɔdaːʃ] Nierenentzündung
vesekő [ˈvɛʃɛkøː] Nierenstein
vesemelegítő öv [ˈvɛʃɛmɛlɛgiːtøː ˈøv] Nierengurt
vesz [vɛs] kaufen, zu s. nehmen
veszekedés [ˈvɛsɛkɛdeːʃ] Streit
veszély [ˈvɛseːj] Gefahr
veszélyes [ˈvɛseːjɛʃ] gefährlich
vészfék [ˈveːsfeːk] Notbremse
vészkijárat [ˈveːskijaːrɔt] Notausgang
veszteség [ˈvɛstɛʃeːg] Verlust
vetélés [ˈvɛteːleːʃ] Fehlgeburt
vevő [ˈvɛvøː] Kunde/Kundin
vezet [ˈvɛzɛt] fahren, führen
vezetéknév [ˈvɛzɛteːkneːv] Familienname
vezetés [ˈvɛzɛteːʃ] Führung
vezető [ˈvɛzɛtøː] Fahrer/in
vezető/nő [ˈvɛzɛtøː/nøː] Leiter/in
vicc [vitsː] Witz
vidám [ˈvidaːm] froh *(fröhlich)*, lustig
vidámpark [ˈvidaːmpɔrk] Freizeitpark, Vergnügungspark
vidék [ˈvideːk] Landschaft
videofilm [ˈvidɛofilm] Videofilm
videokamera [ˈvidɛokɔmɛrɔ] Videokamera
vígjáték [ˈviːgjaːteːk] Komödie
vigyáz (-ra/-re) [ˈviɟaːz (-ˈrɔ/-ˈrɛ)] aufpassen (auf)
vigyázat! [ˈviɟaːzɔt] Vorsicht!
vihar [ˈvihɔr] Sturm
viharos szél [ˈvihɔroʃ ˈseːl] Bö
világ [ˈvilaːg] Welt
világítótorony [ˈvilaːgiːtoːtoroɲ] Leuchtturm
világos [ˈvilaːgoʃ] hell, klar
villa [ˈvilːɔ] Gabel, Villa
villám [ˈvilːaːm] Blitz
villamos [ˈvilːɔmoʃ] Straßenbahn
villamos cikkek boltja [ˈvilːɔmoʃ ˈtsikːɛk ˈbol ɔ] Elektrohandlung
villanykapcsoló [ˈvilːɔɲkɔptʃoloː] Lichtschalter
villanykörte [ˈvilːɔɲkørtɛ] Glühbirne
virág [ˈviraːg] Blume

virágbolt [ˈvira:gbolt] Blumengeschäft
virágzik [ˈvira:gzik] blühen
virsli [ˈvirʃli] Würstchen
vírus [ˈvi:ruʃ] Virus
visel [ˈviʃɛl] tragen
viselet [ˈviʃɛlɛt] Tracht
vissza [ˈvis:ɔ] zurück
visszaad [ˈvis:ɔɔd] zurückgeben
visszafordul [ˈvis:ɔfordul] umkehren
visszajön [ˈvis:ɔjøn] wiederkommen
visszapillantó tükör [ˈvis:ɔpil:ɔnto: ˈtykør] Rückspiegel
visszatér [ˈvis:ɔte:r] zurückkehren
visszaút [ˈvis:ɔu:t] Rückfahrt
visszautazik [ˈvis:ɔutɔzik] zurückfahren
visszavisz [ˈvis:ɔvis] zurückbringen
visz [ˈviz] etw. mitnehmen
viszket [ˈviskɛt] jucken
vita [ˈvitɔ] Streit
vitorla [ˈvitorla] Segel
vitorlás körút [ˈvitorla:ʃ ˈkøru:t] Segeltörn
vitorlás(csónak) [ˈvitorla:ʃ(tʃo:nɔk)] Segelboot
vitorlásrepülés [ˈvitorla:ʃrɛpyle:ʃ] Segelfliegen
vitorlázik [ˈvitorla:zik] segeln
víz [vi:z] Wasser
vízalatti kamera [ˈvi:zɔlɔt:i ˈkɔmɛrɔ] Unterwasserkamera
vízálló [ˈvi:za:l:o:] wasserdicht
vízcsap [ˈvi:stʃɔp] Wasserhahn
vizelet [ˈvizɛlɛt] Urin
vízesés [ˈvi:zɛʃe:ʃ] Wasserfall
vizeskancsó [ˈvizɛʃkɔntʃo:] Karaffe
vizeskanna [ˈvizɛʃkɔn:ɔ] Wasserkanister
vizespohár [ˈvizɛʃpoha:r] Wasserglas
vízfestékkel fest [ˈvi:sfɛʃte:kɛl ˈfɛʃt] Aquarellmalen
vízfogyasztás [ˈvi:sfoɖɔsta:ʃ] Wasserverbrauch
vízhólyag [ˈvi:zho:jɔg] Hautblase
vizibicikli [ˈvizibitsikli] Tretboot
vizisí [ˈviziʃi:] Wasserski
vizisízik [ˈviziʃi:zik] Wasserski fahren
vízöblítés [ˈvi:zøbli:te:ʃ] Wasserspülung
vizsga [ˈviʒgɔ] Prüfung *(Examen)*
vizsgálat [ˈviʒga:lɔt] Untersuchung
vizsgálati fogság [ˈviʒga:lɔti ˈfokʃa:g] Untersuchungshaft
vízum [ˈvi:zum] Visum
vőlegény [ˈvø:lɛge:ɲ] Bräutigam, der Verlobte
völgy [ˈvølɟ] Tal
vonakodik [ˈvonɔkodik] s. weigern
vonal [ˈvonɔl] Linie
vonat [ˈvonɔt] Zug
vontatókocsi [ˈvontɔto:kotʃi] Abschleppwagen
vontatókötél [ˈvontɔto:køte:l] Abschleppseil
vörös [ˈvørøʃ] rot *(Haare)*

vörös bor ['vørøʃ 'bor] Rotwein

W

W.C./vécé/toalett ['ve:tse:/'toɔlɛt:] Toilette
western(film) ['vɛstɛrn(film)] Western

Z

zabpehely ['zɔp:ɛhɛj] Haferflocken
zacskó ['zɔtʃko:] Tüte *(kleine)*
zacskós tea ['zɔtʃko:ʃ 'tɛɔ] Teebeutel
zaj ['zɔj] Geräusch
zápor ['za:por] Regenschauer
zár [za:r] Schloss *(Tür)*
zarándok(út) ['zɔra:ndok(u:t)] Pilger(fahrt)
zarándokhely ['zɔra:ndokhɛj] Wallfahrtsort
zárva ['za:rvɔ] geschlossen
zavar ['zɔvɔr] stören
zavaros ['zɔvɔroʃ] trüb *(Flüssigkeit)*
zeller ['zɛl:ɛr] Sellerie
zene ['zɛnɛ] Musik
zenebolt ['zɛnebolt] Musikgeschäft
zenekar ['zɛnɛkɔr] Orchester
zeneszerző ['zɛnɛsɛrzø:] Komponist/in
zenét hallgat ['zɛnet 'hɔl:gɔt] Musik hören
zivatar ['zivɔtɔr] Gewitter
zokni ['zokni] Socken
zöld [zøld] grün
zöld biztosítási kártya ['zøld 'bistoʃi:ta:ʃi 'ka:rʈɔ] grüne Versicherungskarte
zöldbab ['zøldbɔb] grüne Bohnen
zöldség ['zøltʃe:g] Gemüse
zöldségkereskedő ['zøltʃe:k:ɛrɛʃkɛdø:] Obst- und Gemüsehändler
zsálya['ʒa:jɔ] Salbei
zsebkés ['ʒɛpke:ʃ] Taschenmesser
zsebkönyv ['ʒɛpkøɲv] Taschenbuch
zsebtolvaj ['ʒɛptolvɔj] Taschendieb
zsemle ['ʒɛmlɛ] Brötchen
zsidó ['ʒido:] Jude
zsinagóga ['ʒinɔgo:gɔ] Synagoge
zsíros ['ʒi:roʃ] fett, fettig
zsírszegény tej ['ʒi:rsɛge:ɲ 'tɛj] fettarme Milch
zuhany ['zuhɔɲ] Dusche
zuhanyozó függöny ['zuhɔɲozo: 'fyg:øɲ] Duschvorhang

Wörterbuch Deutsch - Ungarisch

A

Aal angolna ['ɔngolnɔ]
ab und zu ritkán ['ritka:n]
Abblendlicht tompított fény ['tompi:tot: 'fe:ɲ]
Abend este ['ɛʃtɛ]
Abendessen vacsora ['vɔtʃorɔ]
Abendgarderobe alkalmi öltözet ['ɔlkɔlmi 'øltøzɛt]
abends este ['ɛʃtɛ]
aber de [dɛ]
abfahren (von) indul (-ról/-ről, -ból/-ből) ['indul (-'ro:l/-'rø:l, -'bo:l/-'bø:l)]
Abfahrt indulás ['indula:ʃ]
Abfall szemét ['sɛme:t]
Abfallbeutel szemetes zacskó ['sɛmɛtɛʒ 'zɔtʃko:]
Abfalleimer szemetesvödör ['sɛme:tɛʃvødør]
Abflug indulás ['indula:ʃ]
Abführmittel hashajtó ['hɔʃhɔjto:]
abgeben lead ['lɛɔd]
abholen érte jön ['e:rtɛ 'jøn], elhoz ['ɛlhoz]
Abkürzung rövidítés ['røvidi:te:ʃ]
ablehnen elutasít ['ɛlutɔʃi:t]
abnehmen *(Telefon)* felvesz ['fɛlvɛs]; *(Mantel)* levesz ['lɛvɛs]; *(jemandem Tasche abnehmen)* átvesz ['a:tvɛs]; *(Gewicht verlieren)* lefogy ['lɛfoɖ]
abreisen (nach) elutazik (ba/be) ['ɛlutɔzik ('bɔ/'bɛ)]
Absatz (cipő)sarok ['(tsipø:)ʃɔrok]
Abschleppdienst autómentő ['ɔuto:mɛntø:]
abschleppen elvontat ['ɛlvontɔt]
Abschleppseil vontatókötél ['vontɔto:køte:l]
Abschleppwagen vontatókocsi ['vontɔto:kotʃi]
abschließen *(Versicherung)* köt [køt]; *(Koffer/Zimmer)* bezár ['bɛza:r]
abseits les [lɛʃ]
Absender feladó ['fɛlɔdo:]
Abszess tályog ['ta:jog]
Abtei apátság ['ɔpa:tʃ:a:g]
Abteil fülke ['fylkɛ], szakasz ['sɔkɔs]
Achtung figyelem ['fiɖɛlɛm]
Adapter adapter ['ɔdɔptɛr]
Adresse cím [tsi:m]
Aerobic aerobik ['ɛrobik]
Agentur ügynökség ['yɖnøkʃe:g]

ähnlich hasonló ['hɔʃonlo:]
akklimatisieren, s. – akklimatizálódik ['ɔk:limɔtiza:lo:dik]
Akt *(Kunst)* akt ['ɔkt]; *(Theater)* felvonás ['fɛlvona:ʃ]
Aktzeichnen aktrajzolás ['ɔktrɔjzola:ʃ]
Alarmanlage riasztóberendezés ['riɔsto:bɛrɛndɛze:ʃ]
alkoholfrei alkoholmentes ['ɔlkoholmɛntɛʃ]
alkoholfreies Bier alkoholmentes sör ['ɔlkoholmɛntɛʃ 'ʃør]
alle mindenki ['mindɛnki], mindenkit *(Akk.)* ['mindɛnkit]
allein egyedül ['ɛɖɛdyl]
Allergie allergia ['ɔl:ɛrgiɔ]
alles minden ['mindɛn], mindent *(Akk.)* ['mindɛnt]
als *(zeitlich)* (a)mikor ['(ɔ)mikor]
also tehát ['tɛha:t]
alt *(Mensch)* öreg ['ørɛg]; *(Gegenstand)* régi ['re:gi]
Altar oltár ['olta:r]
Alter kor [kor]
Altstadt óváros ['o:va:roʃ]
Alufolie alufólia ['ɔlufo:liɔ]
am Wochenende hétvégén ['he:dve:ge:n]
Ampel jelzőlámpa ['jɛlzø:la:mpɔ]
Amphitheater amfiteátrum ['ɔmfitɛa:trum]
Amt *(Dienststelle)* hivatal ['hivɔtɔl]
amüsieren, s. – szórakozik ['so:rɔkozik]
Ananas ananász ['ɔnɔna:s]
andere, der/die – másik ['ma:ʃik]
anders más *(adj.)* [ma:ʃ]
anderswo máshol ['ma:ʃhol]
Anfang kezdet ['kɛzdɛt]
anfangen kezd(ődik) ['kɛzd(ø:dik)]
Angabe adat ['ɔdɔt]
Angel horgászfelszerelés ['horga:sfɛlsɛrɛle:ʃ]
angeln horgászik ['horga:sik]
Angelschein horgászengedély ['horga:sɛngɛngɛde:j]
angenehm kellemes ['kɛl:ɛmɛʃ]
Angina torokgyulladás ['torogɖul:ɔda:ʃ]
Angst félelem ['fe:lɛlɛm]
anhalten megáll ['mɛga:l:]; **jemanden –** megállít ['mɛga:l:i:t]
Anhänger függő ['fyg:ø:], medál ['mɛda:l]
Ankunft érkezés ['e:rkɛze:ʃ]
Ankunftszeit érkezési idő ['erkɛze:ʃi 'idø:]
Anlasser önindító ['ønindi:to:]
anlegen in kiköt (ban/ben) ['kikøt ('bɔn/'bɛn)]
anmelden bejelent ['bɛjɛlɛnt]; **s. –** bejelentkezik ['bɛjɛlɛntkɛzik]
Anmeldung bejelentkezés ['bɛjɛlɛntkɛze:ʃ]
Anorak anorák ['ɔnora:k]
Anreisetag érkezési nap ['e:rkɛze:ʃi 'nɔp]

Anruf telefonhívás [ˈtɛlɛfonhiːvaːʃ]
Anrufbeantworter üzenetrögzítő [ˈyzɛnɛtrøgziːtøː]
anrufen felhív [ˈfɛlhiːv]
Anschluss csatlakozás [ˈtʃɔtlɔkozaːʃ]
ansehen megnéz [ˈmɛgneːz]
Ansichtskarte képeslap [ˈkeːpɛʃlɔp]
anstatt helyett [ˈhɛjɛtː]
ansteckend fertőző [ˈfɛrtøːzøː]
anstrengend megerőltető [ˈmɛgɛrøːltɛtøː]
Antibabypille fogamzásgátló tabletta [ˈfogɔmzaːʃgaːtloː ˈtɔblɛtːɔ]
Antibiotikum antibiotikum [ˈɔntibiotikum]
antik antik [ˈɔntik]
Antiquitätengeschäft régiségkereskedés [ˈreːgiʃeːkːɛrɛʃkɛdeːʃ]
antworten válaszol [ˈvaːlɔsol]
anzahlen előleget fizet, megelőlegez [ˈɛløːlɛgɛt fizɛt/ ˈmɛgɛløːlɛgɛz]
Anzahlung előleg [ˈɛløːlɛg]
anzeigen *(Diebstahl)* bejelent [ˈbɛjɛlɛnt]; *(jemanden ~)* feljelent [ˈfɛljɛlɛnt]
anziehen felöltözik [ˈfɛløltøzik]
Anzug öltöny [ˈøltøɲ]
anzünden meggyújt [ˈmɛgɟuːjt]
Apartment apartman [ˈɔpɔrtmɔn]
Äpfel alma [ˈɔlmɔ]
Apfelsaft almalé [ˈɔlmɔleː]
Apfelsinen narancs [ˈnɔrɔntʃ]
Apotheke gyógyszertár [ˈɟoːtsːɛrtaːr]
Apparat készülék [ˈkeːsyleːk]
Appetit étvágy [ˈeːdvaːɟ]
Aprikosen sárgabarack [ˈʃaːrgɔbɔrɔtsk]
April április [ˈaːpriliʃ]
Aquarell akvarell [ˈɔkvɔrɛlː]
Aquarellmalen vízfestékkel fest [ˈviːsfɛʃteːkɛl ˈfɛʃt], akvarellel fest [ˈɔkvɔrɛlːɛl ˈfɛʃt]
Arbeit munka [ˈmunkɔ]
arbeiten dolgozik [ˈdolgozik]
arbeitslos munkanélküli [ˈmunkɔneːlkyli]
Archäologie régészet [ˈreːgeːsɛt]
Architekt építész [ˈeːpiːteːs]
Architektur építészet [ˈeːpiːteːsɛt]
ärgern, s. ~ (über) bosszankodik ... (miatt) [ˈbosːɔnkodik … (ˈmiɔtː)]
Arm kar [ˈkɔr]
arm szegény [ˈsɛgeːɲ]
Armband karkötő [ˈkɔrkøtøː]
Armbanduhr karóra [ˈkɔroːrɔ]
Ärmel ujja [ˈujːɔ]
Aromabad aromafürdő [ˈɔromɔfyrdøː]
Art *(die einfachste ~)* mód [ˈmoːd]; *(eine bestimmte ~ von ...)* fajta [ˈfɔjtɔ], jelleg [ˈjɛlːɛg]
Artischocken articsóka [ˈɔrtitʃoːkɔ]
Aschenbecher hamutartó [ˈhɔmutɔrtoː]

Aschermittwoch hamvazószerda ['hɔmvɔzo:sɛrdɔ]
Aspirin® aszpirin® ['ɔspirin]
Asthma asztma ['ɔstmɔ]
Atembeschwerden légzési zavar ['le:gze:ʃi 'zɔvɔr]
atmen lélegzik ['le:lɛgzik]
Attest orvosi igazolás ['orvoʃi 'igɔzola:ʃ]
Auberginen padlizsán ['pɔdliʒa:n]
auch is [iʃ]
Auf-/Abfahrt feljárat ['fɛlja:rɔt]
aufbewahren megőriz ['mɛgø:riz]
aufbrechen feltör ['fɛltør]; **zu +** ***Dat.*** **~** indul ['indul], felkerekedik ['fɛlkɛrɛkɛdik]
Aufenthalt tartózkodás ['tɔrto:skoda:ʃ]
Aufenthaltsraum társalgó ['ta:rʃɔlgo:]
Auffahrtrampe (für Rollstühle) felhajtórámpa ['fɛlhɔjto:ra:mpɔ]
Aufführung bemutató ['bɛmutɔto:]
aufhalten, s. ~ tartózkodik ['tɔrto:skodik]
aufhören abbahagy ['ɔb:ɔhɔɟ]
aufpassen (auf) vigyáz (-ra/-re) ['viɟa:z (-'rɔ/-'rɛ)]
auffordern felszólít ['fɛlso:li:t], felkér ['fɛlke:r]
Aufschnitt felvágott ['fɛlva:got:]
aufschreiben felír ['fɛli:r]
aufstehen felkel ['fɛlkɛl]
aufwachen felébred ['fɛle:brɛd]
aufwärts felfelé ['fɛlfɛle:]
Aufzug felvonó ['fɛlvono:], lift ['lift]
Augen szemek ['sɛmɛk]
Augenblick pillanat ['pil:ɔnɔt]
Augentropfen szemcsepp ['sɛmtʃɛp:]
August augusztus ['ɔugustuʃ]
Ausbildung képesítés ['ke:pɛʃi:te:ʃ], végzettség ['ve:gzɛtʃ:e:g]; *(Bundeswehr)* kiképzés ['kike:pze:ʃ]
Ausdruck kifejezés ['kifɛjɛze:ʃ]
ausdrücklich határozott *(adj.)* ['hɔta:rozot:], határozottan *(adv.)* ['hɔta:rozot:ɔn]
Ausfahrt kijárat ['kija:rɔt]
Ausflug kirándulás ['kira:ndula:ʃ]
ausfüllen kitölt ['kitølt]
Ausgang kijárat ['kija:rɔt]
ausgeben kiad ['kiɔd]
ausgehen szórakozni megy ['so:rɔkozni 'mɛɟ]
ausgezeichnet kitűnő *(adj.)* ['kity:nø:], kitűnően *(adv.)* ['kity:nø:ɛn]
Ausgrabungen ásatások ['a:ʃɔta:ʃok]
Auskunft felvilágosítás [fɛlvila:goʃi:ta:ʃ], információ [informa:tsio:]; *(Telefon)* tudakozó ['tudɔkozo:]
Ausland külföld ['kylføld]
Ausländer/in külföldi(ember)/nő ['kylføldi(ember)/nø:]
ausländisch külföldi ['kylføldi]

Auslandsflug külföldi repülőút ['kylføldi 'rɛpyløːuːt]
Auslandsgespräch külföldi beszélgetés ['kylføldi 'bɛseːlgɛteːʃ]
Auslöser kioldó ['kioldoː]
Auspuff kipufogó ['kipufogoː]
Ausreise kiutazás ['kiutɔzaːʃ]
Ausritt kilovaglás ['kilovɔglaːʃ]
ausruhen, s. – kipiheni magát ['kipihɛni 'mɔgaːt]
Ausschlag kiütés ['kiyteːʃ]
außen kint [kint]
außer kívül ['kiːvyl]
außerdem ezen kívül ['ɛzɛn 'kiːvyl]
außergewöhnlich rendkívüli ['rɛntkiːvyli]
außerhalb kívül ['kiːvyl]
Aussicht kilátás ['kilaːtaːʃ]
Aussichtspunkt kilátóhely ['kilaːtoːhɛj]
aussprechen kiejt ['kiɛjt]
aussteigen kiszáll ['kisaːlː]
Ausstellung kiállítás ['kiaːliːtaːʃ]
aussuchen kiválaszt ['kivaːlɔst]
austauschen kicserél ['kitʃɛreːl]
Austern osztriga ['ostrigɔ]
Ausverkauf kiárusítás ['kiaːruʃiːtaːʃ]
Auswahl választék ['vaːlɔsteːk]
auszahlen kifizet ['kifizɛt]
Auto autó ['ɔutoː]
Autobahn autópálya ['ɔutoːpaːjɔ]
Autobahnausfahrt (autópálya) kijárat(a) ['(ɔutoːpaːjɔ) 'kijaːrɔt(ɔ)]
Autobahngebühr autópályadíj ['ɔutoːpaːjɔdiːj], maut ['mɔut]
Automat *(Waren)* automata ['ɔutomɔtɔ]
Automatik(getriebe) automata (sebességváltó) ['ɔutomɔtɔ ('sɛbɛʃːeːgvaːltoː)]
automatisch automata ['ɔutomɔtɔ]
automatische Türöffnung automatikus ajtónyitó ['ɔutomɔtikuʃ 'ɔjtoːɲitoː]
Autoradio autórádió ['ɔutoːraːdioː]
Autoreifen autókerék ['ɔutoːkɛreːk]
Avocado avokádó ['ɔvokaːdoː]

B

Baby bébi ['beːbi], kisbaba [kiʒbɔbɔ]
Babyfon® bébi adóvevő ['beːbi 'ɔdoːvɛvøː]
Babylift bébi lift ['beːbi 'lift]
Babynahrung bébiétel ['beːbieːtɛl]
Babyschale *(fürs Auto)* (biztonsági) bébi autóülés [('bistonʃaːgi) 'beːbi 'ɔutoːyleːʃ]
Babysitter bébiszitter ['beːbisitːɛr]
Bäckerei pékség ['peːkʃeːg]
Badeanzug fürdőruha ['fyrdøːruhɔ]
Badehose fürdőnadrág ['fyrdøːnɔdraːg]
Bademantel fürdőköpeny ['fyrdøːkøpɛɲ]
Bademeister úszómester ['uːsoːmɛʃtɛr]

Bademütze fürdősapka ['fyrdø:sɔpkɔ]
Badeort fürdőhely ['fyrdø:hɛj]
Badeschuhe fürdőpapucs ['fyrdø:pɔputʃ]
Badetuch fürdőlepedő ['fyrdø:lɛpɛdø:]
Badewanne fürdőkád ['fyrdø:ka:d]
Badezimmer fürdőszoba ['fyrdø:sobɔ]
Badminton tollaslabda ['tol:ɔʃlɔbdɔ]
Bahnhof pályaudvar ['pa:jɔudvɔr]
Bahnsteig peron ['pɛron]
bald hamarosan ['hɔmɔroʃɔn]
Balkon erkély ['ɛrke:j]
Ball labda ['lɔbdɔ]
Ballett balett ['bɔlɛt:]
Bananen banán ['bɔna:n]
Band *(Musik)* együttes ['ɛɟ:yt:ɛʃ]; *(Haar-)* szalag ['sɔlɔg]; *(Buch)* kötet ['køtɛt]
Bänderriss szalagszakadás ['sɔlɔksɔkɔda:ʃ]
Bank bank [bɔnk]
Bar bár [ba:r]
bar készpénz ['ke:spe:nz]
bar zahlen készpénzben fizet ['ke:spe:nzbɛn 'fizɛt]
Bargeld készpénz ['ke:spe:nz]
Barock barokk ['bɔrok:]
barrierefrei akadálymentes ['ɔkɔda:jmɛntɛʃ]
Barsch sügér ['ʃyge:r]
Bart szakáll ['sɔka:l:]
Basilikum bazsalikom ['bɔʒɔlikom]
Basketball kosárlabda ['koʃa:rlɔbdɔ]
Batterie elem ['ɛlɛm]
Bauch has [hɔʃ]
Bauernhof tanya ['tɔɲɔ]
Baum fa [fɔ]
Baumwolle pamut ['pɔmut]
Baustelle építkezés(i terület) ['e:pi:tkɛze:ʃ(i 'tɛrylɛt)]
Bauwerk építmény ['e:pi:tme:ɲ]
beabsichtigen szándékozik ['sa:nde:kozik]
beachten figyelembe vesz ['fiɟɛlɛmbɛ 'vɛs]
Beach-Volleyball strandröplabda ['ʃtrɔndrøplɔbdɔ]
beantworten válaszol ['va:lɔsol]
Beanstandung kifogás ['kifoga:ʃ], panasz ['pɔnɔs]
Bearbeitungsgebühr kezelési költség ['kɛzɛle:ʃi 'køltʃe:g]
Becher bögre ['bøgrɛ]
bedauern sajnál ['ʃɔjna:l]
Bedeutung *(Sinn)* jelentés ['jɛlɛnte:ʃ]
Bedienung *(Person)* felszolgáló ['fɛlsolga:lo:]; *(Anrede)* Főúr! *(männlich)*/Kisasszony! *(weiblich)* ['fø:u:r/'kiʃɔs:oɲ]
Bedingung feltétel ['fɛlte:tɛl]
beeilen, s. ~ siet ['ʃiɛt]
beeindruckend benyomást keltő ['bɛɲoma:ʃt 'kɛltø:]
beenden befejez ['bɛfɛjɛz]

befinden, s. ~ található ['tɔla:lhɔto:]
befreundet sein barátságban van ['bɔra:tʃ:a:gbɔn vɔn]
befürchten tart valamitől ['tɔrt 'vɔlɔmitø:l]
begegnen találkozik ['tɔla:lkozik]
begeistert sein (von) lelkesedik (ért) ['lɛlkɛʃɛdik ('e:rt)]
begleiten (el)kísér ['(ɛl)ki:ʃe:r]
Begleitperson kísérő ['ki:ʃe:rø:]
begrüßen üdvözöl ['ydvøzøl]
behalten megtart ['mɛktɔrt]
Behälter tartály ['tɔrta:j]
behandeln kezel ['kɛzɛl]
Behandlung kezelés ['kɛzɛle:ʃ]
behaupten állít['a:l:i:t], kijelent ['kijɛlɛnt]
Behindertenausweis rokkantsági igazolvány ['rok:ɔntʃ:a:gi 'igɔzolva:ɲ]
behindertengerecht mozgáskorlátozottaknak/ rokkantaknak megfelelő ['mosga:ʃkorla:tosot:ɔknɔk/ 'rok:ɔntɔknɔk 'mɛgfɛlɛlø:]
Behindertenparkplatz mozgáskorlátozottak számára fenntartott parkolóhely ['mosga:ʃkorla:tozot:ɔk 'sa:ma:rɔ 'fɛn:tɔrtot: 'pɔrkolo:hɛj]
Behindertentoilette toalett mozgáskorlátozottak részére ['toɔlɛt: 'mosga:ʃkorla:tozot:ɔk 're:se:rɛ]
Behindertenverband fogyatékosok egyesülete ['foɖɔte:koʃok 'ɛɖɛʃylɛtɛ]
Behörde hatóság ['hɔto:ʃa:g]
beide mindkettő ['mintkɛt:ø:], mindkét ['mintke:t]
Beifall helyeslés ['hɛjɛʃle:ʃ]; *(klatschen)* taps [tɔpʃ]
beige beige [be:ʒ]
Bein láb [la:b]
Beispiel példa ['pe:ldɔ]
beißen harap ['hɔrɔp]
bekannt ismert ['iʃmɛrt]
Bekannte, der/die ~ ismerős ['iʃmɛrø:ʃ]
Bekanntschaft ismeretség ['iʃmɛrɛtʃ:e:g]
beklagen, s. ~ (über) panaszkodik ['pɔnɔskodik]
bekommen kap [kɔp]
belästigen molesztál ['molɛsta:l]
Beleidigung sértés ['ʃe:rte:ʃ]
Belichtungsmesser fénymérő ['fe:ɲme:rø:]
Belohnung jutalom ['jutɔlom]
bemerken *(entdecken)* észrevesz ['e:srɛvɛs]; *(einflechten)* megjegyez ['mɛgjɛɖɛz]
bemühen, s. ~ fárad(ozik) ['fa:rɔd(ozik)]
benachrichtigen értesít ['e:rtɛʃi:t]
benötigen szüksége van (-ra/-re) ['sykʃe:gɛ vɔn (-'rɔ/-'rɛ)]
benutzen használ ['hɔsna:l]

Benzinkanister benzinkanna ['bɛnzinkɔnːɔ]
Benzinpumpe benzinpumpa ['bɛnzinpumpɔ]
bequem kényelmes ['keːɲɛlmɛʃ]
berechnen felszámít ['fɛlsaːmiːt]
bereit kész [keːs]
bereits már [maːr]
Berg hegy [hɛɖ]
Bergstation hegyi pihenőhely ['hɛɖi 'pihɛnøːhɛj]
Bergsteigen hegymászás ['hɛɖmaːsaːʃ]
Beruf foglalkozás ['foglɔlkozaːʃ]
beruhigen, s. ~ megnyugszik ['mɛgɲuksik]
Beruhigungsmittel nyugtató ['ɲuktɔtoː]
berühmt híres ['hiːrɛʃ]
berühren megfog ['mɛkfog], megérint ['mɛgeːrint]
beschädigen megsért ['mɛkʃeːrt], megrongál ['mɛgrongaːl]
bescheinigen igazol ['igɔzol]
Bescheinigung igazolás ['igɔzolaːʃ]
beschlagnahmen elkoboz ['ɛlkoboz]
beschließen elhatároz ['ɛlhɔtaːroz]
beschreiben leír ['lɛiːr]
beschweren, s. ~ (über) panaszkodik ['pɔnɔskodik]
besetzt *(Platz)* foglalt ['foglɔlt]
besichtigen megnéz ['mɛgneːz], megtekint ['mɛktɛkint]
Besichtigung látogatás ['laːtogɔtaːʃ], megtekintés ['mɛktɛkinteːʃ]
Besitzer/in tulajdonos/nő ['tulɔjdonoʃ/nøː]
besonders különösen ['kyløːnøʃɛn]
besorgen (be)szerez ['(bɛ)sɛrɛz]
besser jobb *(adj.)* [joːbː], jobban *(adv.)* ['joːbːɔn]
bestätigen igazol ['igɔzol]
beste(r, -s) legjobb ['lɛgjoːbː]
Besteck evőeszköz ['ɛvøːɛskøz]
bestehen aus áll valamiből ['aːl 'vɔlɔmibøːl]
Bestellung rendelés [rɛndɛleːʃ]
bestimmt *(adj.)* meghatározott ['mɛghɔtaːrozotː], bizonyos ['bizoɲoʃ]
Besuch látogatás ['laːtogɔtaːʃ]
besuchen, jdn ~ meglátogat valakit ['mɛglaːtogɔt 'vɔlɔkit]
Besuchszeit látogatási idő ['laːtogɔtaːʃi 'idøː]
beten imádkozik ['imaːtkozik]
Betrag összeg ['øsːɛg]
Betreuungsdienst gondozószolgálat ['gondozoːsolgaːlɔt]
Betrug *(Gaunerei)* csalás ['tʃɔlaːʃ], szélhámosság [seːlhaːmoʃːaːg]
betrunken részeg ['reːsɛg]
Bett ágy ['aːɖ]
Bettdecke ágyterítő ['aːɖtɛriːtøː]
Bettwäsche ágynemű ['aːɖnɛmyː]

beunruhigen, s. ~ nyugtalankodik ['ɲuktɔlɔnkodik]
bevor mielőtt ['miɛløːtː]
bewachen őriz ['øːriz]
Beweis bizonyíték ['bizoɲiːteːk]
bewölkt felhős ['fɛlhøːʃ]
bewundern megcsodál ['mɛktʃodaːl]
bewusstlos eszméletlen ['ɛsmeːlɛtlɛn]
bezahlen (ki)fizet ['(ki)fizɛt]
bezaubernd bájos ['baːjoʃ]
Bezeichnung elnevezés ['ɛlnɛvɛzeːʃ]
BH melltartó ['mɛltɔrtoː]
Biene méh [meːh]
Bier sör [ʃør]
bieten ajánl ['ɔjaːnl]
Bikini bikini ['bikini]
Bild kép [keːp]
Bildhauer szobrász ['sobraːs]
billig olcsó ['oltʃoː]
Bindfaden kötőzsinór ['køtøːʒinoːr]
Bioladen bioüzlet ['bioːyzlɛt]
Birnen körte ['kørtɛ]
bisschen, ein ~ egy kis, *(Akk.)* egy kicsit [ɛɖ kiʃ, ɛɖ 'kitʃit]
Bitte kérés ['keːreːʃ]
bitten um etw kér (-ra/-re) ['keːr (-'rɔ/-'rɛ)]
bitter keserű ['kɛʃɛryː]
Blähungen felfúvódás ['fɛlfuːvoːdaːʃ]
Blase *(Harnblase)* hólyag (húgyhólyag) ['hoːjɔg ('huːɖhoːjɔg)]; *(Hautblase)* (vízhólyag) ['viːzhoːjɔg]
Blatt lap [lɔp]
blau kék [keːk]
Blazer blézer ['bleːzɛr]
bleiben marad ['mɔrɔd]
bleich sápadt ['ʃaːpɔtː]
Bleistift ceruza ['tsɛruzɔ]
Blick pillantás ['pilːɔntaːʃ]
blind, Blinde/r vak ['vɔk]
Blinddarm vakbél ['vɔgbeːl]
Blinddarmentzündung vakbélgyulladás ['vɔgbeːlɖulːɔdaːʃ]
Blindenhund vakvezető kutya ['vɔkvɛzɛtøː 'kuc͡ɔ]
Blinker irányjelző ['iraːɲjɛlzøː]
Blitz villám ['vilːaːm]
Blitzgerät vaku ['vɔku]
Block blokk ['blokː], tömb ['tømb]
blöd(e) hülye ['hyjɛ]
blond szőke ['søːkɛ]
blühen virágzik ['viraːgzik]
Blues blues ['bluːz]
Blume virág ['viraːg]
Blumengeschäft virágbolt ['viraːgbolt]
Blumenkohl karfiol ['kɔrfiol]
Bluse blúz [bluːz]
Blut vér [veːr]
Blutdruck vérnyomás ['veːrɲomaːʃ]
bluten vérzik ['veːrzik]

Blutgruppe vércsoport ['ve:rtʃoport]
Blutung vérzés ['ve:rze:ʃ]
Blutvergiftung vérmérgezés ['ve:rme:rgεze:ʃ]
Bö viharos szél ['vihɔroʃ 'se:l]
Boden padló ['pɔdlo:]
Body body ['bodi]
Bodybuilding bodybuilding ['bodibilding]
Bogen ív [i:v]
Bohnen bab [bɔb]
Bonbons cukorka ['tsukorkɔ]
Bootsführerschein hajóvezetői igazolvány ['hɔjo:vεzεtø:i 'igɔzolva:ɲ]
Bordkarte fedélzeti kártya ['fεde:lzεti 'ka:rṭɔ]
Bordrollstuhl fedélzeti tolókocsi ['fεde:lzεti 'tolo:kotʃi]
böse mérges ['me:rgεʃ]
Botanischer Garten botanikus kert ['botɔnikuʃ 'kεrt]
Botschaft *(dipl. Vertretung)* követség ['køvεtʃ:e:g]
Boulespiel boule ['bu:l]
Boutique butik/boutique ['butik]
Bowling bowling ['bou:ling]
Braille Braille(-írás) ['bra:j(-'i:ra:ʃ)]
Brandsalbe égési sebre való kenőcs ['e:ge:ʃi 'ʃεbrε 'vɔlo: 'kεnø:tʃ]
brauchen szüksége van ['sykʃe:gε vɔn], kell [kεl:]
braun barna ['bɔrnɔ]
Braut menyasszony ['mεɲɔʃ:oɲ]
Bräutigam vőlegény ['vø:lεge:ɲ]
Brechreiz hányinger ['ha:ɲingεr]
breit széles ['se:lεʃ]
Breite szélesség ['se:lεʃ:e:g]
Bremse fék ['fe:k]
Bremsflüssigkeit fékfolyadék ['fe:kfojɔde:k]
Bremslichter féklámpák ['fe:kla:mpa:k]
Brennspiritus spiritusz ['ʃpiritus]
Brief levél ['lεve:l]
Briefkasten postaláda ['poʃtɔla:dɔ]
Briefmarke bélyeg ['be:jεg]
Briefmarkenautomat bélyegautomata ['be:jεgɔutomɔtɔ]
Briefpapier levélpapír ['lεve:lpɔpi:r]
Brieftasche levéltárca ['lεve:lta:rtsɔ]
Briefumschlag boríték ['bori:tε:k]
bringen hoz [hoz]
Brombeeren szeder ['sεdεr]
Bronchien hörgők ['hørgø:k]
Bronchitis hörghurut ['hørghurut]
Bronze bronz [bronz]
Brosche kitűző ['kity:zø:]
Brot kenyér ['kεɲe:r]
Brötchen zsemle ['ʒεmlε]
Bruch törés ['tøre:ʃ]
Brücke híd [hi:d]
Bruder *(älter)* báty [ba:ṭ], *(jünger)* öcs [øtʃ:]
Brunnen kút [ku:t]

Brust mell [mɛl:]
Buch könyv ['køɲv]
buchen *(Platz)* foglal ['foglɔl]
Buchhandlung könyvesbolt ['køɲvɛʒbolt]
buchstabieren betűz ['bɛty:z]
Bucht öböl ['øbøl]
Buchung foglalás ['foglɔla:ʃ]
bügeln vasal ['vɔʃɔl]
Bungalow hétvégi ház ['he:tve:gi 'ha:z], bungaló ['bungɔlo:]
Bungeejumping bungeejumping ['ba:ndʒidʒɔmping]
bunt tarka ['tɔrkɔ]
Burg vár [va:r]
Burgspiele várjátékok ['va:rja:te:kok]
Büro iroda ['irodɔ]
Bürste kefe ['kɛfɛ]
Buschogang busójárás ['buʃo:ja:ra:ʃ]
Bus busz [bus]
Busbahnhof buszpályaudvar ['buspa:jɔudvɔr]
Bußgeld bírság ['bi:rʃa:g]
Butter vaj [vɔj]
Buttermilch író ['i:ro:]
Bypass bypass ['beipa:s:]
byzantinisch bizánci ['biza:ntsi]

C

Café kávézó ['ka:ve:zo:]
Camcorder videokamera ['vidɛo:kɔmɛrɔ]
Camping kemping ['kɛmping]
Campingausweis kempingigazolvány ['kɛmpingigɔzolva:ɲ]
Campingführer kempingkalauz ['kɛmpingkɔlɔu:z]
Campingplatz kemping ['kɛmping]
CD (Compactdisc) CD ['tse:de:]
CD-Spieler CD-lejátszó ['tse:de:-lɛja:ts:o:]
Cent cent ['tsɛnt]
Champagner pezsgő ['pɛʒgø:]
check-in *(am Flughafen)* bejelentkezik/becsekkol ['bɛjɛlɛntkɛzik/betʃɛk:ol]
Chef főnök ['fø:nøk]
chemisch reinigen vegyileg tisztít ['vɛɟilɛg 'tisti:t]
Chicoree chicoree ['ʃikore:]
Chipkarte chipkártya ['tʃipka:rcɔ]
Chirurg/in sebész ['ʃɛbe:s]
Cholera kolera ['kolɛrɔ]
Chor kórus ['ko:ruʃ]
Christentum kereszténység ['kɛrɛste:ɲʃe:g]
Clubhaus klubház ['klubha:z]
Cousin/e unokatestvér ['unokɔtɛʃtve:r]; **älterer Cousin** unokabáty ['unokɔba:c]; **jüngerer Cousin** unokaöcs ['unokɔøtʃ:]; **ältere Cousine** unokanővér ['unokɔnø:ve:r]; **jüngere Cousine** unokahug ['unokɔhug]
Creme krém ['kre:m]
Curling curling ['kørling]

D

da *(dort)* ott [ot:]
Dach tető ['tɛtø:]
dafür sein mellette van ['mɛl:ɛt:ɛ vɔn]
dagegen sein ellene van ['ɛl:ɛnɛ vɔn]
daheim otthon ['ot:hon]
damals akkoriban [ɔk:oribɔn]
Damen hölgyek/nők ['hølɟɛk/nø:k]
Damenbinden egészségügyi betét ['ɛge:ʃ:e:gyɟi 'bɛte:t]
Dampfbad gőzfürdő ['gø:zfyrdø:]
Dampfer gőzhajó ['gø:zhɔjo:]
danach utána ['uta:nɔ], azután ['ɔzuta:n]
danken (jdm) megköszön (nak/nek) ['mɛk:øsøn ('nɔk/'nɛk)]
dann akkor ['ɔk:or]
Darm bél [be:l]
dass hogy ['hoɟ]
dasselbe ugyanaz ['uɟɔnɔz]
Datteln datolya ['dɔtojɔ]
Datum dátum ['da:tum]
Dauer időtartam ['idø:tɔrtɔm]
dauern tart ['tɔrt]
Dauerwelle tartóshullám ['tɔtro:ʃhul:a:m]
Deck fedélzet ['fɛde:lzɛt]
Decke mennyezet ['mɛɲ:ɛzɛt]
Defekt hiba ['hibɔ]
Deich gát [ga:t]
dein tied ['tiɛd]
denken (an) gondol (-ra/-re) ['gondol (-'rɔ/-'rɛ)]
Denkmal műemlék ['my:ɛmle:k]
Denkmalschutz műemlékvédelem ['my:ɛmle:kve:dɛlɛm]
denn mert [mɛrt]
Deo(dorant) dezodor ['dɛzodor]
deshalb ezért ['ɛze:rt]
Desinfektionsmittel fertőtlenítőszer ['fɛrtø:tlɛni:tø:sɛr]
desinfizieren fertőtlenít ['fɛrtø:tlɛni:t]
deutlich érthető *(adj.)* ['e:rthɛtø:], érthetően *(adv.)* ['e:rthɛtø:ɛn]
deutsch német *(adj.)* ['ne:mɛt], németül *(adv.)* ['ne:mɛtyl]
Deutsche, der/die – német (ember)/nő ['ne:mɛt ('ɛmbɛr)/nø:]
Deutschland Németország ['ne:mɛtorsa:g]
Devisen deviza ['dɛvizɔ]
Dezember december ['dɛtsɛmbɛr]
Diabetes cukorbetegség ['tsukorbɛtɛkʃe:g]
Diabetiker/in cukorbeteg ['tsukorbɛtɛg]
Diagnose diagnózis ['diɔgno:ziʃ]
Diät diéta ['die:tɔ]
dich téged ['te:gɛd]
dick *(Schicht)* vastag ['vɔʃtɔg]; *(Mensch)* kövér ['køve:r]
Dieb tolvaj ['tolvɔj]
Diebstahl lopás ['lopa:ʃ]
Dienstag kedd [kɛd:]
diese(r, s) ez a(z) [ɛz ɔ(z)]

Digitalkamera digitális kamera ['digita:liʃ 'kɔmɛrɔ]
Ding dolog ['dolog]
Diphtherie diftéria ['difte:riɔ]
dir neked ['nɛkɛd]
direkt közvetlen *(adj.)* [køzvɛtlɛn], közvetlenül *(adv.)* [køzvɛtlɛnyl]
Direktion igazgatóság ['igɔzgɔto:ʃa:g]
Dirigent/in karmester/nő ['kɔrmɛʃtɛr/nø:]
Diskothek diszkó ['disko:]
doch hiszen ['hisɛn], mégis [me:giʃ]; *(als Antwort)* de igen ['dɛ 'igɛn]
Dokumentarfilm dokumentumfilm ['dokumɛntumfilm]
Dom dóm [do:m], székesegyház ['se:kɛʃɛɖha:z]
Donau Duna ['dunɔ]
Donner mennydörgés ['mɛɲ:dørge:ʃ]
Donnerstag csütörtök ['tʃytørtøk]
Doppel páros ['pa:roʃ]
doppelt páros ['pa:roʃ], dupla ['duplɔ]
Dorf falu ['fɔlu]
dort ott [ot:]
Dose doboz ['doboz]
Dosenöffner konzervnyitó ['konzɛrvɲito:]
Drachenfliegen sárkányrepülés ['ʃa:rka:ɲrɛpyle:ʃ]
Draht drót ['dro:t]
Drama dráma ['dra:mɔ]
draußen kint [kint], kívül ['ki:vyl]
Dreikönigstag háromkirályok napja ['ha:romkira:jok 'nɔpjɔ]
dreiviertel háromnegyed ['ha:romnɛɖɛd]
Dressing salátaöntet ['ʃɔla:tɔøntɛt]
drinnen bent ['bɛnt], belül ['bɛlyl]
dringend sürgős *(adj.)* ['ʃyrgø:ʃ], sürgősen *(adv.)* ['ʃyrgø:ʃɛn]
dritte(r, -s) harmadik ['hɔrmɔdik]
Drogerie drogéria ['droge:riɔ], illatszerbolt ['il:ɔtsɛrbolt]
Drogerieartikel illatszerek ['il:ɔtsɛrɛk]
du te [tɛ]
dumm buta ['butɔ]
dunkel sötét ['ʃøte:t]
dunkelblau/dunkelgrün sötétkék ['ʃøte:t ke:k]/sötétzöld ['ʃøte:t zøld]
dünn vékony ['ve:koɲ]
durch *(quer ~)* át [a:t], keresztül ['kɛrɛstyl]
Durchfahrt áthaladás ['a:halada:ʃ]
Durchfall hasmenés ['hɔʃmɛne:ʃ]
durchgebraten átsütve ['a:tʃydvɛ]
Durchreise átutazás ['a:tutɔza:ʃ]
durchschnittlich átlagos(an) *(adj.)* ['a:tlɔgoʃ(ɔn)]
dürfen szabad ['sɔbɔd]
Durst haben szomjas ['somjɔʃ]
Dusche zuhany ['zuhɔɲ]
Duschgel tusfürdő ['tuʃfyrdø:]
Duschsitz tusolóülőke ['tuʃolo:ylø:kɛ]

Duschvorhang zuhanyozó függöny ['zuhɔɲozo: 'fyg:øɲ]

E

Ebbe apály ['ɔpa:j]
Ebene síkság ['ʃi:kʃa:g]
ebenerdig egyszintes/egyszintű ['ɛtsintɛʃ/'ɛ sinty:]
echt valódi ['vɔlo:di]
Ecke sarok ['ʃɔrok]
edelsüß csemege ['tʃɛmɛgɛ]
Ehefrau feleség ['fɛlɛʃe:g]
Ehemann férj [fe:rj]
Eier tojás ['toja:ʃ]
eigen *(mit poss. pron.)* saját ['ʃɔja:t]
Eigenschaft tulajdonság ['tulɔjdonʃa:g]
eigentlich tulajdonképpen ['tulɔjdɔnke:p:ɛn]
Eigentümer/in tulajdonos ['tulɔjdonoʃ]
Eilbrief expresszlevél ['ɛkspres:lɛve:l]
eilig sürgős ['ʃyrgø:ʃ]
ein(e), eins egy [ɛɖ, ɛʈ]
einchecken bejelentkezik ['bɛjɛlɛntkɛzik]
Eindruck benyomás ['bɛɲoma:ʃ]
einfach egyszerű *(adj.)*, egyszerűen *(adv.)* ['ɛts:ɛry:ɛn]
Einfahrt bejárat ['bɛja:rɔt]
einfarbig egyszínű ['ɛʈsi:ny:]
Eingang bejárat ['bɛja:rɔt]
einheimisch hazai ['hɔzɔi]
einige néhány ['ne:ha:ɲ]
einigen megegyezik ['mɛgɛɖɛzik]
einkaufen bevásárol ['bɛva:ʃa:rol]
einladen meghív ['mɛghi:v]
einmal egyszer ['ɛts:ɛr]
einpacken becsomagol ['bɛtʃomɔgol]
Einreise beutazás ['bɛutɔza:ʃ]
eins egy [ɛɖ:/ɛɖ]
einsam magányos ['mɔga:ɲoʃ]
einschalten bekapcsol ['bɛkɔptʃol]
Einschreibebrief ajánlott levél ['ɔja:nlot: 'lɛve:l]
einsteigen beszáll ['bɛsa:l:]
Einstiegshilfe beemelő készülék ['bɛɛmɛlø: 'ke:syle:k]
Eintritt belépés ['bɛle:pe:ʃ]
Eintrittskarte (belépő)jegy ['(bɛle:pø:)jɛɖ]
Eintrittspreis belépődíj ['bɛle:pø:di:j]
Einwohner/in *(Stadt)* lakos ['lɔkoʃ]
Einzel egyes ['ɛɖ:ɛʃ]
einzig egyetlen ['ɛɖɛtlɛn]
Eis jég [je:g]
Eisbahn jégpálya ['je:kpa:jɔ]
Eisenwarengeschäft vasedény ['vɔʃɛɖe:ɲ]
Eishockey jégkorong ['je:k:orong]
Eislauf gyorskorcsolya ['ɖorʃkortʃojɔ]
Eiter genny [gɛɲ:]
Elastikbinde rugalmas betét ['rugɔlmɔʃ 'bɛte:t]

elektrisch elektromos ['ɛlɛktromoʃ]
Elektrohandlung villamos cikkek boltja ['vil:ɔmoʃ 'tsik:ɛk 'bol ɔ]
Elektroherd elektormos tűzhely ['ɛlɛktomoʃ 'ty:shɛj]
Elektrolytlösung elektrolitoldat ['ɛlɛktrolitoldɔt]
Elektrorollstuhl elektromos tolókocsi ['ɛlɛktromoʃ 'tolo:kotʃi]
elf tizenegy ['tizɛnɛɖ:]
Eltern szülők ['syløːk]
empfangen *(Gäste)* fogad ['fogɔd]; *(Brief)* átvesz ['a:dvɛs]
Empfänger címzett ['tsi:mzɛt:]
Empfangshalle fogadóterem ['fogɔdo:tɛrɛm]
empfehlen ajánl ['ɔja:nl]
Ende vége ['ve:gɛ]
enden végződik ['ve:gzø:dik], befejez(ődik) ['bɛfɛjɛz(ø:dik)]
endgültig végleges *(adj.)* ['ve:glɛgɛʃ], véglegesen *(adv.)* ['ve:glɛgɛʃɛn]
endlich végre ['ve:grɛ]
Endreinigung elutazás előtti takarítás ['ɛlutɔza:ʃ 'ɛlø:t:i 'tɔkɔri:taʃ]
Endstation végállomás ['ve:ga:l:oma:ʃ]
eng szűk [sy:k]
englisch angol *(adj.)* ['ɔngol], angolul *(adv.)* ['ɔngolul]
Enkel/in unoka ['unokɔ]
entdecken felfedez ['fɛlfɛdɛz]
Entfernung távolság ['ta:volʃa:g]
entgegengesetzt ellenkező ['ɛl:ɛnkɛzø:], ellentétes ['ɛl:ɛnte:tɛʃ]
enthalten tartalmaz ['tɔrtɔlmɔz]
entscheiden (el)dönt ['(ɛl)dønt]
entschlacken méregtelenít ['me:rɛktɛlɛni:t]
entschuldigen, s. ~ megbocsát ['mɛgbotʃa:t]
Entschuldigung! Bocsánat! ['botʃa:nɔt]
entspannen lazít ['lɔzi:t], kikapcsolódik ['kikɔptʃolo:dik]
enttäuscht csalódott ['tʃɔlo:dot:]
entweder ... oder vagy ... vagy ['vɔɖ ... 'vɔɖ]
entwerten érvényesít ['e:rve:ɲɛʃi:t], kezel ['kɛzɛl]
entwickeln *(Film)* előhív ['ɛlø:hi:v]
entzückend elragadtató *(adj.)* ['ɛr:ɔgɔt:ɔto:]; elragadtatóan *(adv.)* ['ɛr:ɔgɔt:ɔto:ɔn]
Entzündung gyulladás ['ɖul:ɔda:ʃ]
Epilepsie epilepszia ['ɛpilɛpsiɔ]
Epoche korszak ['korsɔk]
er ő [ø:]
Erbsen borsó ['borʃo:]
Erdbeeren eper ['ɛpɛr]
Erde föld [føld]
Erdgeschoss földszint ['føltsint]
Ereignis esemény ['ɛʃɛme:ɲ]
erfahren *(adj.)* tapasztalt ['tɔpɔstɔlt]
erfreut (über) örül (nak/nek) ['øryl ('nɔk/'nɛk)]

Erfrischung felfrissülés [ˈfɛlfriʃ:yle:ʃ]
Ergebnis eredmény [ˈɛrɛdme:ɲ]
erhalten megkap [ˈmɛk:ɔp]
erholen, s. ~ kipiheni magát [ˈkipihɛni ˈmɔga:t]
erinnern, an etw ~ emlékeztet (-ra/-re) [ˈɛmle:kɛstɛt (-rɔ/-ˈrɛ)]
Erkältung megfázás [ˈmɛkfa:za:ʃ]
erklären megmagyaráz [ˈmɛgmɔɟɔra:z]
erkundigen, s. ~ érdeklődik [ˈe:rdɛklø:dik]
erlauben megenged/engedélyez [ˈmɛgɛɲɛd/ˈɛɲɛde:jɛz]
Erlaubnis engedély [ˈɛngɛde:j]
erledigen elintéz [ˈɛlinte:z]
Ermäßigung kedvezmény [ˈkɛdvɛzme:ɲ]
ernst komoly [ˈkomoj]
erreichen elér [ˈɛle:r]
Ernte aratás [ˈɔrɔta:ʃ]
Ersatz *(Schaden~)* kártérítés [ˈka:rte:ri:te:ʃ]
Ersatzrad pótkerék [ˈpo:tkɛre:k]
erschöpft kimerült [ˈkimɛrylt]
erschrecken megijeszt [ˈmɛgijɛst]
ersetzen *(Ersatzteile)* kicserél [ˈkitʃɛre:l], pótol [ˈpo:tol]; *(Geld)* megtérít [ˈmɛkte:ri:t]
erst *(zuerst)* először [ˈɛlø:sør]
erste(r, -s) első [ˈɛlʃø:]
erster Gang első sebesség [ˈɛlʃø: ˈʃɛbɛʃ:e:g]
Erste Klasse első osztály [ˈɛlʃø: ˈosta:j]
Erwachsene(r) felnőtt [ˈfɛlnø:t:]
erwarten vár [va:r]
erzählen (el)mesél [ˈ(ɛl)mɛʃe:l]
Erziehung nevelés [ˈnɛvɛle:ʃ]
Esel szamár [ˈsɔma:r]
essbar ehető [ˈɛhɛtø:]
Essen *(Mahlzeit)* étkezés [ˈe:tkɛze:ʃ], evés [ˈɛve:ʃ]; *(Essbares)* étel [ˈe:tɛl]
essen eszik [ˈɛsik]
Essig ecet [ˈɛtsɛt]
Etage emelet [ˈɛmɛlɛt]
Etagenbett emeletes ágy [ˈɛmɛlɛtɛʃ ˈa:ɟ]
etwa körülbelül [ˈkørylbɛlyl]
etwas valami [ˈvɔlɔmi], valamit *(Akk.)* [ˈvɔlɔmit]
EU-Bürger EU-polgár [ˈɛu-ˈpolga:r]
euch titeket *(Akk.)* [titɛkɛt], nektek *(Dat.)* [ˈnɛktɛk]
euer tied [ˈtiɛd]
Euro euró [ˈɛuro:]
Europa Európa [ˈɛuro:pɔ]
Europäer/in európai (ember)/nő [ˈɛuro:pɔi (ˈɛmbɛr)/ˈnø:]
europäisch európai [ˈɛuro:pɔi]
Exponat kiállítási tárgy [ˈkia:l:i:ta:ʃi ˈta:rɟ]
Expressionismus expresszionizmus [ˈɛksprɛs:ionizmuʃ]
extra külön [ˈkyløn]

F

Fabrik gyár [ˈɖaːr]
Facharzt/ärztin szakorvos [ˈsɔkorvoʃ]
Fahrdienst szállító szolgálat [ˈsaːlːiːtoː ˈsolgaːlɔt]
Fähre komp [komp]
fahren vezet [ˈvɛzɛt]
Fahrer/in vezető [ˈvɛzɛtøː]
Fahrgast utas [ˈutɔʃ]
Fahrkarte menetjegy [ˈmɛnɛtjɛɖ]
Fahrkartenautomat jegyautomata [ˈjɛɖɔutomɔtɔ]
Fahrkartenschalter jegypénztár [ˈjɛtpeːnstaːr]
Fahrplan menetrend [ˈmɛnɛtrɛnd]
Fahrpreis menetdíj [ˈmɛnɛdːiːj]
Fahrrad kerékpár [ˈkɛreːkpaːr], bicikli [ˈbitsikli]
Fahrradhelm kerékpársisak [ˈkɛreːkpaːrʃiʃɔk]
Fahrradweg kerékpárút [ˈkɛreːkpaːruːt]
Fahrschein (menet)jegy [ˈ(mɛnɛt) jɛɖ]
Fahrscheinentwerter jegykezelő automata [ˈjɛtkɛzɛløː ˈɔutomɔtɔ]
Fahrstuhl felvonó [ˈfɛlvonoː], lift [lift]
Fahrt utazás [ˈutɔzaːʃ], út [uːt]
fair korrekt [ˈkorːɛkt], fair [fɛr]
fallen esik [ˈɛʃik]
falls ha [hɔ], amennyiben [ˈɔmɛɲːibɛn]
Fallschirmspringen ejtőernyőzés [ˈɛjtøːɛrɲøːzeːʃ]
falsch rossz [rosː], helytelen [ˈhɛjtɛlɛn]
Faltrollstuhl összecsukható tolókocsi [ˈøsːɛtʃukhɔtoː ˈtoloːkotʃi]
Familie család [ˈtʃɔlaːd]
Familienname vezetéknév [ˈvɛzɛteːkneːv]
fangen fog [fog]
färben fest [fɛʃt]
farbig színes [ˈsiːnɛʃ]
Farbstift színes ceruza [ˈsiːnɛʃ ˈtsɛruzɔ]
Fasching farsang [ˈfɔrʃɔng]
Fassade homlokzat [ˈhomlogzɔt]
fast majdnem [ˈmɔjdnɛm]
Fasten böjtöl [ˈbøjtøl]
Fastnachtsdienstag húshagyókedd [ˈhuːʃhɔɖoːkɛdː]
faul lusta [ˈluʃtɔ]
faulenzen lustálkodik [ˈluʃtaːlkodik]
Fax/Faxgerät fax [ˈfɔks]
Februar február [ˈfɛbruaːr]
Federball tollaslabda [ˈtolːɔʃlɔbdɔ]
fehlen hiányzik [ˈhiaːɲzik]
Fehler *(den man macht)* hiba [ˈhibɔ]
Fehlgeburt vetélés [ˈvɛteːleːʃ], abortusz [ˈɔbortus]
Feigen füge [ˈfygɛ]
fein finom [ˈfinom]; *(dünn)* vékony [ˈveːkoɲ]

Feinkostgeschäft csemegebolt [ˈtʃɛmɛgɛbolt]
Feld mező [ˈmɛzøː]
Fell szőrme [ˈsøːrmɛ], bunda [ˈbundɔ]
Fels szikla [ˈsiklɔ]
Felswand sziklafal [ˈsiklɔfɔl]
Fenchel édeskömény [ˈeːdɛʃkømeːɲ]
Fenster ablak [ˈɔblɔk]
Fensterplatz ablak melletti hely [ˈɔblɔk ˈmɛlːɛtːi ˈhɛj]
Ferien *(Schule)* szünet [ˈsynɛt], *(Beruf)* nyaralás [ɲɔrɔlaːʃ], szabadság [ˈsɔbɔtʃːaːg]
Ferienanlage üdülőtelep [ˈydyløːtɛlɛp]
Ferienhaus nyaraló [ˈɲɔrɔloː]
Ferienwohnung nyaraló [ˈɲɒrɒloː], üdülő [ˈydyløː]
Ferngespräch táv(olsági) beszélgetés [ˈtaːv(olʃaːgi) ˈbɛseːlgɛteːs]
Fernlicht távfény [ˈtaːfːeːɲ]
Fernseher tévé [ˈteːveː], televízió [ˈtɛlɛviːzioː]
Fernsehraum tévészoba [ˈteːveːsobɔ]
fertig kész [ˈkeːs]
fest *(hart)* kemény [ˈkɛmeːɲ]
Fest ünnep [ˈynːɛp]
Festival fesztivál [ˈfɛstivaːl]
Festland szárazföld [ˈsaːrɔsføld]
Festung erőd [ˈɛrød]
fett, fettig zsíros [ˈʒiːroʃ]
fettarme Milch zsírszegény tej [ˈʒiːrsɛgeːɲ ˈtɛj]
feucht nedves [ˈnɛdvɛʃ]
Feuer tűz [tyːz]
feuergefährlich tűzveszélyes [ˈtyːzvɛseːjɛʃ]
Feuerlöscher tűzoltókészülék [ˈtyːzoltoːkeːsyleːk]
Feuermelder tűzjelző [ˈtyːzjɛlzøː]
Feuerzeug öngyújtó [ˈønɟuːjtoː]
Feuerwehr tűzoltóság [ˈtyːzoltoːʃaːg]
Feuerwerk tüzijáték [ˈtyzijaːteːk]
Fieber láz [laːz]
Fieberthermometer lázmérő [ˈlaːzmeːrøː]
Film film [film]
Filmempfindlichkeit filmérzékenység [ˈfilmeːrzeːkɛɲʃeːg]
Filmschauspieler/in (film) színész/nő [ˈ(film)siːneːs/nøː]
finden talál [ˈtɔlaːl]
Finger ujj [ujː]
Firma cég [tseːg]
Fisch hal [hɔl]
Fischerdorf halászfalu [ˈhɔlaːsfɔlu]
Fischgeschäft halbolt [ˈhɔlbolt]
fit fit [fit]
Fitnesscenter fitness-stúdió [ˈfitnɛsː-ˈʃtuːdioː]
FKK-Strand nudistastrand [ˈnudiʃtɔʃtrɔnd]
flach *(Land)* sík [ʃiːk]; *(Gegenstand)* lapos [ˈlɔpoʃ]

Fläschchenwärmer cumisüveg melegítő ['tsumiʃyvɛg 'mɛlɛgi:tø:]
Flasche üveg ['yvɛg]
Flaschenöffner sörnyitó ['ʃørɲito:]
Flaute szélcsend ['se:ltʃɛnd]
Fleck(en) folt [folt]
Fleisch hús [hu:ʃ]
Flickzeug foltozókészlet ['foltozo:ke:slɛt]
Fliege légy ['le:ɖ]
fliegen repül ['rɛpyl]
fließen folyik ['fojik]
Flohmarkt bolhapiac ['bolhɔpiɔts]
Flug repülés ['rɛpyle:ʃ], légiút ['le:giu:t]
Flügel szárny ['sa:rɲ]
Fluggesellschaft légitársaság ['legita:rʃɔʃa:g]
Flughafen repülőtér ['rɛpylø:te:r]
Flughafenbus repülőtéri busz ['rɛpylø:te:ri 'bus]
Flughafengebühr repülőtéri illeték ['rɛpylø:te:ri'il:ɛte:k]
Flugsteig utaslépcső ['utɔʃle:ptʃø:]
Fluss folyó ['fojo:]
flüssig folyékony ['foje:koɲ]
Flut dagály ['dɔga:j]
Föhn hajszárító ['hɔjsa:ri:to:]
föhnen szárít ['sa:ri:t]
Folklore folklór ['folklo:r]
Folkloreabend folklórest ['folklo:rɛʃt]
Form forma ['formɔ]
Formular űrlap ['y:rlɔp]
fort el [ɛl]
Foto fénykép ['feɲke:p, foto:], fotó ['foto:]
Fotoapparat fényképezőgép ['feɲke:pɛzø:ge:p]
Fotogeschäft ofotért ['ofote:rt]
Fotografie fényképészet ['fe:ɲke:pe:sɛt]
fotografieren fényképezés ['fe:ɲke:pɛze:ʃ]
Frage kérdés ['ke:rde:ʃ]
fragen kérdez ['ke:rdɛz]
frankieren bérmentesít ['be:rmɛntɛʃi:t]
Frau nő, -né ['nø:, 'ne:]
Fräulein kisasszony ['kiʃɔs:oɲ]
frei szabad ['sɔbɔd]
Freilichtkino szabadtéri mozi ['sɔbɔt:e:ri 'mozi]
Freilichtmuseum szabadtéri múzeum ['sɔbɔt:e:ri 'mu:zɛum], skanzen ['ʃkɔnzɛn]
Freilufttheater szabadtéri színpad ['sɔbɔt:e:ri 'si:npɔd]
Freitag péntek ['pe:ntɛk]
Freizeitpark vidámpark ['vida:mpɔrk]
fremd *(ausländisch)* idegen ['idɛgɛn]
Fremde, der/die ~ idegen (ember)/nő ['idɛgɛn ('ɛmbɛr)/ 'nø:]
Fremdenführer/in idegenvezető ['idɛgɛnvɛzɛtø:]

Fremdenverkehrsamt idegenforgalmi hivatal ['idɛgɛnforgɔlmi 'hivɔtɔl]
Fremdenzimmer kiadó szoba ['kiɒdo: sobɒ]
Freude öröm ['ørøm]
freuen, s. – (über) örül (nak/nek) ['øryl ('nɔk/'nɛk)]
Freund/in barát/nő ['bɔra:t/nø:]
freundlich barátságos ['bɔra:tʃ:a:goʃ]
Friedhof temető ['tɛmɛtø:]
frieren fázik ['fa:zik]; **es friert** fagy [fɔɖ]
frisch friss [friʃ:]
Frischhaltefolie frissen tartó fólia ['friʃ:ɛn 'tɔrto: fo:liɔ]
Friseur fodrász ['fodra:s]
frisieren befésül ['bɛfe:ʃyl]
Frisur frizura ['frizurɔ]
froh *(fröhlich)* vidám ['vida:m], jókedvű ['jo:kɛdvy:]
Fronleichnam úrnapja ['u:rnɔpjɔ]
Frost fagy [fɔɖ]
Frostschutzmittel fagyállószer ['fɔɖa:l:o:sɛr]
früh korán ['kora:n]
früher *(eher)* korábban *(adv.)* ['kora:b:ɔn]
Frühling tavasz ['tɔvɔs]
Frühstück reggeli ['rɛg:ɛli]
frühstücken reggelizik ['rɛg:ɛlizik]
Frühstücksbüfett svédasztal ['ʃve:dɔstɔl]
Frühstücksraum reggelizőhelyiség ['rɛg:ɛlizø:hɛjiʃe:g]
Früchtetee gyümölcstea ['ɖymøltʃtɛɔ]
fühlen érez ['e:rɛz]
führen vezet ['vɛzɛt]
Führer *(für Fremde)* idegenvezető ['idɛgɛnvɛzɛtø:]
Führerschein jogosítvány ['jogoʃi:dva:ɲ]
Führung vezetés ['vɛzɛte:ʃ]
Fünfkirchen Pécs ['pe:tʃ]
Fundbüro talált tárgyak osztálya ['tɔla:lt 'ta:rɖɔk 'osta:jɔ]
Funde leletek ['lɛlɛtɛk]
funktionieren működik ['my:kødik]
für -nak/nek ['nɔk/'nɛk]
fürchten fél ['fe:l], retteg (valamitől) ['rɛt:ɛg ('vɔlɔmitø:l)]
fürchterlich rettenetes ['rɛt:ɛnɛtɛʃ], borzalmas ['borzɔlmɔʃ]
Fuß lábfej ['la:pfɛj]
Fußball futball ['futbɔl:], foci(labda) ['fotsi(lɔbdɔ)]
Fußballplatz futballpálya ['futbɔl:pa:jɔ]
Fußballspiel futballmeccs ['futbɔl:mɛtʃ:], focimeccs ['fotsimɛtʃ:]
Fußgänger/in gyalogos ['ɖɔlogoʃ]
Fußgängerzone sétálóutca ['ʃe:ta:lo:uts:ɔ]

G

Gabel villa ['vil:ɔ]
Galerie galéria ['gɔle:riɔ]
Gallenblase epehólyag ['ɛpɛho:jɔg]
Gang menet ['mɛnɛt], sebesség ['ʃɛbɛʃ:e:g]
Gangschaltung sebességváltó ['ʃɛbeʃ:e:gva:lto:]
ganz egész *(adj./adv.)* ['ɛge:s]; egészen *(adv.)* ['ɛge:sɛn]
gar puha ['puhɔ]
Garage garázs ['gɔra:ʒ]
Garantie garancia ['gɔrɔntsiɔ]
Garderobe ruhatár ['ruhɔta:r]
Garnelen garnéla ['gɔrne:lɔ]
Garten kert [kɛrt]
Gasflasche gázpalack ['ga:spɔlɔtsk]
Gasherd gáz tűzhely ['ga:s 'ty:shɛj]
Gaskartusche (kis) gázpalack [('kiʃ) 'ga:spɔlɔtsk]
Gaskocher gázfőző ['ga:sfø:zø:]
Gaspedal gázpedál ['ga:spɛda:l]
Gasse utca ['uts:ɔ]
Gast vendég ['vɛnde:g]
Gastfreundschaft vendégszeretet ['vɛnde:ksɛrɛtɛt]
Gastgeber/in házigazda/ háziasszony ['ha:zigɔzdɔ/ 'ha:ziɔs:oɲ]
Gebäck péksütemény ['pɛ:kʃytɛme:ɲ]
gebacken sült [ʃylt]
Gebärdensprache jelnyelv ['jɛlɲɛlv]
Gebäude épület ['e:pylɛt]
geben ad [ɔd]
Gebirge hegység ['hɛtʃ:e:g]
geboren született ['sylɛtɛt:]
gebraten sült [ʃylt]
gebräuchlich szokás ['soka:ʃ]
gebrochen (el)törött ['(ɛl)tørøt:]
Gebühr(en) díj ['di:j]
Geburtsdatum születési idő ['sylɛte:ʃi 'idø:]
Geburtsname leánykori név ['lɛa:ɲkori 'ne:v]
Geburtsort születési hely ['sylɛte:ʃi 'hɛj]
Geburtstag születésnap ['sylɛte:ʃnɔp]
gedämpft párolt ['pa:rolt]
Gedeck teríték ['tɛri:te:k]
Gedenkstätte emlékhely ['ɛmle:khɛj]
Geduld türelem ['tyrɛlɛm]
gedünstet párolt ['pa:rolt]
Gefahr veszély ['vɛse:j]
gefährlich veszélyes ['vɛse:jɛʃ]
gefallen tetszik ['tɛts:ik]
Gefängnis börtön ['børtøn]
Gefühl érzés ['e:rze:ʃ]
gefüllt töltött ['tøltøt:]
gegen ellen ['ɛl:ɛn]
gegen Mittag dél körül ['de:l 'køryl]
Gegend környék ['kørɲe:k]
Gegenstand tárgy ['ta:rɟ]
Gegenteil ellentét ['ɛl:ɛnte:t]
gegenüber szemben ['sɛmbɛn]
gegrillt grillezett ['gril:ɛzɛt:]

geheim titkos ['titkoʃ]
Geheimzahl titkos szám ['titkoʃ 'sa:m]
gehen megy ['mɛɖ]
Gehirn agy [ɔɖ]
Gehirnerschütterung agyrázkódás ['ɔɖra:sko:da:ʃ]
Gehirnschlag agyvérzés ['ɔɖve:rze:ʃ]
Gehör hallás ['hɔl:a:ʃ]
gehören tartozik ['tɔrtozik]
gehörlos, Gehörlose/r süket ['ʃykɛt]
geistig behindert szellemi fogyatékos ['sɛl:ɛmi 'foɖɔte:koʃ]
gekocht főtt [fø:t:]
gelähmt béna, (le)bénult ['be:nɔ, (lɛ)be:nult]
Gelände *(Gebiet)* terület ['tɛrylɛt]; *(Erdboden)* terep ['tɛrɛp]
gelb sárga ['ʃa:rgɔ]
Gelbfieber sárgaláz ['ʃa:rgɔla:z]
Gelbe Seiten® közületi előfizetők ['køzylɛti 'ɛlø:fizɛtø:k]
Gelegenheit alkalom ['ɔlkɔlom]
Geld pénz [pe:nz]
Geldanweisung pénzutalvány ['pe:nzutɔlva:ɲ]
Geldautomat pénzautomata ['pe:nzɔutomɔtɔ]
Geldbörse pénztárca ['pe:nsta:rtsɔ]
Geldschein bankjegy ['bɔnkjɛɖ]
Geldwechsel pénzváltás ['pe:nzva:lta:ʃ]
gelegentlich alkalomadtán *(adv.)* ['ɔlkɔlomɔt:a:n]
Gelenk ízület ['i:zylɛt]
gelten érvényes ['e:rve:ɲɛʃ]
Gemälde festmény ['fɛʃtme:ɲ]
gemeinsam együtt *(adj.)* ['ɛɖyt:]
gemischt vegyes ['vɛɖɛʃ]
Gemüse zöldség ['zøltʃe:g]
gemütlich *(Ort)* kedélyes ['kɛde:j:ɛʃ]
genau pontos *(adj.)* ['pontoʃ], pontosan *(adv.)* ['pontoʃɔn]
genauso ... wie éppen olyan ... mint ['e:p:ɛn 'ojɔn '... 'mint]
genehmigen engedélyez ['ɛngɛde:jɛz]
genießen élvez ['e:lvɛz]
genug elég ['ɛle:g]
geöffnet nyitva ['ɲidvɔ]
Gepäck csomag ['tʃomɔg], poggyász [poɖ:a:s]
Gepäckabfertigung poggyászfeladás ['poɖ:a:sfɛlɔda:ʃ]
Gepäckaufbewahrung csomagmegőrző ['tʃomɔgmɛgø:rzø:]
Gepäckausgabe poggyászkiadás ['poɖ:a:skiɔda:ʃ]
Gepäckschalter csomagfelvevő/ csomagkiadó pult ['tʃomɔgfɛlvɛvø:/'tʃomɔgkiɔdo: 'pult]
Gepäckwagen poggyászkuli ['poɖ:a:skuli]

gerade *(jetzt)* éppen [ˈe:p:ɛn]; *(Linie)* egyenes *(adj.)* [ˈɛɟɛnɛʃ]
geradeaus egyenes(en) [ˈɛɟɛnɛʃ(ɛn)]
geräuchert füstölt [ˈfyʃtølt]
Geräusch zaj [ˈzɔj]
Gericht bíróság [ˈbi:ro:ʃa:g]; *(Essen)* fogás [ˈfoga:ʃ], étel [ˈe:tɛl]
gern szívesen [ˈsi:vɛʃɛn]
geröstet pirított [ˈpiri:tot:]
Geruch szag [sɔg]
Geschenk ajándék [ˈɔja:nde:k]
Geschichte történelem [ˈtørte:nɛlɛm]
Geschirr (konyha)edény [(ˈkoɲhɔ) ˈɛde:ɲ]
Geschirrspülbecken mosogató [ˈmoʃogɔto:]
Geschirrspülmaschine mosogatógép [ˈmoʃogɔto:ge:p]
Geschirrtuch konyharuha [ˈkoɲhɔruhɔ]
geschlossen zárva [ˈza:rvɔ]
Geschmack *(Mode)* ízlés [ˈi:zle:ʃ]; *(Essen)* íz [i:z]
geschmort dínsztelt [ˈdi:nstɛlt]
Geschwindigkeit sebesség [ˈʃɛbɛʃ:e:g]
geschwollen (be)dagadt [ˈ(bɛ) dɔgɔt:]
Geschwulst daganat [ˈdɔgɔnɔt]
Geschwür fekély [ˈfɛke:j]
Gesicht arc [ɔrts]
Gespräch beszélgetés [ˈbɛse:lgɛte:ʃ]
gestern tegnap [ˈtɛgnɔp]
gesund egészséges [ˈɛge:ʃ:e:gɛʃ]
Getränk ital [ˈitɔl]
Getriebe sebességváltó [ˈʃɛbɛʃ:e:gva:lto:]
Gewicht súly [ˈʃu:j]
Gewinn nyereség [ˈɲɛrɛʃe:g], haszon [ˈhɔson]
gewinnen nyer [ɲɛr]
Gewitter zivatar [ˈzivɔtɔr]
gewöhnlich szokásos [ˈsoka:ʃoʃ]
gewohnt sein megszokta [ˈmɛksoktɔ]
Gewölbe boltozat [ˈboltozɔt]
Gewürz fűszer [ˈfy:sɛr]
gibt, es ~ van [vɔn]
Gift méreg [ˈme:rɛg]
giftig mérgező [ˈme:rgɛzø:]
Gipfel csúcs [ˈtʃu:tʃ]
Glas pohár [ˈpoha:r]
Glasmalerei üvegfestészet [ˈyvɛkfɛʃte:sɛt]
Glatteis jégréteg [ˈje:gre:tɛg], jegesút [ˈjɛgɛʃu:t]
Glaube hit [hit]
glauben hisz [his]
gleich *(identisch)* egyforma [ɛɟformɔ]; *(sofort)* rögtön [ˈrøktøn], azonnal [ɔzon:ɔl]
gleichzeitig egyidejű *(adj.)* [ˈɛɟidɛjy:], ugyanakkor [ˈuɟɔnɔk:or]
Gleis vágány [ˈva:ga:ɲ]

Gleitschirm siklóernyő ['ʃiklo:ɛrɲø:]
Glück szerencse ['sɛrɛntʃɛ]
glücklich boldog ['boldog]; *(Glück haben)* szerencsés ['sɛrɛntʃe:ʃ]
Glückwunsch jókívánság ['jo:ki:va:nʃa:g]
Glühbirne villanykörte ['vil:ɔɲkørtɛ]
Gold arany ['ɔrɔɲ]
goldfarben aranyszínü ['ɔrɔɲsi:ny:]
Goldschmiedekunst aranyművészet ['ɔrɔɲmy:ve:sɛt]
Golf golf [golf]
Golfclub golfklub ['golfklub]
Golfschläger golfütő ['golfytø:]
Gotik gótika ['go:tikɔ]
Gott isten ['iʃtɛn]
GPS GPS [ʒipi:ɛs]
Grab sír [ʃi:r]
Grabmal síremlék ['ʃi:rɛmle:k]
Grafik grafika ['grɔfikɔ]
Gramm gramm [grɔm:]
Grapefruit grépfrút ['gre:pfru:t]
Gräte szálka ['sa:lkɔ]
gratis ingyen(es) ['inɖɛn(ɛʃ)]
gratulieren gratulál ['grɔtula:l]
grau szürke ['syrkɛ]; (Haare) ősz ['ø:s]
Grenze határ ['hɔta:r]
Grenzübergang határátkelőhely ['hɔta:ra:tkɛlø:hɛj]
griechisch görög ['gørøg]
Grill grill [gril:]
Grillanzünder grillgyújtó ['gril:ɖu:jto:]
Grillkohle grillszén ['gril:se:n]
Grippe influenza ['influɛnzɔ]
groß nagy ['nɔɖ]
Größe *(Ausdehnung)* nagyság ['nɔtʃ:a:g]; *(Konfektions~)* méret ['me:rɛt]
Großmutter nagymama ['nɔɖmɔmɔ]
Großraumwagen kocsiosztály ['kotʃiosta:j]
Großvater nagypapa ['nɔɖpɔpɔ]
Grotte (szikla)barlang ['(siklɔ) bɔrlɔng]
grün zöld [zøld]
Gründonnerstag nagycsütörtök ['nɔtʃ:ytørtøk]
grüne Bohnen zöldbab ['zøldbɔb]
grüne Versicherungskarte zöld biztosítási kártya ['zøld 'bistoʃi:ta:ʃi 'ka:rtɔ]
Grund ok [ok]
Grundriss alaprajz ['ɔlɔprɔjz]
Gruppe csoport ['tʃoport]
grüßen üdvözöl ['ydvøzøl]
Gulasch pörkölt ['pørkølt]
Gulaschsuppe gulyásleves ['guja:ʃlɛvɛʃ]
gültig érvényes ['e:rve:ɲɛʃ]
Gummistiefel gumicsizma ['gumitʃizmɔ]
Gurke uborka ['uborkɔ]
Gürtel öv [øv]
gut jó *(adj.)* [jo:], jól *(adv.)* [jo:l]
Guthaben egyenleg ['ɛɖɛnlɛg]
Gutschein utalvány ['utɔlva:ɲ]

Gymnastik torna ['tornɔ]

H

Haar haj [hɔj]
Haarfestiger hajfixáló ['hɔjfiksa:lo:]
Haargel hajzselé ['hɔjʒɛle:]
Haargummi hajgumi ['hɔjgumi]
Haarklammern hajcsat ['hɔjtʃɔt]
haben van [vɔn]
Hackfleisch vagdalt hús ['vɔgdɔlt 'hu:ʃ]
Hafen kikötő ['kikøtø:]
Hafenmeisterei parti őrség ['pɔrti 'ø:rʃe:g]
Haferflocken zabpehely ['zɔp:ɛhɛj]
Hähnchen csirke ['tʃirkɛ]
Haken horog ['horog]
halb, Halbe fél [fe:l]
Halb-Monatskarte félhavijegy ['fe:lhɔvijɛɖ]
Halbpension félpanzió ['fe:lpɔnzio:]
Hälfte fele ['fɛlɛ], **fél** [fe:l]
Hämorriden aranyér ['ɔrɔɲe:r]
Hals torok ['torok], **nyak** [ɲɔk]
Halsschmerzen torokfájás ['torokfa:ja:ʃ]
Halstabletten torokfájás elleni tabletta ['tokfa:ja:ʃ 'ɛl:ɛni 'tɔblɛt:ɔ]
Halstuch kendő ['kɛndø:]
halt! állj (meg)! ['a:l:j (mɛg)]
haltbar tartós ['tɔrto:ʃ]
Haltegriff kapaszkodó ['kɔpɔskodo:]
halten tart [tɔrt]
Haltestelle megálló ['mɛga:l:o:]
Hammelfleisch ürühús ['yryhu:ʃ]
Hammer kalapács ['kɔlɔpa:tʃ]
Hand kéz [ke:z]
Handarbeit kézimunka ['ke:zimunkɔ]
Handball kézilabda ['ke:zilɔbdɔ]
Handbremse kézifék ['ke:zife:k]
Handcreme kézkrém ['ke:skre:m]
Handgas *(Auto)* kézi gázkar ['ke:si 'ga:zkɔr]
Handlauf kapaszkodó ['kɔpɔskodo:], **korlát** ['korla:t]
Handschuhe kesztyű ['kɛsʈy:]
Handtasche kézitáska ['ke:zita:ʃkɔ]
Handtuch törülköző ['tørylkøzø:]
Handwaschbecken kézmosó ['ke:zmoʃo:]
Handy mobil ['mobil]
hart kemény ['kɛme:ɲ]
hässlich csúnya ['tʃu:ɲɔ]
häufig gyakran *(adv.)* ['ɖɔkrɔn], gyakori *(adj.)* ['ɖɔkori]
Haselnuss mogyoró ['moɖoro:]
Hauptbahnhof főpályaudvar ['fø:pa:jɔudvɔr]
Hauptrolle főszerep ['fø:sɛrɛp]
hauptsächlich főképp(en) *(adv.)* ['fø:ke:p:(ɛn)]
Hauptsaison főszezon ['fø:sɛzon]
Hauptspeise főfogás ['fø:foga:ʃ]
Hauptstadt főváros ['fø:va:roʃ]
Hauptstraße főutca ['fø:uts:ɔ]
Haus ház [ha:z]

Hausbesitzer/in háztulajdonos ['ha:stulɔjdonoʃ]
hausgemacht házi ['ha:zi]
Haushaltswaren háztartási cikkek/ áruk ['ha:stɔrta:ʃi 'tsik:ɛk/'a:ruk]
Hausnummer házszám ['ha:s:a:m]
Haustiere háziállat ['ha:zia:l:ɔt]
Haut bőr [bø:r]
heben emel ['ɛmɛl]
Heide puszta ['pustɔ]
Heilbad gyógyfürdő ['ɖo:ɖfyrdø:]
heilig szent [sɛnt]
Heiliger Abend szenteste ['sɛntɛʃtɛ]
Heimat haza ['hɔzɔ]
heimlich titokban ['titogbɔn]
Heimreise hazautazás ['hɔzɔutɔza:ʃ]
heiraten házasodik ['ha:zɔʃodik]
heiser rekedt ['rɛkɛt:]
heiß forró ['for:o:]
heißen hív ['hi:v]; **was heißt ...?** mit jelent ...? [mit 'jɛlɛnt '...]
Heißluftballon hőlégballon ['hø:le:gbɔl:on]
Heizung fűtés ['fy:te:ʃ]
helfen (jdm ~) segít (nak/nek) ['ʃɛgi:t ('nɔk/'nɛk)]
hell világos ['vila:goʃ]
Hemd ing [ing]
Herbst ősz [ø:s]
Herd tűzhely ['ty:shɛj]
herein! tessék! ['tɛʃ:e:k], szabad! ['sɔbɔd]
hereinkommen bejön ['bɛjøn]
Hering sátorcövek ['ʃa:tortsøvɛk]
Herr úr [u:r]
Herren férfiak ['fe:rfiɔk]
herrlich pompás ['pompa:ʃ]
Herz szív [si:v]
Herzanfall szívroham ['si:vrohɔm]
Herzbeschwerden szívpanaszok ['si:fpɔnɔsok]
Herzinfarkt szívinfarktus ['si:vinfɔrktuʃ]
herzlich szívélyes *(adj.)* ['si:ve:jɛʃ], szívélyesen *(adv.)* ['si:ve:jɛʃɛn]
Herzschrittmacher szívritmusszabályzó ['si:vritmuʃsɔba:jzo:]
Heuschnupfen szénanátha ['se:nɔna:thɔ]
heute ma [mɔ]
heute Morgen/heute Abend ma reggel ['mɔ 'rɛg:ɛl], ma este ['mɔ 'ɛʃtɛ]
Hexenschuss lumbágó ['lumba:go:], hexensussz ['hɛksɛnʃus:]
hier itt [it:]
Hilfe segítség ['ʃɛgi:tʃ:e:g]
Himmel ég(bolt) ['e:g(bolt)]
hinausgehen kimegy ['kimɛɖ]
hindern akadályoz ['ɔkɔda:joz]
hineingehen bemegy ['bɛmɛɖ]
hinlegen lefektet ['lɛfɛktɛt], letesz ['lɛtɛs]; **s. ~** lefekszik ['lɛfɛksik]
hinten hátul ['ha:tul]
hinter mögött ['møgøt:]
Hinterland hátország ['hatorsa:g]

hinterlegen letétbe helyez ['lɛte:dbɛ 'hɛjɛz]
hinzufügen *(anfügen)* hozzáilleszt ['hoz:a:il:ɛst]; *(bemerken)* hozzáfűz ['hoz:a:fy:z]
Hitze hőség ['hø:ʃe:g]
Hitzewelle hőhullám/kánikula ['hø:hula:m/'ka:nikulɔ]
hoch magas ['mɔgɔʃ]
Hochformat állókép ['a:l:o:ke:p]
Hochspannung magasfeszültség ['mɔgɔʃfesyltʃe:g]
höchstens legfeljebb ['lɛkfɛj:ɛb:]
Hochzeit *(Feier)* esküvő ['ɛʃkyvø:]
Hof udvar ['udvɔr]
hoffen remél ['rɛme:l]
hoffentlich remélhetőleg ['rɛme:lhɛtø:lɛg]
höflich udvarias ['udvɔriɔʃ]
Höhe magasság ['mɔgɔʃ:a:g]
Höhepunkt tetőpont ['tɛtø:pont]
Höhle barlang ['bɔrlɔng]
holen hoz [hoz]
Holz fa [fɔ]
Holzschnitt fametszet ['fɔmɛts:ɛt]
Honig méz ['me:z]
hören hall [hɔl:]
Hörer kagyló [kɔɖlo:]
Hörgerät nagyothalló készülék ['nɔɖothɔl:o: 'ke:syle:k]
hörgeschädigt hallássérült ['hɔl:a:ʃ:e:rylt], nagyothalló ['nɔɖothɔl:o:]
Hose nadrág ['nɔdra:g]
Hotel hotel [hotɛl], szálló, szálloda ['sa:l:odɒ]
Hublift emelőpad ['ɛmɛlø:pɔd]
hübsch csinos ['tʃinoʃ]
Hüfte csípő ['tʃi:pø:]
Hügel domb [domb]
Hund kutya ['kuʈɔ]
hundert száz [sa:z]
hunderteins százegy ['sa:zɛɖ:]
hungrig sein éhes ['e:hɛʃ]
Hunnen hunok ['hunok]
Hupe kürt [kyrt], duda ['dudɔ]
Husten köhögés ['køhøge:ʃ]
Hustensaft köptető ['køptɛtø:]
Hut kalap ['kɔlɔp]
Hütte kunyhó ['kuɲho:]

I

ich én [e:n]
Idee ötlet ['øtlɛt]
ihr *(poss. pron.) f* övé ['øve:]
Illustrierte magazin ['mɔgɔzin]
Imbiss büfé ['byfe:]
immer mindig ['mindig]
Impfpass oltási lap ['olta:ʃi 'lɔp]
Impfung oltás ['olta:ʃ]
Impressionismus impresszionizmus ['imprɛs:ionizmuʃ]
in einer Woche egy hét múlva [ɛʈ'he:t 'mu:lvɔ]
inbegriffen beleértve ['bɛlɛe:rdvɛ]
Induktionsschleife indukciós hurok ['induktsio:ʃ 'hurok]

Infektion fertőzés ['fɛrtø:ze:ʃ]
informieren tájékoztat ['ta:je:kostɔt]
Infusion infúzió ['infu:zio:]
Inhalt tartalom ['tɔrtɔlom]
inklusive inkluzív [inkluzi:v]
Inlandsflug belföldi repülőút ['bɛlføldi 'rɛpylø:u:t]
Inliner inline ['inla:jn], görkorcsolya ['gørkortʃojɔ], görkori ['gørkori]
Inline skaten görkorcsolyázik ['gørkortʃoja:zik], görkorizik ['gørkorizik]
innen belül ['bɛlyl]
Innenhof belső udvar ['bɛlʃø: 'udvɔr]
Inschrift felirat ['fɛlirɔt]
Insekt rovar ['rovɔr]
Insektenmittel rovarirtó (szer) ['rovɔrirto: ('sɛr)]
Insektenstich rovarcsípés ['rovɔrtʃi:pe:ʃ]
Insel sziget ['sigɛt]
Insulin inzulin ['inzulin]
Inszenierung rendezés ['rɛndɛze:ʃ]
interessant érdekes ['e:rdɛkɛʃ]
interessieren, s. – (für) érdeklődik ... (iránt) ['e:rdɛklø:dik ... ('ira:nt)]
international nemzetközi ['nɛmzɛtkøzi]
Irrtum tévedés ['te:vɛde:ʃ]
Ischias isiász ['iʃia:s]

J

Jacke dzseki ['dʒɛki]
Jagd vadászat ['vɔda:sɔt]
Jahr év [e:v]
Jahresfahrkarte éves bérletjegy ['e:vɛʃ 'be:rlɛtjɛɟ]
Jahreszeit évszak ['e:fsɔk]
Jahrhundert évszázad ['e:fsa:zɔd]
jährlich évente *(adj.)* ['e:vɛntɛ]
Jahrmarkt kirakodóvásár ['kirɔkodo:va:ʃa:r]
Januar január ['jɔnua:r]
Jazz dzessz ['dʒɛs:]
Jazzgymnastik dzessztorna ['dʒɛs:tornɔ]
Jeans farmer ['fɔrmɛr]
jeden Tag minden nap ['mindɛn:ɔp]
jeder mindenki *(adj.)* ['mindɛnki]
jemand, irgend– valaki ['vɔlɔki]
jene az a(z) [ɔz ɔ(z)]
jetzt most [moʃt]
Jod(tinktur) jód(tinktúra) ['jo:d(tinktu:rɔ)]
joggen kocog ['kotsog]
Jogginghose tréningnadrág ['tre:ningnɔdra:g]
Joghurt joghurt ['joghurt]
jucken viszket ['viskɛt]
Jude zsidó ['ʒido:]
Jugend ifjúság ['ifju:ʃa:g]
Jugendliche(r) fiatal ['fiatal]
Jugendstil szecesszió ['sɛtsɛs:io:]
Juli július ['ju:liuʃ]
jung fiatal ['fiɔtɔl]

Junge (kis)fiú ['(kiʃ)fiu:]
Junggeselle agglegény ['ɔg:lɛge:ɲ]
Juni június ['ju:niuʃ]
Juwelier ékszerész ['e:ksɛre:s]

K

Kabarett kabaré ['kɔbɔre:]
Kabarettist/in kabaréművész ['kɔbɔre:my:ve:s]
Kabine kabin ['kɔbin]
Kaffee kávé ['ka:ve:]
Kaffeemaschine kávéfőző ['ka:ve:fø:zø:]
Kai rakpart ['rɔkpɔrt]
Kaiser/in császár/nő ['tʃa:sa:r/nø:]
Kalbfleisch borjúhús ['borju:hu:ʃ]
kalt hideg ['hidɛg]
kaltes Wasser hideg víz ['hidɛg 'vi:z]
Kamillentee kamillatea ['kɔmil:ɔtɛɔ]
Kamm fésű ['fe:ʃy:]
Kammerkonzert kamarakoncert ['kɔmɔrɔkontsɛrt]
kämmen fésül ['fe:ʃyl]
Kanal csatorna ['tʃɔtornɔ]
Kaninchen nyúl [ɲu:l]
Kanu kenu ['kɛnu]
Kapelle kápolna ['ka:polnɔ]
Kapitän kapitány ['kɔpita:ɲ]
kaputt rossz ['ros:], elromlott ['ɛlromlot:]
Karaffe vizeskancsó ['vizɛʃkɔntʃo:]
Karfreitag nagypéntek ['nɔɟpe:ntɛk]
Karneval farsang ['fɔrʃɔng]
Karotten sárgarépa ['ʃa:rgɔre:pɔ]
Karpatenbecken Kárpátmedence ['ka:rpa:tmɛdɛntsɛ]
Kartoffeln burgonya ['burgoɲɔ], krumpli ['krumpli]
Käse sajt [ʃɔjt]
Kasse pénztár ['pe:nsta:r]
Kathedrale székesegyház ['se:kɛʃɛɟha:z], katedrális ['kɔtɛdra:liʃ]
Katholik, katholisch katolikus ['kɔtolikuʃ]
Katze macska ['mɔtʃkɔ], cica ['tsitsɔ]
kaufen vásárol ['va:ʃa:rol], vesz [vɛs]
Kaufhaus áruház ['a:ruha:z]
Kaugummi rágógumi ['ra:go:gumi]
kaum alig ['ɔlig]
Kaution kaució ['kɔutsio:], óvadék ['o:vɔde:k]
kein nem/nincs [nɛm/nintʃ]
keiner senki ['ʃɛnki]
Kekse keksz ['keks]
Kellner/in pincér/nő ['pintse:r/nø:]
kennen ismer ['iʃmɛr]
kennen lernen megismer ['mɛgiʃmɛr]
Keramik kerámia ['kɛra:miɔ]
Kerze/n gertya/gyertyák ['ɟɛrcɔ/'ɟɛr a:k]
Ketschup ketchup ['kɛtʃɔp]

Kette lánc [ˈla:nts]
Keuchhusten szamárköhögés [ˈsɔma:rkøhøge:ʃ]
Kfz-Schein forgalmi engedély [ˈforgɔlmi ˈɛngɛde:j]
Kichererbsen csicseri borsó [ˈtʃitʃɛri ˈborʃo:]
Kiefer állkapocs [ˈa:l:kɔpotʃ]
Kilogramm kilogramm [ˈkilo:grɔm:]
Kilometer kilométer [ˈkilome:tɛr]
Kilometerpreis kilométerár [ˈkilome:tɛra:r]
Kind gyer(m)ek [ˈɖɛr(m)ɛk]
Kinderarzt/ärztin gyermekorvos [ˈɖɛr(m)ɛkorvoʃ]
Kinderbecken gyermekmedence [ˈɖɛrmɛkmɛdɛntsɛ]
Kinderbetreuung gyermekfelügyelet [ˈɖɛrmɛkfɛlyɖɛlɛt]
Kinderbett gyermekágy [ˈɖɛrmɛka:d]
Kinderermäßigung gyermekkedvezmény [ˈɖɛrmɛk:ɛdvɛsme:ɲ]
Kinderfahrkarte gyermekjegy [ˈɖɛrmɛkjɛɖ]
Kinderkleidung gyermekruházat [ˈɖɛrmɛkruha:sɔt]
Kinderkrankheit gyermek-betegség [ˈɖɛrmɛkbɛtɛgʃe:g]
Kinderlähmung gyermekbénulás [ˈɖɛrmɛgbe:nula:ʃ]
Kindersitz gyermekülés [ˈɖɛrmɛkyle:ʃ]
Kinderteller gyerektányér [ˈɖɛrɛkta:ɲe:r]
Kino mozi [ˈmozi]
Kipferl kifli [ˈkifli]
Kirche templom [ˈtɛmplom]
Kirchturm templomtorony [ˈtɛmplomtoroɲ]
Kirmes búcsú [ˈbu:tʃu:]
Kirschen cseresznye [ˈtʃɛrɛsɲɛ]
Kiste láda [ˈla:dɔ]
kitschig csicsás [ˈtʃitʃa:ʃ]
klar világos [ˈvila:goʃ]
Klasse osztály [ˈosta:j]
Klassik klasszikus zene [ˈklɔs:ikuʃ ˈzɛnɛ]
Klassiker klasszikus film [ˈklɔs:ikuʃ film]
Kleid (női) ruha [ˈ(nø:i) ruhɔ]
Kleiderbügel ruhaakasztó [ˈruhɔɔkɔsto:], fogas [ˈfogɔʃ]
Kleidung ruházat [ˈruha:zɔt], öltözék [ˈøltøze:k]
klein kis [kiʃ], kicsi [ˈkitʃi]
Kleingeld aprópénz [ˈɔpro:pe:nz]
Kleinkunstbühne kabarészínpad [ˈkɔbɔre:si:npɔd]
Klima éghajlat [ˈe:ghɔjlɔt]
Klimaanlage légkondicionáló [ˈle:k:onditsiona:lo:]
Klingel csengő [ˈtʃɛngø:]
Kloster kolostor [ˈkoloʃtor]
klug okos [ˈokoʃ]
Kneipe vendéglő [ˈvɛnde:glø:], kocsma [ˈkotʃmɔ]
Knie térd [te:rd]

Knoblauch fokhagyma [ˈfokhɔɖmɔ]
Knöchel boka [ˈbokɔ]
Knochen csont [tʃont]
Knochenbruch csonttörés [ˈtʃont:øre:ʃ]
Koch/Köchin szakács/nő [ˈsɔka:tʃ/nø:]
Kochbuch szakácskönyv [ˈsɔka:tʃkøɲv]
kochen főz [fø:z]
Kocher főző [ˈfø:zø:]
Kochnische főzőfülke [ˈfø:zø:fylkɛ]
Koffer koffer [ˈkof:ɛr], bőrönd [ˈbø:rønd]
Kofferraum csomagtartó [ˈtʃomɔktɔrto:]
Kohl káposzta [ˈka:postɔ]
Kokosnuss kókuszdió [ˈko:kusdio:]
Kolik kólika [ˈko:likɔ]
Kollege/Kollegin kolléga/nő [ˈkol:e:gɔ/nø:]
kommen jön [jøn]
Komödie komédia [ˈkome:diɔ], vígjáték [ˈvi:gja:te:k]
Kompass iránytű [ˈira:ɲty:]
Komponist/in zeneszerző [ˈzɛnɛsɛrzø:]
Konditorei cukrászda [ˈtsukra:zdɔ]
Kondom óvszer [ˈo:fsɛr]
König/in király/nő [ˈkira:j/nø:]
können tud [tud]
Konfession vallás [ˈvɔl:a:ʃ]
Konserve/n konzerv [ˈkonzɛrv]
Konsulat konzulátus [ˈkonzula:tuʃ]
Kontakt kapcsolat [ˈkɔptʃolɔt], érintkezés [ˈe:rintkɛze:ʃ]
Konto (bank)számla [ˈ(bɔnk)sa:mlɔ]
Kontrolleur/in ellenőr [ˈɛl:ɛnør]
kontrollieren ellenőríz [ˈɛl:ɛnø:ri:z]
Konzert koncert [ˈkontsɛrt], hangverseny [ˈhɔngvɛrʃɛɲ]
Kopf fej [fɛj]
Kopfhörer fejhallgató [ˈfɛjhɔl:gɔto:]
Kopfkissen fejpárna [ˈfɛjpa:rnɔ], vánkos [ˈva:nkoʃ]
Kopfsalat fejes saláta [ˈfɛjɛʃ ˈʃɔla:tɔ]
Kopfschmerzen fejfájás [ˈfɛjfa:ja:ʃ]
Kopfschmerztabletten fejfájás elleni tabletta [ˈfɛjfa:ja:ʃ ˈɛl:ɛni ˈtɔblɛt:ɔ]
Kopie másolat [ˈma:ʃolɔt]
Korb kosár [ˈkoʃa:r]
Korkenzieher dugóhúzó [ˈdugo:hu:zo:]
Körper test [tɛʃt]
Körperbehinderung testi fogyatékosság [ˈtɛʃti ˈfoɖɔte:koʃ:a:g]
Körperpackung testpakolás [ˈtɛʃtpɔkola:ʃ]
kosten kerül [ˈkɛryl]
Kosten kiadások [ˈkiɒdaʃok]
kostenlos ingyenes [ˈinɖɛnɛʃ]
Kostüm kosztüm [ˈkostym]
Kotelett karaj [ˈkɔrɔj]
Koteletten pofaszakáll [ˈpofɔsɔka:l:]
Krabben rák [ra:k]

Kraft erő ['ɛrø:]
Krampf görcs [gørtʃ]
krank beteg ['bɛtɛg]
Krankenhaus kórház ['ko:rha:z]
Krankenkasse betegbiztosító ['bɛtɛgbistoʃi:to:]
Krankenpfleger betegápoló ['bɛtɛga:polo:]
Krankenschein beteglap ['bɛtɛglɔp]
Krankenschwester nővér ['nø:ve:r]
Krankenwagen mentő(autó) ['mɛntø:(ɔuto:)]
Krankheit betegség ['bɛtɛkʃe:g]
Kräuter gyógynövény ['do:ɖnøve:ɲ], gyógyfű ['do:ɖfy:]
Kräutertee gyógytea ['ɖo:ɖtɛɔ]
Krawatte nyakkendő ['ɲɔk:ɛndø:]
kreativ kreatív ['krɛɔti:v]
Krebs *(Tier, Medizin)* rák [ra:k]
Kreditkarte hitelkártya ['hitɛlka:rṭɔ]
Kreislaufmittel vérkeringést szabályozó gyógyszer ['ve:rkɛringe:ʃt 'sɔba:jozo:'ɖo:ts:ɛr]
Kreislaufstörung vérkeringési zavar ['ve:rkɛringe:ʃi 'zɔvɔr]
Kreuz kereszt ['kɛrɛst]
Kreuzfahrt hajókörút ['hɔjo:køru:t]
Kreuzgang keresztfolyosó ['kɛrɛstfojoʃo:], kerengő ['kɛrɛngø:]
Kreuzung kereszteződés ['kɛrɛstɛzø:de:ʃ]
Kristall kristály ['kriʃta:j]
kritisieren kritizál ['kritiza:l]
Krone korona ['koronɔ]
Krücke mankó ['mɔnko:]
Küche konyha ['koɲhɔ]
Kuchen sütemény ['sytɛme:ɲ]
Kugelschreiber golyóstoll ['gojo:ʃtol:]
kühl hűvös ['hy:vøʃ]
Kühlelement hűtőelem ['hy:tø:ɛlɛm]
Kühler hűtő ['hy:tø:]
Kühlschrank hűtőszekrény ['hy:tø:sɛkre:n]
Kühltasche hűtőtáska ['hy:tø:ta:ʃkɔ]
Kühlwasser hűtővíz ['hy:tø:vi:z]
Kultur kultúra ['kultu:rɔ]
Kümmel kömény(mag) ['køme:ɲ(mɔg)]
Kummer gond [gond]
kümmern, s. – (um) törődik (val/vel) ['tørø:dik ('vɔl/'vɛl)]
Kunde/Kundin vevő ['vɛvø:], vásárló ['va:ʃa:rlo:]
Kunst művészet ['my:ve:sɛt]
Kunstgewerbe iparművészet ['ipɔrmy:ve:sɛt]
Kunsthändler műkereskedés ['mykɛrɛʃkɛde:ʃ]
Kuppel kupola ['kupolɔ]
Kupplung kuplung ['kuplung]
Kürbis tök [tøk]
Kur kúra ['ku:rɔ]
Kurs tanfolyam ['tɔnfojɔm]
Kurtaxe idegenforgalmi adó ['idɛgɛnforgɔlmi 'ɔdo:]

Kurve kanyar [ˈkɔɲɔr]
kurz rövid [ˈrøvid]
Kurzfilm rövidfilm [ˈrøvidfilm]
kurzfristig rövid ideig tartó [ˈrøvid ˈidɛig ˈtɔrto:]
kürzlich nemrég [ˈnemre:g]
Kurzschluss rövidzárlat [ˈrøvidza:rlɔt]
Kuss csók [tʃo:k]
küssen csókol [ˈtʃo:kol]
Küste (tenger)part [ˈ(tɛngɛr)pɔrt]
Kutschfahrt lovas kocsikázás [ˈlovɔʃ ˈkotʃika:za:ʃ]

L

lachen nevet [ˈnɛvɛt]
lächerlich nevetséges [ˈnɛvɛtʃ:e:gɛʃ]
Ladegerät töltőkészülék [ˈtøltø:ke:syle:k]
Lage *(Ort)* hely [ˈhɛj]; *(Situation)* helyzet [ˈhɛjzɛt]
Lähmung bénulás [ˈbe:nula:ʃ]
Lammfleisch báránybús [ˈba:ra:ɲhu:ʃ]
Lampe lámpa [la:mpɔ]
Land ország [ˈorsa:g]
Landausflug (szárazparti) kirándulás [ˈ(sa:rɔspɔrti) ˈkira:ndula:ʃ]
Landgut birtok [ˈbirtok]
Landkarte térkép [ˈte:rke:p]
Landschaft táj [ta:j], vidék [ˈvide:k]
Landsmann honfitárs [ˈhonfita:rʃ]
Landstraße országút [ˈorsa:gu:t]
Landung leszállás [ˈlɛsa:l:a:ʃ]
lang hosszú [ˈhos:u:]
Langlaufski sífutás [ˈʃi:futa:ʃ]
langsam lassú *(adj.)* [ˈlɔʃ:u:], lassan *(adv.)* [ˈlɔʃ:ɔn]
langweilig unalmas [ˈunɔlmɔʃ]
Lärm lárma [ˈla:rmɔ]
lästig terhes [ˈtɛrhɛʃ], kellemetlen [ˈkɛl:ɛmɛtlɛn]
Lastwagen teherautó [ˈtɛhɛrɔuto:]
Lauch póréhagyma [ˈpo:re:hɔɟmɔ]
laufen fut [fut]
laut hangos *(adj.)* [ˈhɔngoʃ], hangosan *(adv.)* [ˈhɔngoʃɔn]
Lautsprecher hangszóró [ˈhɔnkso:ro:]
Leben élet [ˈe:lɛt]
leben él [ˈe:l]
Lebensmittelgeschäft élelmiszerbolt [ˈe:lɛlmisɛrbolt]
Lebensmittelvergiftung ételmérgezés [ˈe:tɛlme:rgɛze:ʃ]
Leber máj [ˈma:j]
lebhaft élénk [ˈe:le:nk]
lecker finom [ˈfinom]
Lederjacke bőrdzseki [ˈbø:rdʒɛki]
Lederwaren bőráruk [ˈbø:ra:ruk]
Lederwarengeschäft bőrdíszmű [ˈbø:rdi:smy:]
ledig *Mann:* nőtlen [ˈnø:tlɛn]; *Frau:* hajadon [ˈhɔjɔdon]
leer üres [ˈyrɛʃ]
Leerlauf üresjárat [ˈyrɛʃja:rɔt]
Leerung ürítés [ˈyri:te:ʃ]

legen fektet [ˈfɛktɛt], (le)tesz [ˈ(lɛ) tɛs]; *(Haare)* berak [ˈbɛrɔk]
Leggins macskanadrág [ˈmɔtʃkɔnɔdra:g]
lehren tanít [ˈtɔni:t]
leicht könnyű [ˈkøɲ:y:]
Leichtathletik (könnyű)atlétika [ˈ(køɲ:y:)ɔtle:tikɔ]
leider sajnos [ˈʃɔjnoʃ]
leihen , s. etw. ~ *(jmdm.)* kölcsön ad [ˈkøltʃøn ɔd], kölcsönöz [ˈkøltʃønøz];
s. entgeltlich etw. ~ bérel [ˈbe:rɛl]
Leinen len [lɛn]
leise halk *(adj.)* [ˈhɔlk], halkan *(udv.)* [ˈhɔlkɔn]
Leistenbruch lágyéksérv [ˈla:ɖe:kʃe:rv]
Leiter *(Trittleiter)* létra [ˈle:trɔ]
Leiter/in vezető/nő [ˈvɛzɛtø:/nø:]
Lenkrad kormány(kerék) [ˈkorma:ɲ(kɛre:k)]
lernen tanul [ˈtɔnul]
lesen olvas [ˈolvɔʃ]
letzte(r, -s) utolsó [ˈutolʃo:]
Leuchtturm világítótorony [ˈvila:gi:to:toroɲ]
Leute emberek [ˈɛmbɛrɛk]
Licht fény [ˈfe:ɲ]
Lichtmaschine generátor [ˈgɛnɛra:tor], dinamó [ˈdinɔmo:]
Lichtschalter villanykapcsoló [ˈvil:ɔɲkɔptʃolo:]
Lichtschutzfaktor fényvédő faktor [ˈfe:ɲve:dø: ˈfɔktor]
lieb kedves [ˈkɛdvɛʃ]
Liebe szerelem [ˈsɛrɛlɛm]
lieben szeret [ˈsɛrɛt]
lieber inkább [ˈinka:b:], szívesebben [ˈsi:vɛʃɛb:ɛn]
liebenswürdig szívélyes [ˈsi:ve:jɛʃ], kedves [ˈkɛdvɛʃ]
lieblich *(Wein)* félédes [ˈfe:le:dɛʃ]
Liebling kedvenc [ˈkɛdvɛnts]
Lied dal [dɔl]
liegen fekszik [ˈfɛksik]
Liegewagen fekvőkocsi [ˈfɛkvø:kotʃi]
Liegewagenplatz hálókocsis helyjegy [ˈha:lo:kotʃiʃ ˈhɛj:ɛɖ]
Liegewiese napozópark [ˈnɔpozo:pɔrk]
lila lila [ˈlilɔ]
Limonade limonádé [ˈlimona:de:]
Linie vonal [ˈvonɔl]
linke(r, -s) bal [bɔl]
links balra [ˈbɔr:ɔ]
Linse lencse [ˈlɛntʃɛ]
Linsen lencse [ˈlɛntʃɛ]
Lippe ajak [ˈɔjɔk]
Lippenstift rúzs [ru:ʒ]
Liter liter [ˈlitɛr]
Livemusik élőzene [ˈe:lø:zɛnɛ]
loben dicsér [ˈditʃe:r]
Loch lyuk [ˈjuk]
Locken hajfürt [ˈhɔjfyrt]
Lockenwickler hajcsavaró [ˈhɔjtʃɔvɔro:]
Löffel kanál [ˈkɔna:l]
lösen megold [ˈmɛgold]

Loge páholy ['pa:hoj]
Loipe sífutópálya ['ʃi:futo:pa:jɔ]
Lorbeer babérlevél ['bɔbe:rlɛve:l]
Lüge hazugság ['hɔzukʃa:g]
Luft levegő ['lɛvɛgø:]
Luftkissenboot felfújható gumicsónak ['fɛlfu:jhɔto: 'gumitʃo:nɔk]
Luftmatratze gumimatrac ['gumimɔtrɔts]
Luftpumpe (lég)pumpa ['(le:g) pumpɔ]
Lunge tüdő ['tydø:]
Lungenentzündung tüdőgyulladás ['tydø:ɖul:ɔda:ʃ]
Lust kedv [kɛdv]
lustig vidám ['vida:m]
luxuriös luxus ['luksuʃ], fényűző [fe:ɲy:zø:]

M

machen *(allg.)* csinál ['tʃina:l]; *(herstellen)* készít ['ke:si:t]
Mädchen (kis)lány ['(kiʃ)la:ɲ]
Magen gyomor ['ɖomor]
Magenschmerzen gyomorfájás ['ɖomorfa:ja:ʃ]
mager sovány ['ʃova:ɲ]
Mahlzeit étkezés ['e:tkɛze:ʃ]
Mai május ['ma:juʃ]
Mais kukorica ['kukoritsɔ]
Majolika majolika ['mɔjolikɔ]
Majoran majoranna ['mɔjorɔn:ɔ]
Makrele makréla ['mɔkre:lɔ]
Malbuch kifestőkönyv ['kifɛʃtø:køɲv]
malen fest ['fɛʃt]
Maler/in festő ['fɛʃtø:]
Malerei festészet ['fɛʃte:sɛt]
manchmal néha ['ne:hɔ]
Mandarinen mandarin ['mɔndɔrin]
Mandelentzündung mandulagyulladás ['mɔndulɔɖul:ɔda:ʃ]
Mandeln *(Medizin)* mandula ['mɔndulɔ]; *(Nuss)* mandula ['mɔndulɔ]
Mann férfi ['fe:rfi]
männlich férfias ['fe:rfiɔʃ]
Mannschaft *(Sport)* csapat ['tʃɔpɔt]
Mantel kabát ['kɔba:t]
Margarine margarin ['mɔrgɔrin]
Markt vásár ['va:ʃa:r], piac ['piɔts]
Markthalle vásárcsarnok ['va:ʃa:rtʃɔrnok]
Marmelade lekvár ['lɛgva:r]
Marmor márvány ['ma:rva:ɲ]
März március ['ma:rtsiuʃ]
Maschine gép [ge:p]
Masern kanyaró ['kɔɲɔro:]
Massage masszírozás ['mɔs:i:roza:ʃ]
Material anyag ['ɔɲɔg]
Matratze matrac ['mɔtrɔts]
Mauer fal [fɔl]
Mayonnaise majonéz ['mɔjone:z]
Medikament gyógyszer ['ɖo:ts:ɛr], orvosság ['orvoʃ:a:g]
Meer tenger ['tɛngɛr]

Mehl liszt [list]
mehr több ['tøb:], többet *(Akk.)* ['tøb:ɛt]
Mehrfahrtenkarte jegytömb ['jɛɖtømb]
mein enyém ['ɛɲe:m]
meinen gondol ['gondol]
meinetwegen miattam ['miɔt:ɔm], tőlem ['tø:lɛm]
Meinung vélemény ['ve:lɛme:ɲ]
Meisterschaft bajnokság ['bɔjnokʃa:g]
melden jelent ['jɛlɛnt]; **s. ~** jelentkezik ['jɛlɛntkɛzik]
Melone *(Honigmelone)* sárgadinnye ['ʃargɔdiɲ:ɛ]; *(Wassermelone)* görögdinnye ['gørøgdiɲ:ɛ]
Menge mennyiség ['mɛɲ:iʃe:g]
Mensch ember ['ɛmbɛr]
Menstruation menstruáció ['mɛnʃtrua:tsio:]
Menü menü ['mɛny]
merken *(ins Gedächtnis einprägen)* megjegyez ['mɛgjɛɖɛz]; *(aufmerksam werden)* észrevesz ['e:srɛvɛs]
Messe *(relig.)* mise ['miʃɛ]
Messer kés [ke:ʃ]
Meter méter ['me:tɛr]
Metzgerei húsbolt ['hu:ʒbolt], hentesüzlet ['hɛntɛʃyzlɛt]
mich engem ['ɛngɛm]
Miete bér(leti díj) ['be:r(lɛti 'di:j)]
mieten bérel ['be:rɛl]
Mietwagen bérelt kocsi ['be:rɛlt 'kotʃi]
Migräne migrén ['migre:n]
Mikrowelle mikrohullámú sütő ['mikrohul:a:mu: 'ʃytø:]
Milch tej [tɛj]
mild enyhe ['ɛɲhɛ]
Millimeter milliméter ['mil:ime:tɛr]
Million (egy)millió ['(ɛɖ)mil:io:]
mindestens legalább ['lɛgɔla:b:]
Mineralwasser ásványvíz ['a:ʒva:ɲvi:z]
Minibar minibár ['miniba:r]
Minigolf minigolf ['minigolf]
Minute perc [pɛrts]
mir nekem ['nɛkɛm]
Missverständnis félreértés ['fe:r:ɛe:rte:ʃ]
Luftpost, mit ~ légiposta ['le:gipoʃtɔ], légipostával ['le:gipoʃta:vɔl]
mitbringen magával hoz ['mɔga:vɔl 'hoz]
Mitbringsel ajándéktárgy ['ɔja:nde:kta:rɟ], emléktárgy ['ɛmle:kta:rɟ]
Mitleid részvét ['re:zve:t]
mitnehmen magával visz ['mɔga:vɔl 'vis]
Mittag dél [de:l]
Mittagessen ebéd ['ɛbe:d]
mittags délben ['de:lbɛn]
Mitte, die ~ von ... közép ['køze:p], a(z) ... közepe [ɔ(z) '... 'køzɛpɛ]

Mitteilung közlemény ['køzlɛme:ɲ]
Mittel eszköz ['ɛskøz]; szer [sɛr]
Mittelalter középkor ['køze:pkor]
Mittelohrentzündung középfültő gyulladás ['køze:pfyltø: 'ɖul:ɔda:ʃ]
Mittwoch szerda ['sɛrdɔ]
Möbel bútor ['bu:tor]
Mobilitätsbehinderte/r mozgáskorlátozott ['mosga:ʃkorla:tozot:]
Mobiltelefon mobil ['mobil]
Mode divat ['divɔt]
Modell modell ['modɛl:]
modern modern ['modɛrn]
Modeschmuck divatékszer ['divɔte:ksɛr]
mögen *(gern haben)* szeret ['sɛrɛt]
möglich lehetséges ['lɛhɛtʃ:e:gɛʃ]
Möglichkeit lehetőség ['lɛhɛtø:ʃe:g]
Mole móló ['mo:lo:]
Monat hónap ['ho:nɔp]
monatlich havi *(adj.)* ['hɔvi]; havonta *(adv.)* ['hɔvontɔ]
Monatskarte havijegy ['hɔvijɛɖ]
Mond hold [hold]
Montag hétfő ['he:tfø:]
morgen reggel ['rɛg:ɛl]
Morgen reggel ['rɛg:ɛl]
morgen früh holnap reggel ['holnɔp 'rɛg:ɛl]
morgen Abend holnap este ['holnɔp 'ɛʃtɛ]
morgens reggel ['rɛg:ɛl]
Mosaik mozaik ['mozɔik]
Moschee mecset ['mɛtʃɛt]
Moslem muzulmán ['muzulma:n]
Motel motel ['motɛl]
Motor motor ['motor]
Motorboot motorcsónak ['motortʃo:nɔk]
Motorhaube motorháztető ['motorha:stɛtø:]
Mountainbike terepjáró kerékpár ['tɛrɛpja:ro: 'kɛre:kpa:r]
Möwe sirály ['ʃira:j]
Mücke szúnyog ['su:ɲog]
müde fáradt ['fa:rɔt:]
Mühe fáradozás ['fa:rɔdoza:ʃ]
Müll szemét ['sɛme:t]
Mullbinde mullpólya ['mul:po:jɔ], géz ['ge:z]
Mülltonne szeméttartály ['sɛme:t:ɔrta:j], kuka ['kukɔ]
Mumps mumpsz [mumps]
Mund száj [sa:j]
Mündung torkolat ['torkolɔt]
Münze érme ['e:rmɛ]
Muscheln kagyló ['kɔɖlo:]
Museum múzeum ['mu:zɛum]
Musical musical ['mjuzikɛl]
Musik zene ['zɛnɛ]
Musik hören zenét hallgat ['zɛnet 'hɔl:gɔt]
Musikgeschäft zenebolt ['zɛnebolt]
musizieren hangszeren játszik ['hɔnksɛrɛn 'ja:ts:ik]
Muskatnuss szerecsendió ['sɛrɛtʃɛndio:]
Muskel izom ['izom]

Müsli müzli ['myzli]
müssen kell [kɛl:], muszáj ['musa:j]
Mutter (édes)anya ['(e:dɛʃ)ɔɲɔ]
Mütze sapka ['ʃɔpkɔ]

N

nach *(zeitlich)* után ['uta:n]; *(räumlich)* ba/be ['bɔ/'bɛ]
Nachbar/in szomszéd/szomszédasszony ['somse:d/'somse:dɔs:oɲ]
Nachmittag délután ['de:luta:n]
nachmittags délután ['de:luta:n]
Nachricht hír [hi:r]
Nachsaison utószezon ['uto:sɛzon]
nachsenden továbbít ['tova:b:i:t]
nächste, der/die ~ következő ['køvɛtkɛzø:]
nächstes Jahr jövőre ['jøvø:rɛ]
Nacht éjszaka ['e:jsɔkɔ]
Nachtisch desszert ['dɛs:ɛrt]
Nachtklub éjszakai mulató ['e:jsɔkɔi 'mulɔto:]
nachts éjjel ['e:j:ɛl]
Nachttisch éjjeliszekrény ['e:jɛlisɛkre:ɲ]
Nachttischlampe éjjelilámpa ['e:jɛlila:mpɔ]
nackt meztelen ['mɛstɛlɛn]
Nadel tű [ty:]
Nagellack körömlakk ['kørømlɔk:]
Nagellackentferner körömlakklemosó ['kørømlɔk:lɛmoʃo:]
Nagelschere körömvágó olló ['kørømva:go: 'ol:o:]
nah közel ['køzɛl]
nahe közeli ['køzɛli]
nähen varr [vɔr:]
nähern, s. ~ közeledik ['køzɛlɛdik]
Nahverkehrszug Helyi Érdekű Vonat ['hɛji 'e:rdɛky: 'vonɔt], HÉV ['he:v]
Name név [ne:v]
Narbe seb [ʃɛb]
Narkose narkózis ['nɔrko:ziʃ]
Nase orr [or:]
Nasenbluten orrvérzés ['or:ve:rze:ʃ]
nass nedves ['nɛdvɛʃ]
Nationalitätskennzeichen az ország betűjele [ɔz 'orsa:g 'bɛty:jɛlɛ]
Nationalpark nemzeti park ['nɛmzɛti 'pɔrk]
Natur természet ['tɛrme:sɛt]
natürlich természetes *(adj.)* ['tɛrme:sɛtɛʃ], természetesen *(adv.)* ['tɛrme:sɛtɛʃɛn]
Naturschutzgebiet természetvédelmi terület ['tɛrme:sɛdve:dɛlmi 'tɛrylɛt]
Nebel köd [kød]
neben mellett ['mɛl:ɛt:]
Nebenkosten mellékköltségek ['mɛl:e:k:øltʃ:e:gɛk], járulékos költségek ['ja:rule:koʃ køltʃe:gɛk]
Nebenstraße mellékutca ['mɛl:e:kuts:ɔ]

negativ negatív ['nɛgɔti:v]
nehmen *(jn bei d. Hand ~)* fog [fog]; *(zu s. ~)* vesz [vɛs]; *(etw. mit~)* visz ['viz]
nennen nevez ['nɛvɛz], hív [hi:v]
Neoprenanzug neoprén öltöny/ruha ['nɛopre:n 'øltøɲ/'ruhɔ]
Nerv ideg ['idɛg]
nervös ideges ['idɛgɛʃ]
nett kedves ['kɛdvɛʃ]
Netz háló ['ha:lo:]
neu új ['u:j]
Neuigkeit újság ['u:jʃa:g]
neugierig kiváncsi ['kiva:ntʃi]
Neujahr Újév ['u:je:v]
nicht nem [nɛm]
Nichtraucherabteil nemdohányzó szakasz ['nɛmdoha:ɲzo: 'sɔkɔs]
nichts semmi ['ʃɛm:i], semmit *(Akk.)* ['ʃɛm:it]
nie soha ['ʃohɔ]
nieder, niedrig alacsony ['ɔlɔtʃoɲ]
Niederlage vereség ['vɛrɛʃe:g]
niemand senki ['ʃɛnki]
Niere vese ['vɛʃɛ]
Nierenentzündung vesegyulladás ['vɛʃɛɖul:ɔda:ʃ]
Nierengurt vesemelegítő öv ['vɛʃɛmɛlɛgi:tø: 'øv]
Nierenstein vesekő ['vɛʃɛkø:]
niesen tüsszent ['tys:ɛnt]
nirgends sehol ['ʃɛhol]
noch még [me:g]
Nonne apáca ['ɔpa:tsɔ]
Norden észak ['e:sɔk]
nördlich (von) északra (tól/től) ['e:sɔkrɔ ('to:l/'tø:l)]
normal normális ['norma:liʃ]
normalerweise általában ['a:ltɔla:bɔn]
Notausgang vészkijárat ['ve:skija:rɔt]
Notbremse vészfék ['ve:sfe:k]
Notebook hordozható számítógép ['hordoshɔto: 'sa:mi:to:ge:p], notebook ['no:tbuk]
Notizbuch notesz ['notɛs]
Notfall szükséghelyzet ['sykʃe:ghɛjzɛt]
Notlandung kényszerleszállás ['ke:ɲsɛrlɛsa:l:a:ʃ]
Notrufsäule segélykérő telefon ['ʃɛge:jke:rø: 'tɛlɛfon]
notwendig szükséges ['sykʃe:gɛʃ]
November november ['novɛmbɛr]
nüchtern józan ['jo:zɔn]
Nudeln metélt tészta ['mɛte:lt 'te:stɔ]
null nulla ['nul:ɔ]
Nummer szám ['sa:m]
Nummernschild rendszámtábla ['rɛntsa:mta:blɔ]
nur csak [tʃɔk]
Nüsse dió ['dio:]

O

ob hogy ['hoɖ], vajon ... -e ['vɔjon 'ɛ]
oben fent [fɛnt], fenn [fɛn:]

Ober *(Anrede)* főúr [ˈfø:u:r]
Objektiv objektív [ˈobjɛkti:v]
Obst gyümölcs [ˈɖymøltʃ]
Obst- und Gemüsehändler zöldségkereskedő [ˈzøltʃe:k:ɛrɛʃkɛdø:]
Obus trolibusz [ˈtrolibus]
obwohl (ha)bár [ˈ(hɔ)ba:r]
oder vagy [ˈvɔɖ]
offen nyílt [ˈɲi:lt], nyitott [ˈɲi:tot:]; *(geöffnet)* nyitva [ˈɲidvɔ]
öffentlich nyilvános [ˈɲilva:noʃ]
offiziell hivatalos [ˈhivɔtɔloʃ]
öffnen (ki)nyit [ˈ(ki)ɲit]
Öffnungszeiten nyitvatartási idő [ˈɲitvɔtɔrta:ʃi ˈidø:]
oft gyakran [ˈɖɔkrɔn]
ohne nélkül [ˈne:lkyl]
Ohnmacht ájulás [ˈa:jula:ʃ]
Ohr fül [fyl]
Ohrentropfen fülcsepp [ˈfyltʃɛp:]
Ohrringe fülbevaló [ˈfylbɛvɔlo:]
Oktober október [ˈokto:bɛr]
Öl olaj [ˈolɔj]
Oliven olajbogyó [ˈolɔjboɖo:]
Olivenöl olívaolaj [ˈoli:vɔolɔj]
Ölmalerei olajfestészet [ˈolɔjfɛʃte:sɛt]
Ölwechsel olajcsere [ˈolɔjtʃɛrɛ]
Oper opera [ˈopɛrɔ]
Operation operáció [ˈopɛra:tsio:], műtét [ˈmy:te:t]
Operette operett [ˈopɛrɛt:]
Optiker látszerész [ˈlats:ɛre:s]
orange narancssárga [ˈnɔrɔntʃ:a:rgɔ]
Orangensaft narancslé [ˈnɔrɔntʃle:]
Orchester zenekar [ˈzɛnɛkɔr]
Orden *(relig.)* (szerzetes)rend [(ˈsɛrzɛtɛʃ)rɛnd]
Original eredeti [ˈɛrɛdɛti]
Originalfassung eredeti változat [ˈɛrɛdɛti ˈva:tozɔt]
Ornament díszítés [ˈdi:si:te:ʃ]
Ort hely [ˈhɛj]
Ortschaft helység [ˈhɛjʃe:g]
Ortsgespräch helyi beszélgetés [ˈhɛji ˈbɛse:lgɛte:ʃ]
Osten kelet [ˈkɛlɛt]
Ostermontag húsvéthétfő [ˈhu:ʒve:the:tfø:]
Ostern húsvét [ˈhu:ʒve:t]
Österreich Ausztria [ˈɔustriɔ]
Österreicher/in osztrák (ember)/nő [ˈostra:k (ˈɛmbɛr)/ˈnø:]
Österreichisch ausztriai [ˈɔustriɔi], osztrák [ˈostra:k]
österreichisch-ungarisch osztrák-magyar [ˈostra:k-ˈmɔɖɔr]
österreichisch-ungarische Monarchie Osztrák-Magyar Monarchia [ˈostra:k-ˈmɔɖɔr ˈmonɔrhiɔ]
östlich (von) keletre (tól/től) [ˈkɛlɛtrɛ (ˈto:l/ˈtø:l)]

P

Paar pár [pa:r]
paar, ein ~ néhány ['ne:ha:ɲ], (egy) pár [(ɛɟ) 'pa:r],
Päckchen csomag ['tʃomɔg]
Packung *(Schachtel)* csomag ['pɔkola:ʃ] ; *(Kosmetik)* pakolás ['pɔkola:ʃ]
Paddelboot kajak ['kɔjɔk]
paddeln evez ['ɛvɛz]
Paket csomag ['tʃomɔg]
Palast palota ['pɔlotɔ]
Panne defekt ['dɛfɛkt]
Panorama kilátás ['kila:ta:ʃ], panoráma ['pɔnora:mɔ]
Pannendienst autómentő ['ɔuto:mɛntø:]
Papier/e papír/ok ['pɔpi:r/ok]
Papierservietten papírszalvéta ['pɔpirsɔlve:tɔ]
Papiertaschentücher papírzsebkendő ['pɔpi:rʒɛpkɛndø:]
Paprikacreme Piros Arany ['piroʃɔrɔɲ]
Paprika(pulver) (piros)paprika ['(piroʃ)pɔprikɔ]
Paprika(schote) paprika(mag) ['pɔprikɔ(mɔg)]
Paragliding siklórepülés ['ʃiklo:rɛpyle:ʃ]
Parfüm parfüm ['pɔrfym]
Parfümerie illatszerbolt ['il:ɔts:ɛrbolt]
Park park [pɔrk]
parken parkol ['pɔrkol]; **~ verboten** parkolni tilos ['pɒrkolni 'tiloʃ]
Parkett földszint ['føltsint]
Parkplatz parkoló(hely) ['pɔrkolo:(hɛj)]
Party parti ['pɔrti]
Partyservice partiszervíz ['pɔrtisɛrvi:z]
Pass szoros ['soroʃ]
Passagier utas ['utɔʃ]
passen *(die Schuhe ~ z. Kleid)* illik ['il:ik]; *(Farbe)* jól áll ['jo:la:l:]; *(Größe)* passzol ['pɔs:ol]
Passkontrolle útlevélellenőrzés ['u:tlɛve:lɛl:ɛnø:rze:ʃ]
Pauschale átalány ['a:tɔla:ɲ]
Pauschalpreis átalányár ['a:tɔla:ɲa:r]
Pause szünet ['synɛt]
Pension panzió ['pɔnzio:]
Perle gyöngy ['ɟønɟ]
Person személy ['sɛme:j]
Personal személyzet ['sɛme:jzɛt]
Personalausweis személyi igazolvány ['sɛme:ji 'igɔzolva:ɲ]
Personalien személyi adatok ['sɛme:j:i 'ɔdɔtok]
persönlich személyes *(adj.)* ['sɛme:jɛʃ], **személyesen** *(adv.)* ['sɛme:jɛʃɛn]
Perücke paróka ['pɔro:kɔ]
Petersilie petrezselyem ['pɛtrɛʒɛjɛm]
Petroleum petróleum ['pɛtro:lɛum]

Pfad ösvény ['øʒveːɲ]
Pfand betét ['bɛteːt]
Pfannengericht egytálétel ['ɛɟtaːleːtɛl]
Pfeffer bors [borʃ]
Pfefferstreuer borstartó ['borʃtɔrtoː]
Pfeife pipa ['pipɔ]
Pferd ló ['loː]
Pfingsten pünkösd ['pynkøʒd]
Pfirsiche őszibarack ['øːsibɔrɔtsk]
Pflanze növény ['nøveːɲ]
Pflaster tapasz ['tɔpɔs]
Pflaumen szilva ['silvɔ]
pflegebedürftig gondozásra szoruló ['gondozaːʃrɔ 'soruloː]
pflücken szed [sɛd]
Pfund *(Währung)* font ['font]; *(Gewicht)* fél kiló ['feːl 'kiloː]
Pilger(fahrt) zarándok(út) ['zɔraːndok(uːt)
Pilot/in pilóta ['piloːtɔ]
Pilz gomba ['gombɔ]
Pinzette csipesz ['tʃipɛs]
Plakat plakát ['plɔkaːt]
Plan terv [tɛrv]
Planschbecken pancsolómedence ['pɔntʃoloːmɛdɛntsɛ]
Plastik *(Kunst)* szobor ['sobor]; *(Material)* műanyag ['myːɔɲɔg], plasztik ['plɔstik]
Plastikbeutel nejlonzacskó ['nɛjlonzɔtʃkoː]
Plattensee Balaton ['bɔlɔton]
Platz *(Sitz~)* hely ['hɛj]; *(Ort)* tér ['teːr]
Platzkarte helyjegy ['hɛjːɛɟ]
Plombe tömés ['tømeːʃ]
plötzlich hirtelen ['hirtɛlɛn]
Polizei rendőrség ['rɛndøːrʃeːg]
Polizeiwagen rendőrségi autó ['rɛndøːrʃeːgi 'ɔutoː]
Polizist/in rendőr/nő ['rɛndøːr/nøː]
Pony frufru ['frufru]
Portal portál ['portaːl]
Portier portás ['portaːʃ]
Portion adag ['ɔdɔg]
Porto portó ['portoː]
Porträt portré ['portreː]
Porzellan porcelán ['portsɛlaːn]
Post posta(hivatal) ['poʃtɔ(hivɔtɔl)]
Postkarte levelezőlap ['lɛvɛlɛzøːlɔp]
postlagernd postán maradó ['poʃtaːn 'mɔrɔdoː]
Postleitzahl irányítószám ['iraːɲiːtoːsaːm]
praktisch praktikus ['prɔktikuʃ]
Präservativ óvszer ['oːfsɛr]
Preis ár [aːr]
Preisliste árlista ['aːrliʃtɔ]
Prellung ütődés ['ytøːdeːʃ]
Premiere premier ['prømiɛr]
Priester pap [pɔp], lelkész ['lɛlkeːs]
privat magán ['mɔgaːn]
Probe próba ['proːbɔ]
Problem probléma ['probleːmɔ]
Produkt termék ['tɛrmeːk]

Programm program ['progrɔm], műsor ['my:ʃor]
Programmheft műsorfüzet ['my:ʃorfyzɛt]
Programmkino filmmúzeum ['film:u:zɛum]
Promillegrenze ezrelékhatár ['ɛzrele:khɔta:r]
Prospekt prospektus ['proʃpɛktuʃ]
protestieren tiltakozik ['tiltɔkozik]
Prothese protézis ['prote:ziʃ]
provisorisch ideiglenes *(adj.)* ['idɛiglɛnɛʃ], **ideiglenesen** *(adv.)* ['idɛiglɛnɛʃɛn]
Prozent százalék ['sa:zɔle:k]
Prozession körmenet ['kørmɛnɛt]
prüfen *(kontrollieren)* ellenőriz ['ɛl:ɛnø:riz]
Prüfung *(Kontrolle)* ellenőrzés ['ɛl:ɛnø:rze:ʃ]; *(Examen)* vizsga ['viʒgɔ]
Publikum közönség ['køzønʃe:g]
Puder *(Gesichts~)* púder ['pu:dɛr]; *(Körper~)* hintőpor ['hintø:por]
Pullover pulóver ['pulo:vɛr]
Puls pulzus ['pulzuʃ]
Pulverschnee porhó ['porho:]
pünktlich pontos *(adj.)* ['pontoʃ], pontosan *(adv.)* ['pontoʃɔn]
putzen (meg)tisztít ['(mɛk)tisti:t]

Q

Quadratmeter négyzetméter ['ne:ts:ɛtme:tɛr]
Qualität minőség ['minø:ʃe:g]
Quark túró ['tu:ro:]
Quarkröllchen Túró Rudi ['tu:ro: 'rudi]
Quelle forrás ['for:a:ʃ]
quer durch keresztül ['kɛrɛstyl]
Querformat fekvőkép ['fɛkvø:ke:p]
querschnittsgelähmt harántbénult ['hɔra:ntbe:nult]
Quittung nyugta ['ɲuktɔ]

R

Rabatt árengedmény ['a:rɛngɛdme:ɲ]
Rad kerék ['kɛre:k]
Rad fahren kerékpározik ['kɛre:kpa:rozik], **biciklizik** ['bitsiklizik]
Radarkontrolle radarellenőrzés ['rɔdɔrɛl:ɛnø:rze:ʃ]
Radierung (réz)karc ['(re:z)kɔrts]
Radio rádió ['ra:dio:]
Radsport kerékpársport ['kɛre:kpa:rʃport]
Radtour kerékpártúra ['kɛre:kpa:rtu:rɔ]
Rafting vadvizi evezés ['vɔdvizi 'ɛvɛze:ʃ]
Rampe rámpa ['ra:mpɔ]
Rasen pázsit ['pa:ʒit]

Rasierapparat borotva ['borotvɔ]
Rasierklingen borotvapenge ['borotvɔpɛngɛ]
Rasierpinsel borotvaecset ['borotvɔɛtʃɛt]
Rasierschaum borotvahab ['borotvɔhɔb]
Rasierwasser arcvíz ['ɔrdzvi:z]
Rastplatz pihenőhely ['pihɛnø:hɛj]
Raststätte pihenőhely ['pihɛnø:hɛj]
Rat tanács ['tɔna:tʃ]
raten tanácsol ['tɔna:tʃol]
Rathaus tanácsháza ['tɔna:tʃha:zɔ]
rauchen dohányzik ['doha:ɲzik]
Raucher dohányos ['doha:ɲoʃ], dohányzó ['doha:ɲzo:]
Raucherabteil dohányzó szakasz ['doha:ɲzo: 'sɔkɔs]
Raum helyiség ['hɛjiʃe:g], szoba ['sobɔ]
Rauschgift kábítószer ['ka:bi:to:sɛr]
Rechnung számla ['sa:mlɔ]
Recht jog [jog]
rechte(r, -s) jobb [job:]
rechts jobbra ['job:rɔ]
Rechtsanwalt/anwältin ügyvéd/nő ['yɖve:d/nø:]
rechtzeitig időben *(adv.)* ['idø:bɛn]
reden beszél ['bɛse:l]
Reformhaus gyógynövénybolt ['do:ɖnøve:ɲbolt], herbária ['hɛrba:riɔ]
regelmäßig rendszeres *(adj.)* ['rɛntsɛrɛʃ], rendszeresen *(adv.)* ['rɛntsɛrɛʃɛn]
regeln szabályoz ['sɔba:joz]
Regen eső ['ɛʃø:]
Regenmantel esőkabát ['ɛʃø:kɔba:t]
Regenschauer zápor ['za:por]
Regie rendezés ['rɛndɛze:ʃ]
Regierung kormány ['korma:ɲ]
Region régió ['re:gio], terület ['tɛrylɛt]
regnerisch esős ['ɛʃø:ʃ]
reich gazdag ['gɔzdɔg]
reichen *(aus~)* elég ['ɛle:g]
reif érett ['e:rɛt:]
Reifen gumi ['gumi], abroncs ['ɔbrontʃ]
reinigen tisztít ['tisti:t]
Reinigung tisztítás ['tisti:ta:ʃ]; *(Betrieb)* patyolat ['pɔʈolɔt], vegytisztító ['vɛʈtisti:to:]
Reis rizs [riʒ]
Reise utazás ['utɔza:ʃ]
reisen utazik ['utɔzik]
Reisebüro utazási iroda ['utɔza:ʃi 'irodɔ]
Reiseführer *(Person)* idegenvezető ['idɛgɛnvɛzɛtø:]; *(Buch)* útikalauz ['u:tikɔlɔuz]
Reisegesellschaft turistacsoport ['turiʃtɔtʃoport]
reisen utazik ['utɔzik]
Reisepass útlevél ['u:tlɛve:l]
Reisescheck úticsekk ['u:titʃɛk:]
Reisetasche utazótáska ['utɔzo:ta:ʃkɔ]
reiten lovagol ['lovɔgol]

Reiterhof lovastanya ['lovɔʃtɔɲɔ]
Reitervorführung lovasbemutató ['lovɔʃbɛmutɔto:]
Reitschule lovasiskola ['lovɔʃiʃkolɔ]
reklamieren reklamál ['rɛklɔma:l]
Religion vallás ['vɔl:a:ʃ]
Renaissance reneszánsz ['rɛnɛsa:ns]
Rennen *(rasen)* rohan ['rohɔn]; *(Sport)* versenyez ['vɛrʃɛɲɛz]
Rennrad versenykerékpár ['vɛrʃɛɲkɛre:kpa:r], versenybicikli ['vɛrʃɛɲbitsikli]
reparieren (meg)javít ['(mɛg)jɔvi:t]
reservieren (le)foglal ['(lɛ)foglɔl]
Reservierung foglalás ['foglɔla:ʃ]
retten (meg)ment ['(mɛg)mɛnt]
Rettungsboot mentőcsónak ['mɛntø:tʃo:nɔk]
Rettungsring mentőöv ['mɛntø:øv]
Rezept recept ['rɛtsɛpt]
Rezeption recepció ['rɛtsɛptsio:]
R-Gespräch R-beszélgetés ['ɛrbɛse:lgɛte:ʃ]
Rheuma reuma ['rɛumɔ]
Richter/in bíró/bírónő ['bi:ro:/'bi:ro:nø:]
richtig helyes ['hɛjɛʃ]
Richtung irány ['ira:ɲ]
riechen, es riecht (nach) ... szaglik ['sɔglik], ... szagú ['...'sɔgu:]
Rindfleisch marhahús ['mɔrhɔhu:ʃ]
Ring gyűrű ['ɟy:ry:]
Ritterspiele lovagi játékok ['lovɔgi 'ja:te:kok]
Rock szoknya ['sokɲɔ]; *(Musik)* rock(zene) ['rok(zɛnɛ)]
roh nyers [ɲɛrʃ]
Roller robogó ['robogo:]
Rollschuh görkorcsolya ['gørkortʃojɔ]
Rollstuhl tolókocsi/rokkantkocsi ['tolo:kotʃi/'rok:ɔntkotʃi]
Rollstuhlfahrer/in rokkantkocsis ['rok:ɔntkotʃiʃ]
rollstuhlgerecht tolókocsi/rokkantkocsi használatára alkalmas ['tolo:kotʃi/'rok:ɔntkotʃi 'hɔsna:lɔta:rɔ 'ɔlkɔlmɔʃ]
Roman regény ['rɛge:ɲ]
Römer, römisch római ['ro:mɔi]
röntgen röntgen ['røngɛn]
Röntgenaufnahme röntgenkép ['røngɛnke:p]
rosa rózsaszín ['ro:ʒɔsi:n]
Rosé rozé bor ['roze: 'bor]
Rosmarin rozmaring ['rozmɔring]
rot piros ['piroʃ], (Haare) vörös ['vørøʃ]
Röteln rubeola ['rubɛolɔ]
Rotwein vörös bor ['vørøʃ 'bor]
Route útvonal ['u:dvonɔl]
Rücken hát [ha:t]
Rückenschmerzen hátfájás ['ha:tfa:ja:ʃ]
Rückfahrkarte retúrjegy ['rɛtu:rjɛɟ]
Rückfahrt visszaút ['vis:ɔu:t]
Rückgrat hátgerinc ['ha:tgɛrints]
Rücklicht hátsó lámpa ['ha:tʃ:o: 'la:mpɔ]

Rucksack hátizsák ['ha:tiʒa:k]
Rückspiegel visszapillantó tükör ['vis:ɔpil:ɔnto: 'tykør]
rückwärts hátra(felé) ['ha:trɔ(fɛle:)]
Rückwärtsgang hátramenet ['ha:trɔmɛnɛt]
Ruderboot evezős csónak ['ɛvɛzø:ʃ 'tʃo:nɔk]
Ruder, rudern evező, evez ['ɛvɛzø:, ɛvɛz]
Ruhe nyugalom ['ɲugɔlom]
ruhig nyugodt ['ɲugot:]
Ruine rom [rom]
rund kerek ['kɛrɛk]
Rundfahrt körutazás ['kørutɔza:ʃ]
Rundes Kleinbrot cipó ['tsipo:]
Rundes Salzgebäck pogácsa ['poga:tʃɔ]

S

Saal terem ['tɛrɛm]
Sache dolog ['dolog]; *(Angelegenheit)* ügy [yɖ]
Safe széf [se:f]
Safran sáfrány ['ʃa:fra:ɲ]
saftig szaftos ['sɔftoʃ]
sagen mond [mond]
Sahne tejszín ['tɛjsi:n]
Saison szezon ['sɛzon]
Salami szalámi ['sɔla:mi]
Salat saláta ['ʃɔla:tɔ]
Salatbüfett salátabár ['ʃɔla:tɔba:r]
Salbe kenőcs ['kɛnø:tʃ]
Salbei zsálya['ʒa:jɔ]
Salz só [ʃo:]
Salzstreuer sótartó ['ʃo:tɔrto:]
sammeln gyűjt [ɖy:jt]
Samstag szombat ['sombɔt]
Sandalen szandál ['sɔnda:l]
Sandburg homokvár ['homokva:r]
Sandkasten homokozó ['homokoso:]
Sänger/in énekes/nő ['e:nɛkɛʃ/ nø:]
Sanitäreinrichtungen egészségügyi/szaniter berendezések ['ɛge:ʃ:e:gyɖi/ 'sɔnitɛr 'bɛrɛndɛze:sɛk]
satt jóllakott ['jo:l:ɔkot:]
Sattel nyereg ['ɲɛrɛg]
Satz mondat ['mondɔt]
sauber tiszta ['tistɔ]
sauer savanyú ['ʃɔvɔɲu:]
Sauerkirschen meggy ['mɛɖ:]
Sauerstoffgerät oxigénpalack ['oksige:npɔlɔtsk]
Sauger cumi ['tsumi]
Saugflasche cumisüveg ['tsumiʃyvɛg]
Säugling csecsemő ['tʃɛtʃɛmø:]
Säule oszlop ['oslop]
Sauna szauna ['saunɔ]
saure Sahne tejföl ['tɛjføl]
S-Bahn® gyorsvasút ['ɖorʒvɔʃu:t]
schade kár [ka:r]
Schaden kár [ka:r]
schätzen *(veranschlagen)* becsül ['bɛtʃyl]; *(werten)* értékel ['e:rte:kɛl]

Schaffner/in kalauz/nő ['lɔlɔuz/nø:]
Schafskäse juhsajt ['juhʃɔjt]
Schal sál [ʃa:l]
scharf csípős ['tʃi:pø:ʃ], erős ['ɛrø:ʃ]
Schatten árnyék ['a:rɲe:k]
schauen néz [ne:z]
Schaufenster kirakat ['kirɔkɔt]
Schauspiel színjáték ['si:nja:te:k]
Schauspieler/in színész/nő ['si:ne:s/nø:]
Scheck csekk [tʃɛk:]
Scheibe szelet ['sɛlɛt]
Scheibenwischer ablaktörlő ['ɔblɔktørlø:]
Scheinwerfer fényszóró ['fe:ɲso:ro:]
Scheitel választék ['va:lɔste:k]
schenken ajándékoz ['ɔja:nde:koz]
Schere olló ['ol:o:]
schicken küld [kyld]
Schiebedach tolótető ['tolo:tɛtø:]
Schienbein sípcsont ['ʃi:ptʃont]
Schiene sín [ʃi:n]
Schild tábla ['ta:blɔ]
Schifffahrt sétahajókázás ['ʃe:tɔhɔjo:ka:za:ʃ]
schimpfen szid [sid]; káromkodik ['ka:romkodik]
Schinken sonka ['ʃonkɔ]
Schirm ernyő ['ɛrɲø:]
Schlafcouch heverő ['hɛvɛrø:]
schlafen alszik ['ɔlsik]
Schlaflosigkeit álmatlanság ['a:lmɔtlɔnʃa:g]
Schlaftabletten altató ['ɔltɔto:]
Schlafwagen hálókocsi ['ha:lo:kotʃi]
Schlafzimmer hálószoba ['ha:lo:sobɔ]
Schlaganfall agyvérzés ['ɔɟve:rze:ʃ]
schlagen üt ['yt], ver [vɛr]
Schläger ütő ['ytø:]
Schlagsahne tejszínhab ['tɛjsi:nhɔb]
Schlamm sár ['ʃa:r], iszap ['isɔp]
Schlammpackung iszappakolás ['isɔp:ɔkola:ʃ]
Schlange kígyó ['ki:ɟo:]
schlank vékony ['ve:koɲ]
schlau ravasz ['rɔvɔs]
Schlauch *(Leitung)* tömlő ['tømlø:]; *(Reifen)* belső gumi ['bɛlʃø: gumi]
Schlauchboot gumicsónak ['gumitʃo:nɔk]
schlecht rossz *(adj.)* [ros:], rosszul *(adv.)* ['ros:ul]
Schlepplift felvonó ['fɛlvono:]
schließen (be)zár ['(bɛ)za:r]
Schließfach csomagmegőrző ['tʃomɔgmɛgø:rzø:]
schlimm rossz [ros:]
Schlitten szánkó ['sa:nko:]
Schlitten fahren szánkózik ['sa:nko:zik]
Schlittschuhe korcsolya ['kortʃojɔ]
Schlittschuh laufen korcsolyázik ['kortʃoja:zik]
Schloss *(Gebäude)* kastély ['kɔʃte:j]; *(Tür)* zár [za:r]

Schlucht szakadék [ˈsɔkɔdeːk]
Schlüssel kulcs [kultʃ]
Schlüsselbein kulcscsont [ˈkultʃːont]
Schlüsselübergabe kulcsátadás [ˈkultʃaːtɔdaːʃ]
schmal keskeny [ˈkɛʃkɛɲ]
schmecken ízlik [ˈiːzlik]
Schmerzen fáj [ˈfaːj]
Schmerztabletten fájdalomcsillapító [ˈfaːjdɔlomtʃilːɔpiːtoː]
Schmuck ékszer [ˈeːksɛr]
Schmuggel csempészés [ˈtʃɛmpeːseːʃ]
Schmutz piszok [ˈpisok]
schmutzig piszkos [ˈpiskoʃ]
Schnappschuss pillanatfelvétel [ˈpilːɔnɔtfɛlveːtɛl]
schnarchen horkol [ˈhorkol]
Schnee hó [hoː]
schneiden vág [vaːg]
Schneider/in szabó/varró/nő [ˈsɔboː/vɔrːoː/nøː]
schnell gyors *(adj.)* [ˈɖorʃ], gyorsan *(adv.)* [ˈɖorʃɔn]
Schnellstraße gyorsforgalmi út [ˈɖorʃforgɔlmi ˈuːt]
Schnittkäse szeltelt/szeletelhető sajt [ˈsɛlɛtɛlt/ˈsɛlɛtɛlhɛtøː ʃɔjt]
Schnittlauch snidling [ˈʃnidling], metélőhagyma [mɛteːløːhɔɖmɔ]
Schnittwunde vágott seb [ˈvaːgotː ˈʃɛb]
Schnitzerei faragás [ˈfɔrɔgaːʃ]
Schnorchel búvárpipa [ˈbuːvaːrpipɔ]
schnorcheln búvárkodik [ˈbuːvaːrkodik]
Schnuller cumi [ˈtsumi]
Schnupfen nátha [ˈnaːthɔ]
Schnurrbart bajusz [ˈbɔjus]
Schnürsenkel cipőfűző [ˈtsipøːfyːzøː]
Schokolade csokoládé [ˈtʃokolaːdeː]
Schokoriegel csokoládé szelet [ˈtʃokolaːdeː ˈsɛlɛt]
schon már [maːr]
schön szép [seːp]
Schonkost kímélő étel [ˈkiːmeːløː ˈeːtɛl]
Schonzeiten tilalmi idő [ˈtilɔlmi ˈidøː]
Schrank szekrény [ˈsɛkreːɲ]
Schraube csavar [ˈtʃɔvɔr]
schrecklich borzasztó [ˈborzɔstoː]
schreiben ír [iːr]
Schreibwaren írószer [ˈiːroːsɛr]
Schreibwarengeschäft írószerbolt [ˈiːroːsɛrbolt]
schreien kiabál [ˈkiɔbaːl]
Schrift írás [ˈiːraːʃ]
schriftlich írásban [ˈiːraːʒbɔn]
schüchtern félénk [ˈfeːleːnk]
Schuh cipő [ˈtsipøː]
Schuhbürste cipőkefe [ˈtsipøːkɛfɛ]
Schuhcreme cipőkrém [ˈtsipøːkreːm]
Schuhgeschäft cipőbolt [ˈtsipøːbolt]
Schuhmacher cipész [ˈtsipeːs]

Schuld *(Sünde)* bűn [by:n]; *(Fehler)* hiba ['hibɔ]
Schule iskola ['iʃkolɔ]
Schulkind(er) iskolás gyermek(ek) ['iʃkola:ʃ 'ɖɛrmɛk(ɛk)], iskolás(ok) ['iʃkola:ʃ(ok)]
Schulter váll [va:l:]
Schuppen korpa ['korpɔ]
Schüssel tál [ta:l]
Schüttelfrost hidegrázás ['hidɛgra:za:ʃ]
Schutzhütte menedékház ['mɛnɛde:kha:z]
schwach gyenge ['ɖɛngɛ]
Schwager sógor ['ʃo:gor]
Schwägerin sógornő ['ʃo:gornø:]
Schwangerschaft terhesség ['tɛrhɛʃ:e:g]
schwarz fekete ['fɛkɛtɛ]
Schwarzbrot fekete kenyér ['fɛkɛtɛ 'kɛɲe:r]
Schwarzweißfilm fekete-fehér film ['fɛkɛtɛ-'fɛhe:r 'film]
Schweinefleisch disznóhús ['disno:hu:ʃ], sertéshús [ʃɛrte:ʃhu:ʃ]
Schweiz Svájc ['ʃva:jts]
Schweizer Franken svájci frank ['ʃva:jtsi 'frɔnk]
Schweizer/in svájci (ember)/nő ['ʃva:jtsi ('ɛmbɛr)/'nø:]
Schwellung daganat ['dɔgɔnɔt]
schwer nehéz ['nɛhe:z]
Schwerbehinderte/r **Schwerbehinderte** súlyosan fogyatékos ['ʃu:joʃ:ɔn 'foɖɔte:koʃ], rokkant ['rok:ɔnt]
Schwertfisch kardhal ['kɔrdhɔl]
Schwester *(älter)* nővér ['nø:ve:r]; *(jünger)* húg ['hu:g]
schwierig nehéz ['nɛhe:z]
Schwimmbad fedett uszoda ['fɛdɛt: 'usodɔ]
schwimmen úszik ['u:sik]
Schwimmer/in úszó ['u:so:]
Schwimmflossen búváruszony ['bu:va:rusoɲ]
Schwimmflügel karúszó(öv) ['kɔru:so:(øv)]
Schwimmkurs úszótanfolyam ['u:so:tɔnfojɔm]
Schwimmring úszóöv/úszógumi ['u:so:øv/'u:so:gumi]
Schwimmweste úszómellény ['u:so:mɛl:e:ɲ]
Schwindel szédülés ['se:dyle:ʃ]
schwindlig werden szédül ['se:dyl]
schwitzen izzad ['iz:ɔd]
schwül fülledt ['fyl:ɛt:]
See, der tó [to:]
See, die tenger [tɛngɛr]
Seegang (tengeri) hullámzás ['(tɛngɛri) 'hul:a:mza:ʃ]
seekrank sein tengeri beteg ['tɛngɛri 'bɛtɛg]
Segelboot vitorlás(csónak) ['vitorla:ʃ(tʃo:nɔk)]

Segelfliegen vitorlásrepülés [ˈvitorla:ʃrɛpyle:ʃ]
Segel, segeln vitorla, vitorlázik [ˈvitorla, ˈvitorla:zik]
Segeltörn vitorlás körút [ˈvitorla:ʃ ˈkøru:t]
Sehbehinderte/r , sehbehindert gyengénlátó [ˈɟɛnge:nla:to:], látássérült [ˈla:ta:ʃ:e:rylt]
sehen lát [la:t]
Sehenswürdigkeiten látnivalók [ˈla:tnivɔlo:k]
sehr nagyon [ˈnɔɟon]
Seide selyem [ˈʃɛjɛm]
Seidenmalerei selyemfestés [ˈʃɛjɛmfɛʃte:ʃ]
Seife szappan [ˈsɔp:ɔn]
Seil kötél [ˈkøte:l]
Seilbahn drótkötélpálya [ˈdro:tkøte:lpa:jɔ]
sein *(poss. pron.)* övé [ˈøve:]
Sein lét [ˈle:t], létezés [ˈle:tɛze:ʃ]
seit óta [o:tɔ]
Seite oldal [ˈoldɔl]
Sekunde másodperc [ˈma:ʃotpɛrts]
selbst (ön)maga [ˈ(øn)mɔgɔ]
Selbstauslöser önkioldó [ˈønkioldo:]
Selbstbedienung önkiszolgálás [ˈønkisolga:la:ʃ]
Selfiestick selfibot [ˈsɛlfibot]
Sellerie zeller [ˈzɛl:ɛr]
selten ritkán [ˈritka:n]
Sendung *(Radio, Fernsehen)* adás [ˈɔda:ʃ]
Senf mustár [ˈmuʃta:r]
September szeptember [ˈsɛptɛmbɛr]
servieren felszolgál [ˈfɛlsolga:l]
Serviette szalvéta [ˈsɔlve:tɔ]
Sessel fotel [ˈfotɛl]
Sessellift libegő [ˈlibɛgø:]
setzen, s. ~ leül [ˈlɛyl]
Sex szex [sɛks]
sexuelle Belästigung szexuális molesztálás [ˈsɛksua:liʃ ˈmolɛsta:la:ʃ]
Shampoo sampon [ˈʃɔmpon]
Shorts sort [ʃort], rövidnadrág [ˈrøvidnɔdra:g]
Show show-műsor [ˈʃo:my:ʃor]
sicher biztos *(adj.)* [ˈbistoʃ]
Sicherheit biztonság [ˈbistonʃa:g]
Sicherheitsgebühr biztonsági díj [ˈbistonʃa:gi ˈdi:j]
Sicherheitsgurt biztonsági öv [ˈbistonʃa:gi ˈøv]
Sicherheitskontrolle biztonsági ellenőrzés [ˈbistonʃa:gi ˈɛl:ɛnø:rze:ʃ]
Sicherheitsnadel biztosítótű [ˈbistoʃi:to:ty:]
Sicherung *(el)* biztosíték [ˈbistoʃi:te:k]
Sicht látási viszonyok [ˈla:ta:ʃi ˈvisoɲok]
Sie *(Anrede)* Ön [øn], Maga [ˈmɔgɔ]
sie ő [ø:]; *(pl.)* ők [ø:k]
Siebenbürgen Erdély [ˈɛrde:j]

Sieg győzelem [ˈɖøːzɛlɛm]
Signal jelzés [ˈjɛlzeːʃ]
Silber ezüst [ˈɛzyʃt]
silberfarben ezüst [ˈɛzyʃt]
Silvester szilveszter [ˈsilvɛstɛr]
Sinfoniekonzert szimfónikus hangverseny [ˈsimfoːnikuʃ ˈhɔngvɛrʃɛɲ]
singen énekel [ˈeːnɛkɛl]
Sinn *(Bedeutung)* értelem [ˈeːrtɛlɛm]
Sitz ülés [ˈyleːʃ]
sitzen ül [yl]
Skateboard gördeszka [ˈgørdɛskɔ]
Skateboard fahren gördeszkázik [ˈgørdɛskaːzik]
Ski sí [ʃiː]
Ski laufen síelés [ˈʃiːɛleːʃ], sízés [ˈʃiːzeːʃ]
Skibindung síkötés[ˈʃiːkøteːʃ]
Skibrille síszemüveg [ˈʃiːsɛmyvɛg]
Skihose sínadrág [ˈsiːnɔdraːg]
Skikurs sítanfolyam [ˈʃiːtɔnfojɔm]
Skilehrer/in síoktató/nő [ˈʃiːoktɔtoː/nøː]
Skistiefel sícsizma [ˈʃiːtʃizmɔ]
Skistöcke síbot [ˈʃsiːbot]
Skulptur szobor [ˈsobor]
Slip bugyi [ˈbuɖi]
Slipeinlagen egészségügyi betét [ˈɛgeːʃːeːgyɖi ˈbɛteːt]
Smartphone okostelefon [ˈokoʃtɛlɛfon]
Söckchen bokazokni [ˈbokɔzokni]
Socken zokni [ˈzokni]
Sodbrennen gyomorégés [ˈɖomoreːgeːʃ]
sofort azonnal [ˈɔzonːɔl], rögtön [ˈrøktøn]
Sofortbildkamera polaroid kamera [ˈpolɔroid ˈkɔmerɔ]
Sohle talp [ˈtɔlp]
Sohn fia [ˈfiɔ]
Solarium szolárium [ˈsolaːrium]
Solist/in szólista [ˈsoːliʃtɔ]
sollen kell [kɛlː]
Sommer nyár [ɲaːr]
Sonder... különleges [ˈkylønlɛgɛʃ]
Sondermarke különleges bélyeg [ˈkylønlɛgɛʃ ˈbeːjɛg]
Sonne nap [nɔp]
Sonnenbrand leégés [ˈlɛeːgːeːʃ], lesülés [ˈlɛʃyleːʃ]
Sonnenbrandsalbe napégésre való kenőcs [ˈnɔpeːgeːʃrɛ ˈvɔloː ˈkɛnøːtʃ]
Sonnencreme napozókrém [ˈnɔpozoːkreːm]
Sonnenhut napvédő kalap [ˈnɔpveːdøː ˈkɔlɔp]
Sonnenliege napozóágy [ˈnɒpozoːaːɟ]
Sonnenmilch naptej [ˈnɔptɛj]
Sonnenöl napolaj [ˈnɔpolɔj]
Sonnenschirm napernyő [ˈnɒpɛrɲøː]
Sonnenschutz napellenző [ˈnɔpɛlːɛnsøː]
Sonnenstich napszúrás [ˈnɔpsuːraːʃ]
sonnig napos [ˈnɔpoʃ]

Sonntag vasárnap ['vɔʃa:rnɔp]
sorgen gondoskodik ['gondoʃkodik]; **s. ~ um** aggódik -ért ['ɔg:odik '-e:rt]
Sorte fajta ['fɔjtɔ]
Soße mártás ['ma:rta:ʃ]
Souvenirladen ajándékbolt ['ɔja:nde:kbolt]
Sozialstation gondozóosztály ['gondozo:osta:j]
Spargel spárga ['ʃpa:rgɔ]
Spaß *(Scherz)* tréfa ['tre:fɔ]
spät későn ['ke:ʃø:n]
später később ['ke:ʃø:b:]
spazieren gehen sétál ['ʃe:ta:l]
Spaziergang séta ['ʃe:tɔ]
Speisekarte étlap ['e:tlɔp]
Speiseröhre nyelőcső ['ɲɛlø:tʃø:]
Speisesaal étterem ['e:t:ɛrɛm]
Speisewagen étkezőkocsi ['e:tkɛzø:kotʃi]
Spezialität specialitás ['ʃpɛtsiɔlita:ʃ]
speziell különleges ['kylønlɛgɛʃ], speciális ['ʃpɛtsia:liʃ]
Spiegel tükör ['tykør]
Spiel játék ['ja:te:k]
spielen játszik ['ja:ts:ik]
Spielkamerad játszótárs ['ja:ts:o:ta:rʃ]
Spielkasino játékkaszinó ['ja:te:k:ɔsino:]
Spielplan műsor(terv) ['my:ʃor(tɛrv)]
Spielplatz játszótér ['ja:ts:o:te:r]
Spielsachen játék ['ja:te:k]
Spielwarengeschäft játéküzlet ['ja:te:kyslɛt]
Spinat spenót ['ʃpɛno:t]
Spirituosengeschäft szeszesitalok boltja ['sɛsɛʃitɔlok 'boltja]
Spitze *(Berg)* csúcs ['tʃu:tʃ]; *(Handarbeit)* csipke ['tʃipkɛ]; *(Haar)* vég [ve:g]
Sport sport [ʃport]
Sportartikel sportszerek ['ʃports:ɛrɛk]
Sportler/in sportoló ['ʃportolo:]
Sportplatz sportpálya ['ʃportpa:jɔ]
Sprache nyelv ['ɲɛlv]
Sprachkurs nyelvtanfolyam ['ɲɛlftɔnfojɔm]
sprechen beszél ['bɛse:l]
Sprechstunde rendelési idő ['rɛndɛle:ʃi 'idø:]
springen ugrik ['ugrik]
Spritze injekció ['iɲɛktsio:]
Spülbürste mosogatókefe ['moʃogɔto:kɛfɛ]
Spülmittel mosogatószer ['moʃogɔto:sɛr]
Spültuch mosogatórongy ['moʃogɔto:ronɟ]
Staat állam ['a:l:ɔm]
Staatsangehörigkeit állampolgárság ['a:l:ɔmpolga:rʃa:g]
Stadion stadion ['ʃtɔdion]
Stadt város ['va:roʃ]

Stadtbus helyi járat/busz [ˈhɛji ˈjaːrɔt/ˈbus]
Stadtmauer városfal [ˈvaːroʃfɔl]
Stadtplan várostérkép [ˈvaːroʃteːrkeːp]
Stadtrundfahrt városnézés [ˈvaːroʃneːzeːʃ]
Stadtteil városrész [ˈvaːroʃreːs]
Stadtzentrum városközpont [ˈvaːroʃkøspont]
stammen (aus) származik [ˈsaːrmɔzik]
Standlicht helyzetjelző lámpa [ˈhɛjzɛtjɛlzøː ˈlaːmpɔ]
stark erős [ˈɛrøːʃ]
Starthilfekabel indítókábel [ˈindiːtoːkaːbɛl]
Station osztály [ˈostaːj]
Stativ állvány [ˈaːlːvaːɲ]
statt helyett [ˈhɛjɛtː]
stattfinden van [vɔn]
Statue szobor [ˈsobor]
Stau forgalmi dugó [ˈforgɔlmi ˈdugoː]
Staub por [por]
stechen szúr [suːr]
Steckdose konnektor [ˈkonɛktor]
Stecker konnektordugó [ˈkonɛktordugoː]
Steg stég [ʃteːg]
stehen áll [aːlː]
Stehklosett pissoir [ˈpisoaːr]
stehlen (el)lop [ˈ(ɛl)lop]
Steigung emelkedő [ˈɛmɛlkɛdøː]
steil meredek [ˈmɛrɛdɛk]
Stein kő [køː]
steinig köves [ˈkøvɛʃ]
Stelle *(Ort)* hely [ˈhɛj]
stellen állít [ˈaːlːiːt]
Stempel bélyegző [ˈbeːjɛgzøː]
sterben meghal [ˈmɛghɔl]
Stern csillag [ˈtʃilːɔg]
Sternwarte csillagvizsgáló [ˈtʃilːɔgviʒgaːloː]
Steward/ess steward(ess) [ˈsʈuard(ɛsː)], légikísérő [ˈleːgikiʃeːrøː]
Stich *(Mücken–)* csípés [ˈtʃiːpeːʃ]; szúrás [ˈsuːraːʃ]
Stickerei hímzés [ˈhiːmzeːʃ]
Stiefel csizma [ˈtʃizmɔ]
Stil stílus [ˈʃtiːluʃ]
still csendes [ˈtʃɛndɛʃ]
Stillleben csendélet [ˈtʃɛndeːlɛt]
Stimme hang [hɔng]
stimmen rendben van [ˈrɛndbɛn vɔn], stimmel [ˈʃtimːɛl]
stinken bűzlik [ˈbyːzlik]
Stirnhöhlenentzündung homloküreggyulladás [ˈhomlokyregɖulːɔdaːʃ]
Stock bot [ˈbot]
Stockwerk emelet [ˈɛmɛlɛt]
Stoff anyag [ˈɔɲɔg]
stören zavar [ˈzɔvɔr]
stornieren *(Zimmer)* lemond [ˈlɛmond]
Stoßdämpfer lökésgátló [ˈløkeːʒgaːtloː]
Stoßstange lökhárító [ˈløkhaːriːtoː]

Strafe *(Verkehr)* bírság [ˈbi:rʃa:g], büntetés [ˈbyntɛte:ʃ]
Strafraum büntető terület [ˈbyntɛtø: ˈtɛrylɛt]
Strähnchen melír [ˈmɛli:r]
Strand strand [ʃtrɔnd]
Strandschuhe strandcipő [ˈʃtrɔntsipø:]
Straße út [u:t], utca [ˈuts:ɔ]
Straßenbahn villamos [ˈvil:ɔmoʃ]
Straßenbenutzungsgebühr úthasználati díj [ˈu:thɔsna:lɔti ˈdi:j]
Straßenkarte autótérkép [ˈɔuto:te:rke:p]
Strauß *(Blumen)* csokor [ˈtʃokor]
Strecke *(Route)* útvonal [ˈu:dvonɔl]; *(Abschnitt)* (út)szakasz [ˈ(u:t)sɔkɔs]
Streichholz gyufa [ˈɖufɔ]
Streit veszekedés [ˈvɛsɛkɛde:ʃ], vita [ˈvitɔ]
Strickjacke kardigán [ˈkɔrdiga:n]
Strohhalm szalmaszál [ˈsɔlmɔsa:l]
Strom áram [ˈa:rɔm] ; *(Fluss)* folyam [ˈfojɔm], folyó [ˈfojo:]
Strömung áramlat [ˈa:rɔmlɔt]
Stromanschluss elektromos csatlakozás [ˈɛlɛktromoʃ ˈtʃɔtlɔkoza:ʃ]
Strompauschale áram-átalány [ˈa:rɔma:tɔla:ɲ]
Stromspannung feszültség [ˈfɛsyltʃ:e:g]
Strümpfe harisnya [ˈhɔriʃɲɔ]
Strumpfhose harisnyanadrág [ˈhɔriʃɲɔnɔdra:g]
Stück darab [ˈdɔrɔb]
Studentenwohnheim diákszálló [ˈdia:ksa:l:o:], kollégium [ˈkol:e:gium]
studieren tanul [ˈtɔnul]
Studio stúdió [ˈʃtu:dio:]
Stufe lépcső [ˈle:ptʃø:]
stufenloser Zugang lépcső nélküli feljáró [ˈle:ptʃø: ˈne:lkyli ˈfɛlja:ro:]
Stufenschnitt lépcsőzetes vágás [ˈle:ptʃø:zɛtɛʃ ˈva:ga:ʃ]
Stuhl szék [se:k]
Stuhlgang széklet [ˈse:klɛt]
stumm néma [ˈne:mɔ]
Stunde óra [ˈo:rɔ]
stündlich óránként [ˈo:ra:nke:nt]
Sturm vihar [ˈvihɔr]
stürzen *(fallen)* lezuhan [ˈlɛzuhɔn], leesik [ˈlɛɛʃik]
Sturzhelm bukósisak [ˈbuko:ʃiʃɔk]
suchen keres [ˈkɛrɛʃ]
Sucher kereső [ˈkɛrɛʃø:]
Süden dél [de:l]
südlich (von) délre (tól/től) [ˈde:r:ɛ (ˈto:l/ˈtø:l)]
Summe összeg [ˈøs:ɛg]
Sumpf mocsár [ˈmotʃa:r]
Supermarkt ABC-áruház [ˈa:be:tse: ˈa:ruha:z], szupermarkt [ˈsupɛrmɔrkt]
Suppe leves [ˈlɛvɛʃ]
Suppenteller levesestányér [ˈlɛvɛʃɛʃta:ɲe:r]

Surfbrett szörfdeszka [ˈsørfdɛskɔ]
surfen szörfözik [ˈsørføzik]
süß édes [ˈeːdɛʃ]
Süßigkeiten édesség [ˈeːdɛʃːeːg]
Süßstoff édesítő(szer) [ˈeːdɛʃiːtøː(sɛr)], szaharin [ˈsɔhɔrin]
Süßwarengeschäft édességbolt [ˈeːdɛʃːeːgbolt]
Swimmingpool úszómedence [ˈuːsoːmɛdɛntsɛ]
sympathisch szimpatikus [ˈsimpɔtikuʃ]
Synagoge zsinagóga [ˈʒinɔgoːgɔ]

T

Tabak dohány [ˈdohaːɲ]
Tabakladen dohánybolt [ˈdohaːɲbolt], trafik [ˈtrɔfik]
Tablette tabletta [ˈtɔblɛtːɔ]
Tachometer sebességmérő [ˈʃɛbɛʃːeːgmeːrøː]
Tag nap [nɔp]
Tagesausflug egésznapos kirándulás [ˈɛgeːsnɔpoʃ ˈkiraːndulaːʃ]
Tagesgericht napi ajánlat [ˈnɔpi ˈɔjaːnlɔt]
Tageskarte napi jegy [ˈnɔpi ˈjɛɟ]
Tagestour napi túra [ˈnapi ˈtuːrɔ]
Tageszeitung hírlap [ˈhiːrlɔp]
täglich naponta [ˈnɔpontɔ]
tagsüber napközben [ˈnɔpkøzbɛn]
Tal völgy [ˈvølɟ]
Tampons tampon [ˈtɔmpon]
Tank benzintartály [ˈbɛnsintɔrtaːj], tank [ˈtɔnk]
tanken tankol [ˈtɔnkol]
Tanz tánc [taːnts]
tanzen táncol [ˈtaːntsol]
Tänzer/in táncos/nő [ˈtaːntsoʃ/nøː]
Tanzkapelle tánczenekar [ˈtaːntszɛnɛkɔr]
Tanztheater táncszínház [ˈtaːntssiːnhaːz]
Tasche táska [ˈtaːʃkɔ]
Taschenbuch zsebkönyv [ˈʒɛpkøɲv]
Taschendieb zsebtolvaj [ˈʒɛptolvɔj]
Taschenmesser zsebkés [ˈʒɛpkeːʃ]
Taschenrechner számológép [ˈsaːmoloːgeːp]
Tasse csésze [ˈtʃeːsɛ]
Taststock tapogatóbot [ˈtɔpogɔtoːbot]
Tataren tatárok [ˈtɔtaːrok]
Tatsache tény [teːɲ]
taub süket [ˈʃykɛt]
Taubstumme(r), taubstumm süketnéma [ˈʃykɛtneːmɔ]
tauchen búvárkodik [ˈbuːvaːrkodik]
Taucherausrüstung búvárfelszerelés [ˈbuːvaːrfɛlsɛrɛleːʃ]
Taucherbrille búvárszemüveg [ˈbuːvaːrsɛmyvɛg]
tauschen cserél [ˈtʃɛreːl]
täuschen *(jemanden)* megtéveszt [ˈmekteːvɛst]; **s. ~** téved [ˈteːvɛd]

Taxifahrer/in taxisofőr ['tɔksiʃoføːr]
Taxistand taxiállomás ['tɔksiaːloːmaːʃ]
Tee tea ['tɛɔ]
Teebeutel zacskós tea ['zɔtʃkoːʃ 'tɛɔ]
Teelöffel teáskanál ['tɛaːʃkɔnaːl]
Teil rész [reːs]
teilen (el)oszt ['(ɛl)ost]
Teilkasko részkaszkó ['reːskɔskoː]
teilnehmen részt vesz [reːst vɛs]
Telefon telefon ['tɛlɛfon]
Telefonbuch telefonkönyv ['tɛlɛfonkøɲv]
telefonieren telefonál ['tɛlɛfonaːl]
Telefonkarte telefonkártya ['tɛlɛfonkaːrcɔ]
Telefonnummer telefonszám ['tɛlɛfonsaːm]
Telefonzelle telefonfülke ['tɛlɛfonfylkɛ]
Telegramm távirat ['taːvirɔt]
Teleobjektiv teleobjektiv ['tɛlɛobjɛktiːv]
Telex telex ['tɛlɛks]
Teller tányér ['taːɲeːr]
Tempel templom ['tɛmplom]
Temperatur hőmérséklet ['høːmeːrʃeːklɛt]
Tennis tenisz ['tɛnis]
Tennisschläger teniszütő ['tɛnisytøː]
Termin időpont ['idøːpont]
Terminal terminál ['tɛrminaːl]
Terrasse terasz ['tɛrɔs]
Tetanus tetanusz ['tɛtɔnus]
teuer drága ['draːgɔ]
Theater színház ['siːnhaːz]
Theatergruppe színházi társulat ['siːnhaːzi 'taːrʃulɔt]
Theaterstück színdarab ['siːndɔrɔb]
Theiß Tisza ['tiːsɔ]
Therapie terápia ['tɛraːpiɔ]
Thermosflasche® termosz ['tɛrmos]
Thriller thriller ['trilːɛr]
Thunfisch tonhal ['tonhɔl]
Thymian kakukkfű ['kɔkukːfyː]
tief mély ['meːj]
Tiefebene Alföld ['ɔlføld]
Tier állat ['aːlːɔt]
Tintenfisch tintahal ['tintɔhɔl]
Tipp tipp [tipː]
Tisch asztal ['ɔstɔl]
Tischtennis asztalitenisz ['ɔstɔlitɛnis], pingpong ['pingpong]
Tischtuch asztalterítő ['ɔstɔltɛriːtøː]
Toast pirítós ['piriːtoːʃ]
Toaster kenyérpirító ['kɛɲeːrpiriːtoː]
Tochter lánya ['laːɲɔ]
Tod halál ['hɔlaːl]
Toilette W.C./vécé/toalett ['veːtseː/'toɔlɛtː]
Toilettenpapier vécépapír ['veːtseːpɔpiːr]
Tomaten paradicsom ['pɔrɔditʃom]
Ton *(Material)* agyag ['ɔɟɔg]; *(Klang)* hang [hɔng]

tönen színez [ˈsi:nez]
Töpferei fazekasműhely [ˈfɔzɛkɔʃmy:hɛj]
Töpferwaren cserépedények [ˈtʃɛre:pɛde:ɲɛk]
Tor kapu [ˈkɔpu]
Torwart kapus [ˈkɔpuʃ]
tot halott [ˈhɔlot:]
Tour *(Sport)* túra [ˈtu:rɔ]
Tourist/in turista [ˈturiʃtɔ]
Tracht viselet [ˈviʃɛlɛt]
Trachtenpuppe népviseleti baba [ˈne:pviʃɛlɛti ˈbɔbɔ]
tragbarer CD-Spieler hordozható CD-lejátszó [ˈhordoshɔto: ˈtse:de: ˈlɛja:ts:o:]
tragen hord [hord], visel [ˈviʃɛl]
Tragflügelboot légpárnás hajó [ˈle:kpa:rna:ʃ ˈhɔjo:]
Tragödie tragédia [ˈtrɔge:diɔ]
trampen stoppol [ˈʃtop:ol], autóstoppal utazik [ˈɔuto:ʃtop:ɔl ˈutɔzik]
Transdanubien Dunántúl [ˈduna:ntu:l]
Transferbus transzferbusz [ˈtrɔnsfɛrbus]
Trauben szőlő [ˈsø:lø:]
Traubenzucker szőlőcukor [ˈsø:lø:tsukor]
Traum álom [ˈa:lom]
traurig szomorú [ˈsomoru:]
treffen találkozik [ˈtɔla:lkozik]
Trekkingrad trekking bicikli [ˈtrɛk:ing ˈbitsikli]
trennen elválaszt [ˈɛlva:lɔst]
treu hű(séges) [ˈhy:(ʃe:gɛʃ)]
Treppe lépcső [ˈle:ptʃø:]
Tretboot vizibicikli [ˈvizibitsikli]
trinken iszik [ˈisik]
Trinkflasche ivópalack [ˈivo:pɔlɔtsk]
Trinkgeld borravaló [ˈbor:ɔvɔlo:]
Trinkwasser ivóvíz [ˈivo:vi:z]
trocken száraz [ˈsa:rɔz]
trockenes Haar száraz haj [ˈsa:rɔz ˈhɔj]
trocknen szárít [ˈsa:ri:t]
Trödler ószeres [ˈo:sɛrɛʃ]
Trommelfell dobhártya [ˈdobha:rtɔ]
Trommeln dobolás [ˈdobola:ʃ]
Tropfen cseppek [ˈtʃɛppɛk]
Tropfsteinhöhle cseppkőbarlang [ˈtʃɛp:kø:bɔrlɔng]
trotzdem mégis [ˈme:giʃ]
T-Shirt póló(ing) [ˈpo:lo:(ing)]
trüb *(Flüssigkeit)* zavaros [ˈzɔvɔroʃ]
Tuch kendő [ˈkɛndø:]
tun tesz [tɛs], csinál [ˈtʃina:l]
Tunnel alagút [ˈɔlɔgu:t]
Tür ajtó [ˈɔjto:]
Türcode ajtókód [ˈɔjto:ko:d]
Türken törökök [ˈtørøkøk]
türkisch török [ˈtørøk]
türkis(blau) türkiz(kék) [ˈtyrkis(ke:k)]
Turm torony [ˈtoroɲ]
Turnschuhe tornacipő [ˈtornɔtsipø:]
Türschwelle küszöb [ˈkysøb]
Tüte *(kleine)* zacskó [ˈzɔtʃko:]
Typhus tífusz [ˈti:fus]

typisch tipikus ['tipikuʃ], jellemző ['jɛl:ɛmzø:]

U

U-Bahn földalatti ['føldɔlɔt:i], metró ['mɛtro:]
Übelkeit hányinger ['ha:ɲingɛr]
üben gyakorol ['ɟɔkorol]
über *(durch)* át [a:t], keresztül ['kɛrɛstyl]; *(mehr als)* több mint ['tøb: 'mint]; *(oberhalb)* felett ['fɛlɛt:]
überall mindenhol ['mindɛnhol]
überbacken átsütött ['a:tʃytøt:]
Überfall rablás ['rɔbla:ʃ], (meg) támadás ['(mek)ta:mɔda:ʃ]
Übergang átmenet ['a:tmɛnɛt]
Übergewicht túlsúj ['tu:lʃu:j]
überholen *(Verkehr)* előz ['ɛlø:z]
Überlandbus távolsági autóbusz ['ta:volʃa:gi 'ɔuto:bus]
übermorgen holnapután ['holnɔputa:n]
übernachten éjszakázik ['e:jsɔka:zik]
Übernachtung éjszakázás ['e:jsɔka:za:ʃ]
überqueren átmegy ['a:tmɛɟ]
überrascht *(adv.)* meglepődött ['mɛglɛpø:døt:]
überreden rábeszél ['ra:bɛse:l]
Überreste maradvány ['mɔrɔdva:ɲ]
übersetzen (le)fordít [('lɛ)fordi:t]
übertrieben túlzott *(adj.)* ['tu:lzot:], túlzottan *(adv.)* ['tu:lzot:ɔn]
Überweisung átutalás ['a:tutɔla:ʃ]
überzeugen meggyőz ['mɛgɟø:z]
üblich szokásos ['soka:ʃoʃ]
übrig bleiben megmarad ['mɛgmɔrɔd]
Übung gyakorlat ['ɟɔkorlɔt]
Ufer *(Fluss)* part [pɔrt]
Uferpromenade (parti) sétány ['(pɔrti) 'ʃe:ta:ɲ]
Uhrmacher órás ['o:ra:ʃ]
um *(herum)* körül ['køryl]
um diese Zeit ez idő tájt ['ɛz'idø: 'ta:jt]
umarmen átölel ['a:tølɛl]
umbuchen átbukkol ['a:tbuk:ol], áthelyez ['a:thɛjɛz]
Umgebung környék ['kørɲe:k]
Umgehungsstraße kerülőút ['kɛrylø:u:t]
umgekehrt fordítva ['fordi:dvɔ]
Umhängetasche vállra akasztható táska ['va:l:rɔ 'ɔkɔsthɔto: 'ta:ʃkɔ]
umkehren visszafordul ['vis:ɔfordul]
Umleitung terelőút ['tɛrɛlø:u:t]
Umrechnung átszámítás ['a:ts:a:mi:ta:ʃ]
umsonst *(gratis)* ingyen ['inɟɛn]
umtauschen átvált ['a:dva:lt]
Umweg kerülő ['kɛrylø:]
Umwelt környezet ['kørɲɛzɛt]

umziehen (át-/el-)költözik ['(a:t/ɛl) køltøzik] ; **s. ~** átöltözik ['a:tøltøzik]
Umzug (át-/el-)költözés ['(a:t/ɛl) køltøze:ʃ] ; *(festlicher ~)* felvonulás ['fɛlvonula:ʃ]
unangenehm kellemetlen ['kɛl:ɛmɛtlɛn]
unbedingt *(adv.)* feltétlenül ['fɛlte:tlɛnyl]
und és [e:ʃ]
unentschieden döntetlen ['døntɛtlɛn]
unerträglich elviselhetetlen ['ɛlviʃɛlhɛtɛtlɛn]
Unfall baleset ['bɔlɛʃɛt]
Ungar/in magyar (ember)/nő ['mɔɖɔr ('ɛmbɛr)/'nø:]
Ungarn *(pl)* magyarok ['mɔɖɔrok]
ungarisch magyar ['mɔɖɔr]
Ungarn Magyarország ['mɔɖɔrorsa:g]
ungeeignet alkalmatlan ['ɔlkɔlmɔtlɔn]
ungefähr körülbelül ['kørylbɛlyl]
ungewöhnlich szokatlan ['sokɔtlɔn], rendkívüli ['rɛntki:vyli]
unglaublich hihetetlen ['hihɛtɛtlɛn]
Unglück szerencsétlenség ['sɛrɛntʃe:tlɛnʃe:g]
Universität egyetem ['ɛɖɛtɛm]
Unkosten költség(ek) ['køltʃe:g(ɛk)]
unmöglich lehetetlen ['lɛhɛtɛtlɛn]
unschuldig ártatlan *(adj.)* ['a:rtɔtlɔn], ártatlanul *(adv.)* ['a:rtɔtlɔnul]
uns minket/bennünket *(Akk.)* ['minkɛt/'bɛn:ynkɛt], nekünk *(Dat.)* [nɛkynk]
unser, unsere mienk ['miɛnk]
unten alul ['ɔlul]
unter alatt ['ɔlɔt:]
unterbrechen megszakít ['mɛksɔki:t]
Unterführung aluljáró ['ɔlulja:ro:]
unterhalb alatt ['ɔlɔt:]
unterhalten, s. ~ beszélget ['bɛse:lgɛt]
Unterhaltung *(Gespräch)* beszélgetés ['bɛse:lgɛte:ʃ]
Unterhemd alsóing ['ɔlʃo:ing]
Unterhose *(Damen)* fehérnemű ['fɛhe:rnɛmy:]; *(Herren)* alsónadrág ['ɔlʃo:nɔdra:g]
Unterkunft szállás ['sa:l:a:ʃ]
Unterleib altest ['ɔltɛʃt]
unterrichten tanít ['tɔni:t]
Unterschied különbség ['kylømbʃe:g]
unterschreiben aláír ['ɔla:i:r]
Unterschrift aláírás ['ɔla:i:ra:ʃ]
untersuchen (meg)vizsgál ['(mɛg) viʒga:l]
Untersuchung vizsgálat ['viʒga:lɔt]
Untersuchungshaft vizsgálati fogság ['viʒga:lɔti 'fokʃa:g]
Untertasse alsótányér ['ɔlʃo:ta:ɲe:r]

Untertitel szinkronfelirat ['sinkronfelirɔt]
Unterwäsche alsónemű ['ɔlʃo:nɛmy:]
Unterwasserkamera vízalatti kamera ['vi:zɔlɔt:i 'kɔmɛrɔ]
unterwegs útközben ['u:tkøzbɛn], úton ['u:ton]
unverbindlich kötelezettség nélkül(i) ['køtɛlɛzɛtʃ:eg 'ne:lkyl(i)]
unverschämt szemtelen ['sɛmtɛlɛn]
unwahrscheinlich valószínűtlen ['vɔlo:si:ny:tlɛn]
unwichtig lényegtelen ['le:ɲɛktɛlɛn]
Urin vizelet ['vizɛlɛt]
Urlaub szabadság ['sɔbɔtʃ:a:g]

V

Varietee varieté ['variɛte:]
Vase váza ['va:zɔ]
Vater (édes)apa ['(e:dɛʃ)ɔpɔ]
Veganer/in vegán ['vɛga:n]
Vegetarier/in vegetáriánus ['vɛgɛta:ria:nuʃ]
vegetarisch vegetáriánus ['vɛgɛta:ria:nuʃ]
Ventilator ventillátor ['vɛntil:a:tor]
Verabredung randevú ['rɔndɛvu:]
verabschieden, s. ~ búcsúzik ['bu:tʃu:zik]
Veränderung változ(tat)ás ['va:ltoz(tɔt)a:ʃ]
Veranstaltung rendezvény ['rɛndɛzve:ɲ]
verantwortlich felelős ['fɛlɛlø:ʃ]
Verband kötés ['køte:ʃ]
verbessern (ki)javít [(ki)jɔvi:t]
verbieten megtilt ['mɛktilt]
verbinden beköt ['bɛkøt]
Verbindung összeköttetés ['øs:ɛkøt:ɛte:ʃ]; kapcsolat ['kɔptʃolɔt]
verboten tilos ['tiloʃ]
Verbot tilalom ['tilɔlom]
Verbrauch fogyasztás ['foɟɔsta:ʃ]
Verbrechen bűntett ['by:ntɛt:]
verbrennen eléget ['ɛle:gɛt]; **s. ~** megégeti magát ['mɛge:gɛti 'mɔga:t]
Verbrennung égés ['e:ge:ʃ]
verbringen *(Zeit)* eltölt ['ɛltølt]
Verdauung emésztés ['ɛme:ste:ʃ]
Verdauungsstörung emésztési zavarok ['ɛme:ste:ʃi 'zɔvɔrok]
verdorben romlott ['romlot:]
Verein egyesület ['ɛɟɛʃylɛt]
vereinbaren megegyezik ['mɛgɛɟɛzik], kitűz ['kity:z]; *(Termin)* megbeszél ['mɛgbɛse:l], egyeztet ['ɛɟɛstɛt]
Vergangenheit múlt [mu:lt]
vergessen elfelejt ['ɛlfɛlɛjt]
Vergewaltigung nemi erőszak ['nɛmi 'ɛrø:sɔk]
Vergiftung mérgezés ['me:rgɛze:ʃ]
vergleichen összehasonlít ['øs:ɛhɔʃonli:t]
Vergnügen szórakozás ['so:rɔkoza:ʃ]

Vergnügungspark vidámpark ['vida:mpɔrk]
verhaften letartóztat ['lɛtɔrto:stɔt]
verheiratet *Mann:* nős ['nø:ʃ]; *Frau:* férjezett ['fe:rjɛzɛt:]; *beide:* házas ['ha:zɔʃ]
verhindern megakadályoz ['mɛgɔkɔda:joz]
Verhütungsmittel fogamzásgátló (szer) ['fogɔmza:ʃga:tlo: '(sɛr)]
verirren, s. ~ eltéved ['ɛlte:vɛd]
verkaufen elad ['ɛlɔd]
Verkehr forgalom ['forgɔlom], közlekedés ['køzlɛkɛde:ʃ]
Verkehrsamt idegenforgalmi hivatal ['idɛgɛnforgɔlmi 'hivɔtɔl]
verlangen követel ['køvɛtɛl]
verlängern *(zeitlich)* meghosszabbít ['mɛghos:ɔb:i:t]
Verlängerungswoche további hét ['tova:b:i 'he:t]
verlassen elhagy ['ɛlhɔɟ]
verletzen megsérül ['mɛkʃe:ryl]
Verletzte, der/die ~ sérült ['ʃe:rylt]
Verletzung sérülés ['ʃe:ryle:ʃ]
verlieren elveszt ['ɛlvɛst]
Verlobte, der ~ vőlegény ['vø:lɛge:ɲ], **die ~** menyasszony ['mɛɲɔs:oɲ]
Verlust veszteség ['vɛstɛʃe:g]
vermeiden elkerül ['ɛlkɛryl]
vermieten kiad ['kiɔd]
Verpackung csomagolás ['tʃomɔgola:ʃ]
verpassen *(Gelegenheit)* elszalaszt ['ɛlsɔlɔst]; *(Zug)* lekés ['lɛke:ʃ]
Verpflegung ellátás ['ɛl:a:ta:ʃ]
verrechnen, s. ~ elszámolja magát ['elsa:moj:ɔ 'mɔga:t], téved ['te:vɛd]
verreisen elutazik ['ɛlutɔzik]
verrückt bolond ['bolond]
verschieben *(zeitlich)* elhalaszt ['ɛlhɔlɔst]
verschließen bezár ['bɛza:r]
verschreiben felír ['fɛli:r]
verschwinden eltűnik ['ɛlty:nik]
Versicherung biztosítás ['bistoʃi:ta:ʃ]
versorgen ellát ['ɛl:a:t]
verspäten, s. ~ késik ['ke:ʃik]
Verspätung késés ['ke:ʃe:ʃ]
versprechen megígér ['mɛgi:ge:r]
verstaucht kificamodott ['kifitsɔmodot:]
verstehen (meg)ért ['(mɛg)e:rt]
Verstopfung szorulás ['sorula:ʃ]
versuchen megkísérel ['mɛk:i:ʃe:rɛl], megpróbál ['mɛkpro:ba:l]
Vertrag szerződés ['sɛrzø:de:ʃ]
vertragen *(Medizin)* bír [bi:r]
Vertrauen bizalom ['bizɔlom]
verunglücken balesetet szenved ['bɔlɛʃɛtɛt 'sɛnvɛd]
verursachen okoz ['okoz]
Verwaltung *(Firma)* ügykezelés ['yɟkɛzɛle:ʃ]; *(Staat)* közigazgatás ['køzigɔzgɔta:ʃ]

verwandt rokon ['rokon]
verwechseln összetéveszt ['øs:ɛte:vɛst]
verwenden felhasznál ['fɛlhɔsna:l]
verwitwet özvegy ['øzvɛɖ]
Verzeichnis jegyzék ['jɛɖze:k]
verzögern késleltet ['ke:ʃlɛltɛt], halogat ['hɔlogɔt]
verzweifelt kétségbeesett ['ke:tʃ:e:gbɛɛʃɛt:]
Videofilm videofilm ['vidɛofilm]
Videokamera videokamera ['vidɛokɔmɛrɔ]
viel sok [ʃok], sokat *(Akk.)* ['ʃokɔt]
vielleicht talán ['tɔla:n]
viertel, Viertel negyed ['nɛɖɛd]
Villa villa ['vil:ɔ]
violett ibolyakék ['ibojɔke:k]
Virus vírus ['vi:ruʃ]
Visum vízum ['vi:zum]
Vogel madár ['mɔda:r]
Vogelschutzgebiet madárvédelmi terület ['mɔda:rve:dɛlmi 'tɛrylɛt]
Volleyball röplabda ['røplɔbdɔ]
Vollmacht meghatalmazás ['mɛghɔtɔlmɔza:ʃ]
Volk nép [ne:p]
Völkerkundemuseum néprajzi múzeum ['ne:prɔjzi 'mu:zɛum]
Volksmusik népzene ['nɛ:pzɛnɛ]
Volksstück népszínmű ['ne:psi:nmy:]
voll tele ['tɛlɛ], telt ['tɛlt]
Volleyball röplabda ['røplɔbdɔ]
Vollkasko teljes kaszkó ['tɛj:ɛʃ 'kɔsko:]
Vollpension teljes panzió ['tɛj:ɛʃ 'pɔnzio:]
vor *(räumlich)* előtt ['ɛlø:t:]
vor zehn Minuten tíz perccel ezelőtt ['ti:z 'pɛrts:ɛl 'ɛzɛlø:t:]
Voranmeldung előre bejelentkezés ['ɛlø:rɛ 'bɛjɛlɛntkɛze:ʃ]
Voraus, im ~ előre ['ɛlø:rɛ]
vorbereiten előkészít ['ɛlø:ke:si:t]
Vorfahrt elsőbbség ['ɛlʃø:p:ʃe:g]
Vordruck nyomtatvány ['ɲomtɔdva:ɲ]
vorgeschichtlich őstörténeti [ø:ʃtørte:nɛti]
vorgestern tegnapelőtt ['tɛgnɔpɛlø:t:]
vorher előtte ['ɛlø:t:ɛ], azelőtt ['ɔzɛlø:t:], előre ['ɛlø:rɛ]
vorletzte(r, -s) utolsó előtti ['utolʃo: 'ɛlø:t:i]
Vormittag délelőtt ['de:lɛlø:t:]
vormittags délelőtt ['de:lɛlø:t:]
vorn elöl ['ɛløl]
Vorname keresztnév ['kɛrɛstne:v]
vornehm előkelő ['ɛlø:kɛlø:]
Vorort külváros ['kylva:roʃ]
Vorrat készlet ['ke:slɛt]
Vorsaison előszezon ['ɛlø:sɛzon]
Vorschlag javaslat ['jɔvɔʃlɔt]
Vorschrift előírás ['ɛlø:i:ra:ʃ]
Vorsicht! vigyázat! ['viɖa:zɔt]
vorsichtig óvatos ['o:vɔtoʃ]
Vorspeise előétel ['ɛlø:e:tɛl]

vorstellen, s. bemutatkozik ['bɛmutɔtkozik]; *(jemanden ~)* bemutat ['bɛmutɔt]; *(in Gedanken)* elképzel ['ɛlke:pzɛl]
Vorstellung *(Theater)* előadás ['ɛlø:ɔda:ʃ]
Vorteil előny ['ɛlø:ɲ]
vorüber *(räumlich)* mellette ['mɛl:ɛt:ɛ]; *(zeitlich)* elmúlt ['ɛlmu:lt], vége [ve:gɛ]
Vorverkauf elővétel ['ɛlø:ve:tɛl]
Vorwahlnummer körzetszám ['kørzɛtsa:m]
vorwärts előre ['ɛlø:rɛ]

W

wach éber ['e:bɛr]
wachsen *(Pflanzen)* nő ['nø:]
Wagenheber (kocsi)emelő ['(kotʃi) ɛmɛlø:]
Wagennummer kocsiszám ['kotʃisa:m]
wählen *(auswählen)* választ ['va:lɔst]; *(Telefon)* tárcsáz ['ta:rtʃa:z]
wahr igaz ['igɔz]
während *(prp)* alatt ['ɔlɔt:]
wahrscheinlich valószínű ['vɔlo:si:ny:]
Währung valuta ['vɔlutɔ]
Wahrzeichen jelkép ['jɛlke:p]
Wald erdő ['ɛrdø:]
Wallfahrtskirche kegytemplom ['kɛɟtɛmplom]
Wallfahrtsort búcsújáróhely ['bu:tʃu:ja:ro:hɛj], zarándokhely ['zɔra:ndokhɛj]
Walnuss dió ['dio:]
Wand fal [fɔl]
Wanderkarte turistatérkép ['turiʃtɔte:rke:p]
wandern gyalogtúrázik ['ɟɔloktu:ra:zik]
Wanderweg turistaút ['turiʃtɔu:t]
warm meleg ['mɛlɛg]
warmes Wasser meleg víz ['mɛlɛg 'vi:z]
Warnblinkanlage elakadásjelző ['ɛlɔkɔda:ʃjɛlzø:]
Warndreieck elakadásjelző háromszög ['ɛlɔkɔda:ʃjɛlzø: 'ha:romsøg]
warnen (vor) figyelmeztet (-ra/-re) ['fiɟɛlmɛstɛt (-'rɔ/-'rɛ)]
warten (meg)vár ['(mɛg)va:r]
Wartesaal váróterem ['va:ro:tɛrɛm]
Wartezimmer váróhelyiség ['va:ro:hɛjiʃe:g]
was mi [mi], mit *(Akk.)* [mit]; **~ für eine** milyen ['mijɛn]
Waschbecken mosdókagyló ['moʒdo:kɔɟlo:]
Wäsche mosnivaló ['moʃnivɔlo:], szennyes ['sɛɲ:ɛʃ]
Wäscheklammern ruhacsipesz ['ruhɔtʃipɛs]
Wäscheleine szárítókötél ['sa:ri:to:køte:l]
waschen mos [moʃ]

Wäscherei patyolat [ˈpɔt̮olɔt], mosoda [ˈmoʃodɔ]
Wäschetrockner ruhaszárító [ˈruhɔsa:ri:to:]
Waschlappen mosdókesztyű [ˈmoʃdo:kɛst̮y:]
Waschmaschine mosógép [ˈmoʃo:ge:p]
Waschmittel mosószer [ˈmoʃo:sɛr]
Waschraum mosdó [ˈmoʒdo:]
Waschsalon mosószalon [ˈmoʃo:sɔlon]
Wasser víz [vi:z]
wasserdicht vízálló [ˈvi:za:l:o:]
Wasserfall vízesés [ˈvi:zɛʃe:ʃ]
Wasserglas vizespohár [ˈvizɛʃpoha:r]
Wasserhahn vízcsap [ˈvi:stʃɔp]
Wasserkanister vizeskanna [ˈvizɛʃkɔn:ɔ]
Wasserski vizisí [ˈviziʃi:]
Wasserski fahren vizisízik [ˈviziʃi:zik]
Wasserspülung vízöblítés [ˈvi:zøbli:te:ʃ]
Wasserverbrauch vízfogyasztás [ˈvi:sfoɟɔsta:ʃ]
Watte vatta [ˈvɔ:t:ɔ]
Wattestäbchen fültisztító pálcika [ˈfyltisti:to: ˈpa:ltsikɔ]
Wechsel *(Veränderung)* változás [ˈva:ltoza:ʃ]; *(Geld~)* pénzváltás [ˈpe:nzva:lta:ʃ]
Wechselgeld aprópénz [ˈɔpro:pe:nz]
wechselhaft változékony [ˈva:ltoze:koɲ]
Wechselkurs (váltási) árfolyam [(ˈva:lta:ʃi) ˈa:rfojɔm]
Wechselstube pénzváltó(hely) [ˈpe:nzva:lto:(hɛj)]
wecken ébreszt [ˈe:brɛst]
Wecker ébresztőóra [ˈe:brɛstø:o:rɔ], vekker [ˈvɛk:ɛr]
Weg út [u:t]
weg el [ɛl]
wegen miatt [ˈmiɔt:]
weggehen elmegy [ˈɛlmɛɟ]
Wegweiser útjelző [ˈu:tjɛlzø:]
wehtun fáj [fa:j]
weiblich női(es) [ˈnø:i(ɛʃ)]
weich puha [ˈpuhɔ]
Weichkäse kenhető sajt [ˈkɛnhɛtø: ʃɔjt]
weigern, s. ~ vonakodik [ˈvonɔkodik], tiltakozik [ˈtiltɔkozik]
Weihnachten karácsony [ˈkɔra:tʃoɲ]
weil mert [mɛrt]
Wein bor [bor]
Weinberg szőlőhegy [ˈsø:lø:hɛɟ]
weinen sír [ʃi:r]
Weinglas borospohár [ˈboroʃpoha:r]
Weinhandlung borkereskedés [ˈborkɛrɛʃkɛde:ʃ]
Weinlese (szőlő)szüret [ˈ(søl:ø:) syrɛt]
Weintrauben szőlő [ˈsø:lø:]

Weisheitszahn bölcsességfog [ˈbøltʃɛʃ:e:gfog]
weiß fehér [ˈfɛhe:r]
Weißbrot fehér kenyér [ˈfɛhe:r ˈkɛɲe:r]
Weißwein fehér bor [ˈfɛhe:r ˈbor]
weit *(Gegenteil von eng)* bő [bø:]; *(entfernt)* messze [ˈmɛs:ɛ]
Wellenbad hullámfürdő [ˈhul:a:mfyrdø:]
Welt világ [ˈvila:g]
wenig kevés [kɛve:ʃ], keveset *(Akk.)* [ˈkɛvɛʃɛt]
wenigstens legalább [ˈlɛgɔla:b:]
wenn *(Bedingung)* ha [hɔ]
werden lesz [lɛs]; fog [fog]
werfen dob [dob]
Werkstatt (javító-)műhely [ˈ(jɔvito:)my:hɛj], szervíz [ˈsɛrvi:z]
Werktag munkanap [ˈmunkɔnɔp]
Werkzeug szerszám [ˈsɛrsa:m]
Wert érték [ˈe:rte:k]
Wertangabe értékbevallás [ˈe:rte:gbɛvɔl:a:ʃ]
wertlos értéktelen [ˈe:rte:ktɛlɛn]
Wertsachen értéktárgyak [ˈe:rte:kta:rɖɔk]
Wespe darázs [ˈdɔra:ʒ]
Weste mellény [ˈmɛl:e:ɲ]
Western western(film) [ˈvɛstɛrn(film)]
westlich (von) nyugatra (tól/től) [ˈɲugɔtrɔ (ˈto:l/ˈtø:l)]
Wetterbericht időjárásjelentés [ˈidø:ja:ra:ʃjɛlɛnte:ʃ]
Wettervorhersage időjárás-előrejelzés [ˈidø:ja:ra:ʃ-ɛlø:rɛjɛlze:ʃ]
Wettkampf verseny [ˈvɛrʃɛɲ], mérkőzés [ˈme:rkø:ze:ʃ]
Whirlpool pezsgőmedence [ˈpɛʒgø:mɛdɛntsɛ]
wichtig fontos [ˈfontoʃ]
Wickeltisch pelenkázóasztal [ˈpɛlɛnka:so:ɔstɔl]
wie *(Frage)* hogyan [ˈhoɖɔn], milyen [ˈmijɛn]
wieder megint [ˈmɛgint], újra [ˈu:jrɔ]
wiederholen megismétel [ˈmɛgiʃme:tɛl]
wiederkommen visszajön [ˈvis:ɔjøn]
wiegen megmér [ˈmɛgme:r]
Wien Bécs [ˈbe:tʃ]
Wiese rét [re:t]
wild vad [vɔd]
Wildpark vadaspark [ˈvɔdɔʃpɔrk]
willkommen! üdvözöljük! [ˈytvøzøljyk]
Wimperntusche szempillatus [ˈsɛmpil:ɔtuʃ], szempillafesték [ˈsɛmpil:ɔfɛʃte:k]
Wind szél [ˈse:l]
Windeln pelenka [ˈpɛlɛnkɔ]
Windpocken bárányhimlő [ˈba:ra:ɲhimlø:]
Windrichtung szélirány [ˈse:lira:ɲ]

Windschutzscheibe szélvédő (üveg) ['se:lve:dø ('yvɛg)]
Windstärke szélerősség ['se:lɛrø:s:e:g]
Windsurfer, windsurfen széllovas, szörfözik ['se:l:ovɔʃ, 'sørføzik]
winken int(eget) ['int(ɛgɛt)]
Winter tél [te:l]
Winterreifen téli gumi ['te:li 'gumi]
wir mi [mi]
Wirbelsäule hátgerinc ['ha:dgɛrints]
wirklich valóban ['vɔlo:bɔn]
wissen tud [tud]
Witz vicc [vits:]
Woche hét [he:t]
Wochenendpauschale hétvégi teljes ár ['he:tve:gi 'tɛj:ɛʃ 'a:r]
Wochenkarte heti bérlet ['hɛti 'be:rlɛt]
wochentags hétköznapokon ['he:tkøznɔpokon]
wöchentlich hetente *(adj.)* ['hɛtɛntɛ]
wohnen lakik ['lɔkik]
wohlhabend jómódú ['jo:mo:du:]
Wohnmobil lakókocsi ['lɔko:kotʃi]
Wohnort lakóhely ['lɔko:hɛj]
Wohnung lakás ['lɔka:ʃ]
Wohnwagen lakókocsi ['lɔko:kotʃi]
Wohnzimmer lakószoba ['lɔko:sobɔ]
Wolke felhő ['fɛlhø:]
Wolldecke gyapjútakaró ['ɖɔpju:tɔkɔro:]
Wolle gyapjú ['ɖɔpju:]
wollen akar ['ɔkɔr]
Wort szó [so:]
Wunde seb [ʃɛb]
wunderbar csodálatos ['tʃoda:lɔtoʃ]
wundern, s. ~ (über) csodálkozik ['tʃoda:lkozik]
wünschen kíván ['ki:va:n]
Wurm féreg ['fe:rɛg], kukac ['kukɔts]
Wurst kolbász ['kolba:s]
Würstchen virsli ['virʃli]
würzen fűszerez ['fy:sɛrɛz]
Wut düh [dyh]
wütend dühös ['dyhøʃ]

Y

Yoga jóga ['jo:gɔ]

Z

zäh rágós ['ra:go:ʃ]
Zahl szám [sa:m]
zahlen *(rechnen)* számol ['sa:mol]; *(bezahlen)* fizet ['fizɛt]
zählen számol ['sa:mol]
Zahlung fizetés ['fizɛte:ʃ]
Zahn fog [fog]
Zahnbürste fogkefe ['fok:ɛfɛ]
Zahncreme fogkrém ['fok:re:m]
Zahnfleisch fogíny ['fogi:ɲ]
Zahnradbahn fogaskerekű ['fogɔʃkɛrɛky:]

Zahnschmerzen fogfájás ['fokfa:ja:ʃ]
Zahnseide fogselyem ['fog:ʃɛjɛm]
Zahnstocher fogpiszkáló ['fokpiska:lo:]
Zäpfchen kúp ['ku:p]
zart omlós ['omlo:ʃ], puha ['puhɔ]
zärtlich gyengéd ['ɖɛnge:d]
Zehe lábujj ['la:buj:]
zehn tíz [ti:z]
Zeichen jel [jɛl]
zeichnen rajzol ['rɔjzol]
Zeichentrickfilm rajzfilm ['rɔjsfilm]
zeichnen rajzol ['rɔjzol]
Zeichnung rajz [rɔjz]
zeigen (meg)mutat ['(mɛg)mutɔt]
Zeit idő ['idø:]
Zeitschrift folyóirat [fojo:irɔt]
Zeitung újság ['u:jʃa:g]
Zeitungshändler újságárus ['u:jʃa:ga:ruʃ]
Zelt sátor ['ʃa:tor]
zelten sátorozik ['ʃa:torozik]
Zeltschnur sátorzsinór ['ʃa:torʒino:r]
Zeltstange sátorrúd ['ʃa:tor:u:d]
Zentimeter centiméter ['tsɛntime:tɛr]
zentral központi ['køsponti]
Zentralheizung központi fűtés ['køsponti 'fy:te:ʃ]
Zentrum *(Stadt)* városközpont ['va:roʃkøspont]
Zerrung rándulás ['ra:ndula:ʃ]
zerstören elpusztít ['ɛlpusti:t], lerombol ['lɛrombol]
Zeuge/Zeugin tanu ['tɔnu]
Ziegenkäse kecskesajt ['kɛtʃkɛʃɔjt]
ziehen húz [hu:z]
Ziel cél [tse:l]
ziemlich meglehetősen ['mɛglɛhɛtø:ʃɛn]
Zigarette cigaretta ['tsigɔrɛt:ɔ]
Zigarillo cigarillo ['sigɔril:o]
Zigarre szivar ['sivɔr]
Zimmer szoba ['sobɔ]
Zimmermädchen szobalány ['sobɔla:ɲ]
Zimmertelefon szobatelefon ['sobɔtɛlɛfon]
Zirkus cirkusz ['tsirkus]
Zitadelle citadella ['citɔdɛl:ɔ]
Zitronen citrom ['tsitrom]
Zoll vám [va:m]
Zollerklärung vámnyilatkozat ['va:mɲilɔtkozɔt]
zollfrei vámmentes ['va:m:ɛntɛʃ]
zollfreier Laden vámmentes árúk boltja ['va:m:ɛntɛʃ 'a:ruk 'boltjɔ]
Zollgebühren vámdíj ['va:mdi:j]
zollpflichtig vámköteles ['va:mkøtɛlɛʃ]
Zoo állatkert ['a:l:ɔtkɛrt]
zornig haragos ['hɔrɔgoʃ]
zu *(Richtung)* -hoz/hez/höz ['hoz/'hɛz/'høz]
zubereiten elkészít ['ɛlke:si:t]
Zucker cukor ['tsukor]

zuerst először ['ɛløːsør]
zufällig véletlenül ['veːlɛtlɛnyl]
zufrieden elégedett ['ɛleːgɛdɛt:]
Zug vonat ['vonɔt]
zugänglich elérhető ['ɛleːrhɛtøː]
zuhören (jdm) figyel (-ra/-re) ['fiɖɛl (-'rɔ/-'rɛ)]
Zukunft jövő ['jøvøː]
zukünftig jöv(end)ő ['jøv(ɛnd)øː]
zulässig megengedett ['mɛgɛngɛdɛt:]
zuletzt végül ['veːgyl]
Zündkerze (gyújtó)gyertya [('ɖuːjtoː)ɖɛrtɔ]
Zündschlüssel indítókulcs ['indiːtoːkultʃ]
Zündung gyújtás ['ɖuːjtaːʃ]
Zunge nyelv [ɲɛlv]
zurück vissza ['visːɔ]
zurückbringen visszavisz ['visːɔvis]
zurückfahren visszautazik ['visːɔutɔzik]
zurückgeben visszaad ['visːɔɔd]
zurückkehren visszatér ['visːɔteːr]
zusagen *(Einladung)* elfogad ['ɛlfogɔd]
zusammen együtt [ɛɖytː]
zusammenschlagen összever ['øsːɛvɛr]
Zusammenstoß összeütközés ['øsːɛytkøzeːʃ]
zusätzlich ráadásul ['raːɔdaːʃul]
zuschauen néz [neːz]
Zuschauer/in néző ['neːzøː]
Zuschlag pótdíj ['poːdiːj], felár ['fɛlaːr]
Zustand állapot ['aːlːɔpot]
zuständig illetékes ['ilːɛteːkɛʃ]
zustimmen beleegyezik ['bɛlɛɛɖɛzik]
zuverlässig megbízható ['mɛgbiːzhɔtoː]
zwanzig húsz [huːs]
zweite(r, -s) második ['maːʃodik]
Zweite Klasse másod osztály ['maːʃod 'ostaːj]
zweitens másodszor ['maːʃotsːor]
Zwiebeln hagyma ['hɔɖmɔ]
zwingen kényszerít ['keːɲsɛriːt]
zwischen között ['køzøtː]
Zwischenfall incidens ['intsidɛnʃ]
Zwischenlandung közbeeső leszállás ['køzbɛːʃøː 'lɛsaːlːaːʃ]
Zwischenstecker T-dugó ['teːdugoː]